GOLDMANN
ARKANA

D1874498

Buch

Jeder Mensch verfügt über Selbstheilungskräfte. Werden sie aktiviert und trainiert, dann stärken sie Immunsystem und Gesundheit und helfen, Krankheiten zu lindern oder zu heilen.
Bewusst eingesetzte Gedanken, Gefühle, Affirmationen, Meditationen, Licht, Farben, Musik sowie die uns umgebende kosmische Energie regen die Selbstheilungskräfte an, sind also Heilquellen, die jeder einsetzen kann.
Anna Elisabeth Röcker stellt verschiedene Methoden vor, die den Heilungsprozess mental oder energetisch unterstützen. In einer »Reise durch den Körper« erklärt sie, was in den einzelnen Körperregionen vor sich geht und wie es dort zu Problemen kommt. Dann werden jeweils gezielte Visualisierungen, Affirmationen, Therapiewege der Naturheilkunde, Bach-Blüten und andere Methoden angeboten. Jeder kann sich so den für ihn passenden Weg heraussuchen und damit die körpereigenen Abwehrkräfte aktivieren, um Gesundheit und Leistungskraft zu bewahren oder wiederzuerlangen. Ganz ohne Medikamente.

Autorin

Anna Elisabeth Röcker ist Heilpraktikerin, Musiktherapeutin und Yoga-Lehrerin. Sie absolvierte eine 3-jährige Ausbildung in Guided Imagery and Music (Imaginative Psychotherapie mit Musik) in den USA und in Deutschland und nimmt an einer Weiterbildung in Analytischer Psychologie am C.G.-Jung-Institut teil. Seit zehn Jahren unterrichtet sie YogalehrerInnen und gibt Seminare im In- und Ausland. Sie betreibt eine Therapiepraxis in München und ist Autorin erfolgreicher Gesundheits- und Lebenshilfe-Ratgeber.

Bei Goldmann ist von Anna Elisabeth Röcker bereits erschienen:

Musik-Reisen als Heilungsweg (33740)

Anna Elisabeth Röcker

Das Geheimnis der Selbstheilungskräfte

Mit Gedanken und Gefühlen die eigenen Heilkräfte aktivieren

Illustrationen von Anne Strasser

GOLDMANN
ARKANA

Inhalt

4. Chakra oder Herzchakra (oben) und 5. Chakra oder Halschakra (unten)

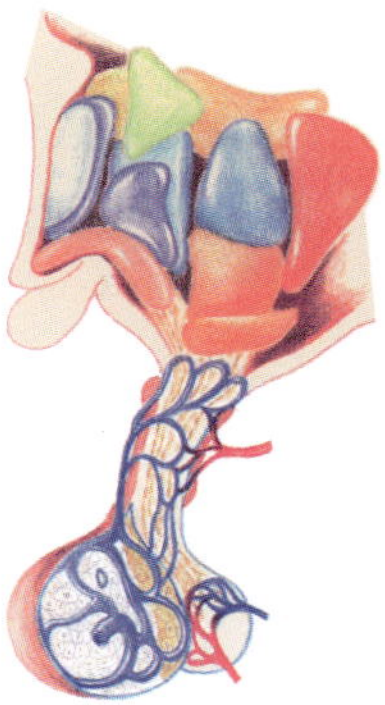

Teil des limbischen Systems: Hypothalamus (oben) und Hypophyse (unten)

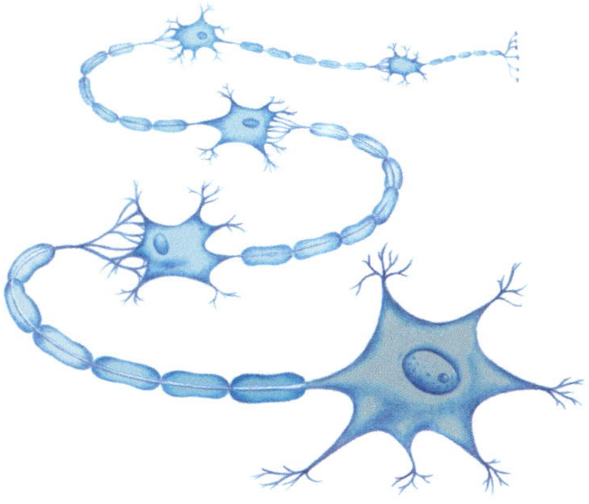

Eine Nervenzelle mit Zellkern und Dendriten

Die Bach-Blüte Chicory

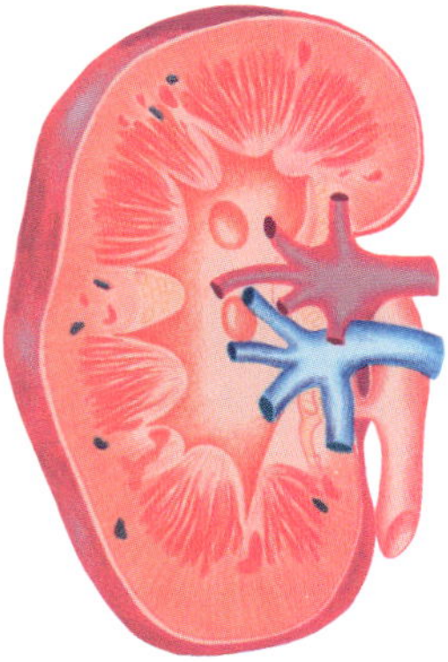

Eine Niere mit Nierenrinde, Nierenarterie und Nierenvene

Vorwort

Selbstheilungen werden in der gesamten Medizin, unabhängig vom Schweregrad und vom Stadium der Erkrankung, immer wieder beschrieben. Eine eindrucksvolle Selbstheilung zeigte mir mein Lehrer Prof. Dr. H. Ley vom Klinikum rechts der Isar in München. Er stellte mir zur Vorbereitung einer Prüfung einen Patienten vor, der ein nachgewiesenes bösartiges kindskopfgroßes Karzinom hatte. Nach ungefähr drei Wochen, in denen keine wirkliche Therapie stattgefunden hatte, wurde zur Demonstration im Hörsaal ein weiteres Computertomogramm angefertigt. Das vorher nachweisliche Karzinom war verschwunden. Wunderheilung oder wunderbare Heilung?

Auch in meiner eigenen Praxis erlebe ich immer wieder, dass im Menschen selbstwirkende Kräfte das scheinbar Unmögliche vollbringen.

Aus frühreligiösen Schriften, aus Beschreibungen der Schamanen und überliefert von Urvölkern kennen wir Selbstheilungen aller Art und Wunderheilungen. Auch C.G. Jung zeigte mit seinem Synchronizitätsprinzip, wie man mit inneren Bildern und durch Schwingungen Heilkräfte in Bewegung setzen kann. Als Synchronizität bezeichnete Jung ein nicht sofort zu erkennendes Prinzip so genannter akausaler Zu-

! Strahlungsmuster

Versuche am Atominstitut in Wien belegen, dass Pflanzen ein ganz bestimmtes Strahlungsmuster absenden und dieses Strahlungsmuster wie ein Fingerabdruck der Pflanze identifiziert werden kann. Das Strahlungsmuster von Heilpflanzen wirkt unterschiedlich auf unser zelluläres Abwehrsystem und kann Genesungsvorgänge einleiten. Chemische Substanzen besitzen dieses Strahlungsphänomen nicht.

sammenhänge. Eindrucksvoll ist das bekannte Beispiel des Trompeters von Jericho. Er brachte mit seinem Trompetenstoß eine Stadtmauer zum Einfallen.

Auch Farben sind ein mehrschichtiges Kommunikationsmittel. Immer mehr Studien belegen, dass Heilmalen gewaltige Heileffekte auslösen kann. Viele groß angelegte Studien beweisen, dass bestimmte klassische Musik mit ihren Frequenzen, besonders die Kirchenmusik, ebenfalls enorme heilende Effekte auslöst.

In der Immunologie kennt man das Phänomen der schwingungsinduzierten Induktion von Immunzellen. Etwas, das Einfluss nimmt, zum Beispiel ein UV-Strahl, das Strahlungsmuster einer Heilpflanze, das psychische Erlebnis, regt in den Zellmembranen der wichtigsten Immunzellen Sauerstoffmoleküle an, welche ihre Energieträger in den Umlaufbahnen aktivieren. Wenn sie wieder in den Normalzustand zurückkehren, senden sie Mikroenergie als Delta-E-Welle aus. Diese induziert denselben Vorgang an der nächsten Killerzelle, einer speziellen Immunzelle. In kürzester Zeit gelangen Milliarden von Immunzellen in einen aktivierten Zustand, in welchem sie Reparatur und Heilung ausführen können. Dies alles kann durch nicht sichtbare energetische Schwingungen ausgelöst werden und ist eine neu erkannte Art der Kommunikation zwischen den Zellen.

Nicht zuletzt meint Jesus Christus mit dem Ausspruch »Wenn ihr nicht werdet wie die Kinder (heilig), werdet ihr nicht in mein Reich eingehen« (Matthäus 13, Vers 3), dass im Kind die unabdingbare kosmische und göttliche Ehrlichkeit lebt, ohne die Heilung (Heiligung) im besten Sinne des Wortes nicht möglich ist.

Das Buch von Anna Röcker wird Ihnen helfen, Ihren Körper besser kennen zu lernen. Es wird das Bewusstsein für Heilerfahrungen öffnen und dazu beitragen, dass wir dieses Wunderwerk, unseren Körper, mit mehr Achtsamkeit und großer Ehrfurcht behandeln. Für die einzelnen im Buch vorgestellten

! Einfluss und Wirkung

Unser Körper ist eine geheiligte Halle, empfindsam gegen feine Strömungen und Frequenzen, immer dem Gesetz der Harmonie nachstrebend. So wird verständlich, dass jeder Einfluss von Stofflichem und Nichtstofflichem entscheidende Wirkungen auf unseren Körper haben muss. Umso behutsamer sollten wir mit unserem Körper und miteinander umgehen.

Methoden der Selbstheilung, wie Heilen mit Licht und Farbe oder Heilen mit Musik, gibt es inzwischen viele Untersuchungen, die ihre Wirksamkeit belegen.

Frau Röcker ist mir seit vielen Jahren als Therapeutin und Yoga-Lehrerin bekannt. Im vorliegenden Buch verbindet sie ihre großen praktischen Erfahrungen mit neuen wissenschaftlichen Erkenntnissen. Ich wünsche dem Buch viel Erfolg. Möge es dazu beitragen, dass Sie Ihre Heilkräfte entdecken, aktivieren und für Ihre körperliche, geistige und seelische Gesundheit einsetzen können.

Dr. med. Peter Schleicher
Immunologe, München

Einleitung

Vielleicht geht es Ihnen genauso wie mir, wenn Sie auf Ihr bisheriges Leben zurückschauen: Viele »Zufälle« oder zufällige Begegnungen scheinen wie Wegweiser auf den eigenen Weg gewirkt zu haben.

In meinem Fall haben sich die Zeichen immer schon in Richtung »Heilung« und Selbstheilung gerichtet. Bereits als junges Mädchen verbrachte ich einen Teil meiner sonntäglichen Freizeit mit freiwilligem Dienst im Krankenhaus. Krankheit und Leid riefen schon damals in mir einerseits ein Gefühl von Hilflosigkeit hervor, andererseits aber den Wunsch, nach Lösungen zu suchen. Dass diese nicht nur in der Behandlung des Körpers zu finden sind, wurde mir im Laufe der Jahre immer deutlicher. Durch einen der oben erwähnten Zufälle lernte ich Yoga kennen. Dieser ganzheitliche Weg, bei dem Körper, Seele und Geist gleichermaßen Beachtung finden, eröffnete mir völlig neue Möglichkeiten, das Leben mit seinen Licht- und Schattenseiten besser zu verstehen. Die Yoga-Übungen waren und sind noch heute für mich die beste Art und Weise, seinen Körper gesund zu erhalten und gleichzeitig mit seelischen und körperlichen Problemen besser umgehen

»

Die Vernunft steckt uns viel zu enge Grenzen und fordert uns auf, nur das Bekannte – und auch dies mit Einschränkungen – in bekanntem Rahmen zu leben, so als ob man die wirkliche Ausdehnung des Lebens kennte! Tatsächlich leben wir Tag für Tag weit über die Grenzen unseres Bewusstseins hinaus; ohne unser Wissen lebt das Unbewusste mit. Je mehr die kritische Vernunft vorwaltet, desto ärmer wird das Leben.

C.G. Jung

zu können. Mein Wunsch, diese Erkenntnisse und die wunderbaren Erfahrungen an andere weiterzugeben, brachte mich schließlich dazu, Yoga-Lehrerin zu werden. Eine Ärztin, die uns angehende Yoga-Lehrerinnen in Anatomie unterrichtete, weckte in mir den Wunsch, Heilpraktikerin zu werden. Während der Ausbildung erfuhr ich vieles über den Körper und seine Funktionen sowie über die vielfältigen Möglichkeiten der Naturheilkunde. Zwar fühlte ich mich jetzt nicht mehr so ohnmächtig gegenüber Krankheit und Leid, aber ich spürte dennoch, dass die Suche noch nicht zu Ende war. Meine Patientinnen und Patienten konfrontierten mich täglich mit einer Fülle von Symptomen, körperlichen und seelischen Problemen und trugen dazu bei, dass ich mich mit den verschiedensten Richtungen in der Naturheilkunde beschäftigte.

Die Begegnung mit den Schriften Edward Bachs und die Erfahrungen, die ich mit der Bach-Blüten-Therapie machen durfte, waren ein wesentlicher Schritt in die Richtung, zu der ich mich berufen fühlte. Bach hatte ein kleines Büchlein mit dem Thema »Heile Dich selbst« herausgegeben, was ihm damals sehr viel Ärger vonseiten seiner Kollegen eingebracht hatte. Mein erstes Buch veröffentlichte ich zu diesem Thema, was mir bei meiner tiefen Verbindung zu Edward Bach als gutes Omen erschien.

Etwa zur gleichen Zeit begegnete ich der Silva-Mind-Methode, die zu einem wesentlichen Wegweiser auf meinem Weg wurde. In den USA erlebte ich während eines Intensivkurses mit J. Silva die Möglichkeiten der Gedanken- und Energielenkung in einer atemberaubenden Art und Weise. Jeder hat diese Heilkräfte in sich, kann die Möglichkeiten des Geistes nutzen, das war das Credo der Seminarleiter, zu denen neben Silva eine mexikanische Ärztin zählte. Sie trainierte seit Jahren ihre Patienten darin, Selbstheilungskräfte zu lenken und damit auch ihre Arbeit zu unterstützen.

Freude bereitet mir der Umgang mit Kindern, die besonders offen sind für das Arbeiten mit inneren Bildern. Sie

! Bescheidenheit

José Silva befriedigte es sehr, wenn jemand durch seine Methode ein Problem lösen konnte. Aber »Nicht ich habe Ihnen geholfen«, sagte er dann, »sondern Sie sich selbst.«
Er starb 1999.

können sich relativ leicht vorstellen, wie sie ihre Abwehrkörperchen in Gang bringen oder sich innere Berater und helfende Tiefe erschaffen, die ihnen bei der Lösung eines Problems helfen. Der Kinderarzt Dr. Bernie Siegel, der sich vor allem als Spezialist in der Behandlung von Krebserkrankungen bei Kindern einen Namen gemacht hat, hat diese Möglichkeiten während eines Seminars in San Diego in für mich unvergessener Weise aufgezeigt.

Heilung wurde für mich immer mehr zu einem ganzheitlichen Begriff, immer besser erkannte ich die Verbindung zwischen der Heilung und dem »Heiligen«. Deutlicher wurde mir die Verbindung zwischen Mensch und Kosmos, zwischen Mensch und Natur, zwischen Mensch und Gott. Nichts existiert getrennt voneinander. Das Schicksal des Menschen ist eng mit dem unserer Mutter Erde verwoben, Heilung kann immer nur in diesem ganzen Zusammenhang gesehen werden.

Eines der großen Geschenke meines Lebens war die Begegnung mit Dr. Helen Bonny, die ich während meiner Ausbildung zur Musiktherapeutin nach der von ihr begründeten Methode (Guided Imagery and Music oder Bonny Method) näher kennen lernen durfte. Die Musik ist wie kaum ein anderes Medium in der Lage, uns mit den tiefer liegenden Schichten der eigenen Seele genauso in Kontakt zu bringen wie mit dem Wirken eines über uns selbst hinausgehenden Geistes. Täglich erlebe ich in meiner Arbeit die Bestätigung dafür, dass unsere Seele unseren Weg kennt. Unsere Aufgabe ist, diese innere Stimme hören zu lernen und ihr zu vertrauen. Diese Arbeit kann ich zurzeit durch eine Weiterbildung am C.G. Jung Institut vertiefen und erweitern.

All diese Erfahrungen, die ich auf meinem eigenen Weg und in einer mehr als 15-jährigen Praxis mit meinen Patienten gemacht habe, führten zu diesem »Geheimnis der Selbstheilungskräfte«.

Neben meiner Einzelarbeit mit Patienten habe ich in den letzten Jahren viele Gruppen geleitet und Seminare gegeben, deren Erkenntnisse ebenfalls hier eingeflossen sind. Unzählige Male habe ich erlebt, wie Menschen in solchen Gruppensitzungen ihre eigenen Kräfte erfahren und entwickeln konnten.

Besonders intensiv kann ich dies in einer Gruppe beobachten und erleben, die ich seit vielen Jahren zusammen mit einem Kollegen leite. Mit Hilfe von Übungen, die Sie teilweise in diesem Buch wiederfinden, lehren wir, die eigene Wahrnehmung zu schulen und sich für die geistigen Kräfte zu öffnen. Diese Abende enden immer mit einem Heilungsritual, in das unsere Patienten einbezogen werden. Häufig berichten diese, dass sie sich während der entsprechenden Zeit besonders gut gefühlt und anschließend zum ersten Mal seit langem wieder ohne Angst geschlafen hätten.

Bei anderen waren Symptome verschwunden oder zumindest war das Vertrauen in die Heilung gewachsen. Mein Kollege Heinz Fischer, der fast blind ist und über hellsichtige Fähigkeiten verfügt, konnte immer wieder eine deutliche Veränderung in der Ausstrahlung der Menschen wahrnehmen,

! Kooperationen

Der eigene »innere Arzt«, die eigene »innere Heilerin« werden im Notfall mit jedem äußeren Arzt oder jeder Therapeutin kooperieren, denn diesen inneren Kräften geht es um uns, unser Leben und unsere Entwicklung.

die in Verbindung mit ihrer Heilkraft und damit auch in der Verbindung mit der geistigen Welt sind.

Es gibt viele Menschen, denen ich danken möchte für den Anstoß, den sie mir gegeben haben, für ihre Unterstützung und Wegbegleitung. Stellvertretend möchte ich nur einige nennen: meine Eltern, die mir den festen Glauben vermittelt haben, und meiner Lehrerin Emilie, die mich immer wieder liebevoll, aber auch sehr nachdrücklich ermuntert hat, meinen eigenen Weg zu suchen.

Besonderen Dank schulde ich meinen inneren Beratern, die mich nie im Stich lassen, in den schwierigsten Lebenslagen eine Lösung wissen und das Verbindungsglied zu der für uns Menschen so schwer fassbaren Welt des göttlichen Geistes sind.

Mein größter Wunsch ist es, dass Sie zunächst neugierig werden und dann das Vertrauen finden zu den hier beschriebenen Möglichkeiten, die Selbstheilungskräfte für sich und andere einzusetzen. Und dass Sie ihre Wirksamkeit so wie ich erleben. Hartnäckigkeit und Geduld sind dabei genauso notwendig wie Hoffnung und Glaube. Dann allerdings können diese Erfahrungen zu einer veränderten Sicht der Wirklichkeit führen, die nicht nur auf dem Mess- und Zählbaren, sondern auch auf dem Unsichtbaren und sogar Unvorstellbaren beruht.

Außerdem wünsche ich mir, dass die Fachleute in Sachen

! Gruppenarbeit

Ich selbst kann immer wieder feststellen, dass sich schon nach kurzer Zeit in der Gruppe eine große Kraft einstellt. Häufig kommt mir dabei das Bild der Sonnenstrahlen in den Sinn, die, wenn sie durch eine Fensterscheibe fallen, den Raum angenehm erwärmen; wenn sie aber durch ein Brennglas fallen, können sie eine extrem große Kraft entwickeln und ein Feuer entzünden. Heilkraft durch sich fließen zu lassen, sie zu bündeln und zu lenken ist das Ziel von Gruppenarbeit.

Heilung, Ärztinnen, Psychotherapeuten und Physiotherapeuten, dieses Buch nicht als gegen ihre Arbeit gerichtet empfinden, sondern, wie Dr. Peter Schleicher in seinem Vorwort es beschreibt, als Unterstützung und Ergänzung ihrer Arbeit.

Anna Elisabeth Röcker

Das Geheimnis der Selbstheilungskräfte

Selbstheilungskräfte gehören von jeher zu den Überlebensmechanismen von Mensch und Tier. Bis zum Beginn der naturwissenschaftlichen Medizinauffassung war es deshalb sehr wichtig, diese eigenregulativen Kräfte im Menschen anzuregen und mit entsprechenden Medikamenten zu unterstützen. Mögen verordnete Antibiotika durchaus auch ihre unbestrittenen Erfolge haben, letztendlich sind sie doch ein Mittel, das sich »gegen das Leben« richtet und auf diesem Weg nicht nur Fremdeindringlinge vernichtet, sondern auch die eigenen Abwehrkräfte schwächt.

Selbstheilungsmechanismen finden nicht nur auf der körperlichen, sondern auch auf der seelischen Ebene statt. Schmerz, Trauer und seelische Verletzungen werden geheilt oder zumindest gelindert. Auch wenn die Selbstheilungskraft des Menschen dort ihre Grenze hat, wo die Vielzahl von Erregern oder krank machenden Stoffen den Organismus überwältigt, ist sie doch die wesentliche Kraft im Menschen, ihn überleben zu lassen.

»

Denn das ist der größte Fehler bei der Behandlung von Krankheiten, dass Leib und Seele allzu sehr voneinander getrennt werden, wobei sie doch nicht getrennt werden können. Aber das gerade übersehen die griechischen Ärzte, und darum entgehen ihnen so viele Krankheiten; sie sehen nämlich niemals das Ganze. Dem Ganzen sollten sie ihre Sorge zuwenden, denn dort, wo das Ganze sich übel befindet, kann unmöglich ein Teil gesund sein.

Platon

Das Selbst und seine Heilwirkung

Was verstehen wir unter dem eigenen »Selbst«, das Heilung bewirkt? Das »Selbst« ist unser ganzes Sein auf körperlicher, seelischer und geistiger Ebene. Alle drei Ebenen sind an einer Heilung beteiligt. Weitet man den Begriff auf das »Höhere Selbst« aus, gilt das auch für die spirituelle Ebene. Selbstheilungskräfte entstehen aus einer geheimnisvollen Vernetzung von körperlichen Funktionen, die durch unsere Gefühle und Gedanken und eine höhere Ebene des Bewusstseins unterstützt werden. Unter dieser höheren Ebene können wir die kosmischen Gesetze oder das Wirken einer göttlichen Kraft verstehen. Den Bezug zur spirituellen Ebene zeigt schon das Wort »Heilung«, das sprachlich mit dem »Heiligen« verwandt ist.

Die westliche Medizinforschung hat sich bislang kaum mit den energetischen, geistigen oder spirituellen Selbstheilungskräften beschäftigt. In anderen Kulturen gibt es dafür eine lange Tradition, transpersonale Kräfte für die eigene Heilung oder für die Heilung anderer einzusetzen. Die Verbindung zu

! Wunder der Heilung

Schon eine einfache Hautverletzung zeigt unsere Selbstheilungskräfte sehr deutlich. Ist die Verletzung klein, wird sie bereits nach kurzer Zeit notdürftig verschlossen. Das Blut, das aus den durchtrennten Blutgefäßen nach außen tritt, enthält Thrombozyten, Blutplättchen, die nicht nur die Wunde abdichten, sondern auch die Bildung bestimmter Enzyme in Gang setzen. In dem feinen Fasergeflecht, das jetzt entsteht, bleiben Erythrozyten, rote Blutkörperchen, hängen. Leukozyten, weiße Blutkörperchen, sorgen dafür, dass eindringende Erreger unschädlich gemacht werden. Von all diesen komplizierten Vorgängen wissen wir in der Regel nichts. Wir nehmen lediglich wahr, dass sich über der Wunde eine Kruste bildet und von den Rändern her die Wunde heilt.

spüren mit etwas, das sehr viel bedeutender ist als unser Ich, trägt nicht nur enorm zu einer Verbesserung unserer physischen Gesundheit bei, sondern steigert auch unser seelisch-geistiges Wohlbefinden.

Menschen, die einerseits die Verbindung zur Natur und andererseits zu ihrer inneren Führung, zur kosmisch-göttlichen Welt spüren, können Probleme und Herausforderungen des Lebens viel besser meistern. Selbst in der Definition der Weltgesundheitsorganisation geht Gesundheit, in der Regel das Ziel der Heilungsbemühungen, deutlich über die körperliche Ebene hinaus und schließt psychisches und soziales Wohlbefinden mit ein. Für Letzteres ist das Eingebundensein in die menschliche Gemeinschaft, aber auch in die große Gemeinschaft von Erde und Kosmos wichtig.

Ihre Bedeutung in der Weisheit der Völker

Heilmethoden mit inneren Bildern, kreativer Visualisierung, Gedankenprogrammierung, Licht und Farben sowie durch Handauflegen und Gebet gehören zum Wissensgut aller Kulturen. Dabei spielten »heilige Orte«, ausgesuchte Plätze in der Natur, und das Wissen von den kosmischen Zusammenhängen eine große Rolle. So zum Beispiel wurden Heilungen durch bestimmte Stellungen der Gestirne begünstigt.

Immer wieder sprechen die alten Schriften von einer dem Menschen innewohnenden Lebens- und Heilkraft, die aktiviert werden muss, damit es zu einer umfassenden Heilung kommen kann. Ein Symptom nur zu unterdrücken, ist gefährlich. Die gestörte und aus der Balance geratene Lebenskraft sucht sich ein anderes Ventil. Es entsteht ein anderes Symptom, das sehr häufig nicht mehr mit dem ersten in Verbindung gebracht wird.

Schamanen – die ältesten Heiler

Rituale heißt das magische Wort, wenn es um die Aktivierung der Selbstheilungskräfte in den alten Kulturen geht. Die Hüter dieser Rituale waren und sind religiös-medizinische Spezialisten wie zum Beispiel die Schamanen.

Sie sind die frühesten bekannten Repräsentanten menschlicher Heilkunst. Berühmt sind sie für ihre einzigartige Fähigkeit, in einer willentlich herbeigeführten und kontrollierten Trance Diagnosen zu stellen, die Ursachen einer Krankheit herauszufinden und Heilrituale durchzuführen.

Daneben wirken sie auch als Künstler, Tänzer, Wahrsager und Priester. Im Laufe ihrer verschiedenen Einweihungen lernen sie, aus dem Körper herauszutreten und die »andere« Welt zu erkennen, die uns nach dem Tod erwartet.

Sie können auch als Seelenführer den Verstorbenen ein sicheres Geleit ins Totenreich geben.

Vor allem begleiten sie den Kranken auf seiner Reise zum eigenen innersten Wesen, zur Quelle seiner Selbstheilungskräfte. Dabei rufen sie »göttliche Verbündete«, Ahnen und hilfreiche Geistwesen genauso zu Hilfe wie die Kräfte der vier Himmelsrichtungen und der Elemente Feuer, Luft, Wasser und Erde.

Das Wohlwollen all dieser Helfer wird durch Geschenke, Lobpreisungen und rituelle Opfergaben erbeten. Die Götter

! Die Ganzheitlichkeit des Menschen

Für Schamanen und Heiler steht alles miteinander in Verbindung: Erde und Mensch, Tier und Pflanze. Alles ist gleichermaßen von den göttlichen Kräften durchdrungen. Demzufolge behandeln sie immer den ganzen Menschen, beachten dabei seine Symptome, seine psychische und geistige Verfassung und seine soziale Einbindung in Familie und Umwelt gleichermaßen.

! Alles ist verbunden

Das Gefühl der Verbundenheit mit allem ist unerlässlich für die Aktivierung der Selbstheilungskräfte. Stärke und Verbundenheit mit der Natur, mit der Gemeinschaft, mit sich selbst, mit dem eigenen inneren Geistführer und der kosmischen göttlichen Welt hilft dem Menschen aus seiner Isolation heraus, seiner inneren Einsamkeit und häufig auch aus seiner Depression, die die Ursachen für viele Erkrankungen sind.

wiederum bieten Liebe, Gesundheit und Glück. Heilende Plätze, an denen oft außergewöhnliche Bäume stehen oder Quellen entspringen, verstärken die Energie der Heilrituale. Denn die Natur selbst ist die Quelle von Heilung. Es gilt, sich mit ihr zu verbünden.

Wie die Psychoneuroimmunologie sie sieht

Nach den vielfältigen wissenschaftlichen Untersuchungen im Rahmen der Psychoneuroimmunologie – kurz PNI genannt – stehen Einsamkeits- und Isolationsgefühle auf der Liste der Gefühle, die Krankheiten entstehen lassen oder uns zumindest für sie öffnen, mit an oberster Stelle.

Geprägt wurde der Begriff von dem Psychologieprofessor Robert Ader von der Universität Rochester im US-Bundesstaat New York. Er war – wie es so oft bei wichtigen Entdeckungen der Fall ist – eigentlich auf der Suche nach etwas anderem. Bei einem Experiment fand er heraus, dass das Immunsystem der Ratten durch Gefühle von Abneigung und Widerwillen, hervorgerufen durch eine Testsubstanz, so sehr geschwächt wurde, dass sie nicht an der Testsubstanz, sondern an einfachsten Infektionen starben. Patienten, die sich freiwillig zur Verfügung stellten, erhielten z.B. täglich ein Brause-

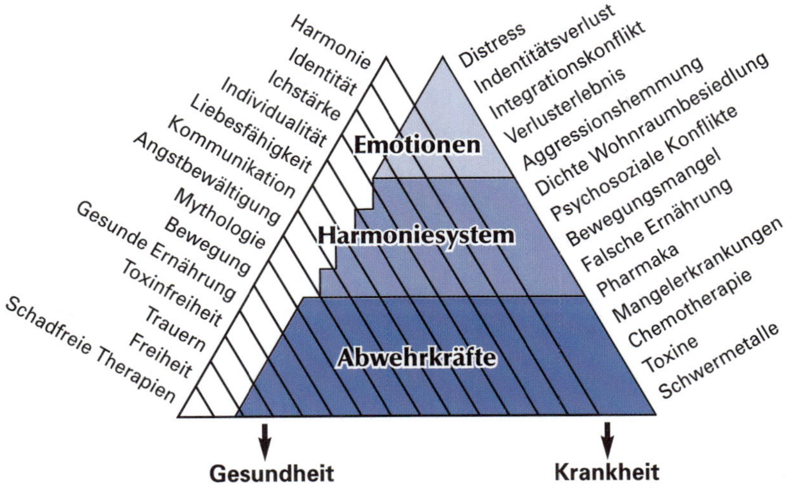

Sind die Regulationsmechanismen zwischen Emotionen, Harmoniesystem und Abwehrkräften gestört oder aufgehoben, folgt eine gekürzte Immunantwort und Krankheit (nach Dr. Peter Schleicher).

bonbon und anschließend eine kleine Menge Adrenalin gespritzt, das die natürlichen Killerzellen aktiver werden lässt. Obwohl sie nach einigen Tagen nur noch das Brausebonbon bekamen, stieg genau wie vorher mit dem Adrenalin die Aktivität der Killerzellen an. Mit dem Brausebonbon war der Körper bereits auf Aktivierung der Abwehrzellen programmiert.

Der innere Arzt

»Den Arzt in uns« – es gibt ihn wirklich. Diesem inneren Arzt müssen wir unsere Aufmerksamkeit widmen. Wir müssen ihn in den Heilungsprozess einschalten, vor allem aber müssen wir herausfinden, was ihn stärkt und was ihn schwächt.

Professor Stumpfe von der Universität Köln hat festgestellt, dass Menschen mit einem gefestigten Glauben viel weniger Krankheiten und eine längere Lebenserwartung haben. Der gläubige Mensch, der Vertrauen in seine Genesung hat, scheint sein Immunsystem damit stärken zu können.

! Paracelsus

Der Arzt Paracelsus gilt als Modernisierer der mittelalterlichen Medizin, der in seiner Lehre theosophische und naturphilosophische Kenntnisse verband. Er sah in einer von Freude und Dankbarkeit geprägten Lebenseinstellung die beste Gesundheitsvorsorge.

Andere Untersuchungen zeigen, dass neben gesunder Ernährung und ausreichender Bewegung regelmäßige Entspannung und vor allem Meditation und kreative Visualisierung, das heißt das Erzeugen von inneren positiven Bildern, unsere Heilkräfte aktivieren. Aufbauende Gedanken und Glücksgefühle wirken ebenso positiv.

Dr. Jeanne Achterberg, Professorin an der University of Texas, sagt dazu: »Meine eigenen Patienten haben es mir immer wieder klar gemacht. Der Arzt ist allmächtig, wenn es um das Erzeugen von inneren Bildern geht. Völlig unabhängig von den medizinischen Eingriffen können sie über Leben und Tod entscheiden. Es ist eigentlich gänzlich überflüssig zu betonen, dass die Verantwortung hierfür auf keinen Fall leicht genommen werden darf.«

In mehreren Beispielen beschreibt sie, dass Menschen mit der Prognose »Sie haben noch drei Monate zu leben« sich genau daran gehalten haben. Andere überwanden die Krankheit durch eine positive Einstellung. Sie hatten genau den Beistand gefunden, der ihren Lebensmut stärkte.

Aus der Forschung

Um herauszufinden, was besonders widerstandsfähig gegen Krebs macht, wurde in den USA folgende Studie durchgeführt: 1300 ehemalige Studenten eines College wurden über 16 Jahre hinweg genau befragt und untersucht. In dieser Zeit erkrankten sie nicht an Krebs. Sie zeigten folgende Eigenschaften: ein ausgeprägtes Selbstwertgefühl, eine herzliche

! Was das Immunsystem stärkt

Selbstwertgefühl, optimistische Lebenseinstellung, gute Beziehungen zu sich selbst und anderen, Sorgen und Probleme nicht zu schwer nehmen und loslassen können

Beziehung zu den Eltern, eine optimistische Weltsicht, kontaktfreudige Extrovertiertheit. Auffallend war ihre Fähigkeit, Stress zu bewältigen.

Mit Stress richtig umgehen

Erst vor einigen Jahrzehnten prägte Hans Selye, ein österreichischer Biochemiker, den Begriff Stress. Er bezeichnete damit die »unspezifische Reaktion des Körpers auf irgendeine Anforderung«. Erst mit später entwickelten Messverfahren war man in der Lage, die bei so genanntem Distress, wie Selye den »negativen Stress« nannte, ausgeschütteten Hormone zu messen. Es sind vor allem die Hormone aus der Nebenniere, das Kortison und das Adrenalin, die für die entsprechenden Reaktionen verantwortlich sind. Der Organismus macht keinen Unterschied, ob der Stress durch eine belastende psychische Situation, eine übermäßige körperliche Beanspruchung, einen Infekt oder eine Operation ausgelöst wurde.

Stressfaktor Lebensweise

Durch unsere Lebensweise haben sich Informations- und Reizüberflutung und viele andere Stressfaktoren in den letzten Jahren vervielfacht. Distress zählt daher zu einer der Hauptursachen für die Schwächung des Immunsystems. Dauernd wiederkehrende Infekte, das so genannte Chronische Müdigkeitssyndrom oder auch das Burn-out-Syndrom sind mögliche Folgen. Ein geschwächtes Immunsystem ist

! Was heißt Stress?

Das Wort Stress hat seinen Ursprung im lateinischen »strictus«, das mit »stramm, gespannt« übersetzt werden kann. Im Englischen bedeutet »stress« Druck, Anstrengung, Mühe und Sorge, auch Erschöpfung. Das Symptom Stress hat der ungarisch-kanadische Mediziner Prof. Dr. Hans Selye populär gemacht. Er gilt als einer der Pioniere der Stressforschung.

nicht nur eine Gefahr für unseren Körper und unsere physische Gesundheit, sondern wirkt sich in der Regel auch auf unsere Psyche aus. Unlustgefühle, mangelnde Lebensfreude und seelische Müdigkeit sind die Symptome. Dazu kommt, dass wir uns in nervlich belasteter Situation fast immer negativ programmieren.

Die innere Anspannung führt dazu, dass unser Gehirn jetzt vor allem Betawellen produziert. Wir sind dann vor allem mit der linken Gehirnhälfte verbunden (siehe auch Seite 61f. Damit sind wir weitgehend abgeschnitten von Kreativität, Inspiration und Intuition, die aber gerade notwendig wären, um aus dem Kreislauf Stress–Angst–Panikreaktion herauszukommen.

Gehen Sie auf »Alpha«

Um die körperliche und seelische Gesundheit zu stabilisieren und den Umgang mit Stress zu erleichtern, sollten Sie täglich mindestens 15 Minuten »auf Alpha sein«, d.h. Ihre Gehirnfrequenz auf 14 bis 10 Zyklen pro Sekunde absenken. Dadurch können Sie Ihre rechte Gehirnhälfte besser nutzen. Welchen Weg Sie dafür wählen – Yoga-, Atem- und Entspannungsübungen, Musik oder Meditation –, ist Ihnen überlassen. Sie sollten über einen längeren Zeitraum aber immer die gleiche Entspannungsmethode wählen, um Ihr Gehirn daran zu gewöhnen. Nehmen Sie im Laufe des Tages kleine »Auszeiten« von einigen Minuten, in denen Sie sich kurz entspannen und

Übung

Drei-Finger-Technik

- Setzen Sie sich bequem und aufrecht hin, schließen Sie die Augen und entspannen Sie Ihren Körper. Beginnen Sie bei den Füßen, gehen Sie weiter über die Beine und den Rumpf nach oben. Entspannen Sie Schultern, Arme und Hände, den Hals und den Kopf. Entspannen Sie Ihre Stirn und Ihre Augenlider, so kann sich das Gehirn noch mehr entspannen.
- Zählen Sie jetzt langsam von 10 bis 1, bei jeder absteigenden Zahl entspannen Sie sich tiefer und tiefer.
- Stellen Sie sich dann Ihren idealen Entspannungsplatz vor und entspannen Sie sich tief.
- Wiederholen Sie dann dreimal: »Jedes Mal, wenn ich die drei Finger aneinander lege, gehe ich auf eine tiefere und gesündere Stufe meines Bewusstseins und ich bleibe ruhig und gelassen. So meistere ich jede Situation.«

Beenden Sie dann die Übung, indem Sie von 1 bis 10 zählen und langsam Stufe für Stufe wieder nach oben kommen. Öffnen Sie dann die Augen und strecken und dehnen Sie sich.

sich auf Ihre rechte Gehirnhälfte konzentrieren. Verbunden mit der nachfolgend beschriebenen Handhaltung können Sie sich auch in jeder anstrengenden Konferenz kurz in Ihr inneres Weisheitszentrum zurückziehen.

Wirkungsvoll entspannen

Die so genannte Drei-Finger-Technik, wie sie die Silva-Mind-Methode lehrt, ist eine gute Hilfe, um im Alltag schneller mit dieser heilenden Energie verbunden zu sein, die wir während der Meditation erleben. Legen Sie dabei Daumen, Zeige- und Mittelfinger einer Hand (oder auch beider) zusammen. Aus dem Yoga kennen wir solche Fingerhaltungen als Mudras, mit deren Hilfe man die Energie sehr gezielt lenken kann.

Mit obenstehender Programmierung, die Sie nur einmal

vornehmen müssen, stimmen Sie Ihr Gehirn auf die Drei-Finger-Technik ein.

Gefühle – die besten Starkmacher

»Liebe«, so Paracelsus, »ist die größte Medizin«, und »Liebe heißt die Angst verlieren«, so der Psychologe und Heiler Jampolsky. Lieben Sie das, was Ihnen Angst macht, und Sie werden die Angst verlieren. Ein scheinbar einfacher Satz, der eine große Weisheit enthält. Leider trifft das auch auf die Gefühle auf der Schattenseite zu. Wir wissen, dass uns »krank macht,

! Krankheit – gestörte Balance

Krankheit ist immer ein Hinweis auf ein gestörtes Gleichgewicht in unserem Körper. Haben wir eine fieberhafte Erkältung, ist nicht nur das Verhältnis der eingedrungenen Erreger zur Abwehrleistung unseres Immunsystems aus der Balance geraten, sondern auch unser Wärmehaushalt. Die Selbstheilungskräfte sollten immer darauf gerichtet sein, diese Balance wiederherzustellen. Das heißt in diesem Fall, vorrangig unsere Abwehrzellen zu unterstützen.

Meistens liegt aber dem Symptom oder der Krankheit selbst bereits eine Disharmonie im körperlichen oder seelischen Bereich zugrunde. Um beim Beispiel der Erkältung zu bleiben, kann eine Unterkühlung – das heißt, der Wärmehaushalt war nicht in der Balance – die Ursache gewesen sein oder seelischer Stress, der unsere Abwehrkräfte so geschwächt hat, dass sich die Erreger unverhältnismäßig vermehren konnten.

Im Sinne unserer Erfahrungsheilkunde – das gilt für die chinesische, tibetische und indische Medizin gleichermaßen – ist jede Behandlung eine Ordnungstherapie, auch wenn die Methoden unterschiedlich sind. Mit naturheilkundlichen Präparaten, mit Akupunktur oder mit geistig-seelischen Heilkräften versuchen wir, die Balance in jede Richtung wiederherzustellen.

Heilende Affirmation

Eine Affirmation für jeden Tag

»Harmonie in meinem Körper,
Harmonie in meinem Gefühl,
Harmonie in meinen Gedanken«

---

was uns kränkt«. Damit ist schon ein wichtiges Gefühl benannt, das unsere Selbstheilungskräfte blockiert: die Kränkung, die seelische Verletzung und das damit verbundene »Nicht-verzeihen-Können«.

Immunstärkende Gefühle

Zu den Gefühlen, die höchst immunstärkend wirken, gehören Liebe, Freude, Heiterkeit, Dankbarkeit, Vertrauen, Ruhe, Gelassenheit, das Gefühl, für andere da zu sein, Mitgefühl sowie das Gefühl der Selbstbestimmtheit. Yoga, Qigong, Tai-Chi und vor allem die Meditation sind hilfreich, dieses Ziel zu erreichen.

Immunschwächende Gefühle

Depressionen, Neid und Hass, unterdrückte Wut und Ärger, Angst, Trauer und Gefühle von Abhängigkeit schwächen das Immunsystem.

Die Auswirkungen von Depressionen auf das Immunsystem treten meist sehr schnell in Erscheinung. Bei Krebspatienten, die nach einer Operation, Chemotherapie oder Bestrahlung depressiv werden, entwickeln sich zum Beispiel häufiger und schneller Rezidive. Aber auch allgemeine Symptome wie Unwohlsein und Schmerzen haben depressive Menschen häufiger. Depressionen sind oft mit dem Gefühl von Selbstaufgabe verbunden. Eine Botschaft, die die intelligenten Zellen unseres Körpers sehr wohl vernehmen. Genauso wie sie unsere aufbauenden Gedanken und Gefühle wahrnehmen.

Übung

Des-Identifikationsübung

- Setzen Sie sich aufrecht und entspannt hin, atmen Sie tief und gleichmäßig. Sprechen Sie die nachfolgenden Sätze langsam und achten Sie dabei genau auf den Sinn jedes Wortes.
- »Ich habe einen Körper, aber ich bin nicht mein Körper. Mein Körper mag sich in verschiedenen Zuständen befinden, er mag ausgeruht oder müde sein, aber er allein ist nicht mein wirkliches Selbst.«
- »Ich schätze meinen Körper als kostbares Werkzeug der Erfahrung und der Tätigkeit in der äußeren Welt. Ich behandle ihn gut, und ich halte ihn bei guter Gesundheit.«
- »Ich lebe in einem Körper, aber ich bin mehr als mein Körper.«
- »Ich habe Gefühle, aber ich bin nicht meine Gefühle. Meine Gefühle wechseln und widersprechen sich. Sie mögen sich verändern, und trotzdem verändert sich mein Wesen, meine wahre Natur nicht. Ich gehe liebevoll mit meinen Gefühlen um. Ich habe Gefühle, aber ich bin mehr als meine Gefühle.«
- »Ich habe einen Verstand, aber ich bin nicht mein Verstand. Mein Verstand ist ein wertvolles Werkzeug der Entdeckung und des Ausdrucks, ein Organ des Erkennens der äußeren wie der inneren Welt, aber er ist nicht mein Wesen, mein Sein. Ich habe einen Verstand, aber ich bin mehr als mein Verstand.«
- »Ich bin reines Bewusstsein, unverletzlich und unsterblich. Ich wohne in einem Körper voller dynamischer Energie und Kraft.

Körper-Seele-Geist-Balance als Basis der Gesundheit

Die nachfolgende Übung ist besonders hilfreich, wenn Sie aus der Harmonie gefallen sind, weil Sie sich mit einem Teilaspekt Ihres gesamten Seins besonders stark identifizieren. In solchen Momenten wird die Aufmerksamkeit nur noch auf den Körper konzentriert. Beschwerden und Symptome, aber auch körper-

Übung

Eine andere Übung aus der Silva-Mind-Methode hat sich ebenfalls sehr bewährt:

- Begeben Sie sich wie bereits beschrieben in einen tiefen Entspannungszustand, bevor Sie mit der Übung beginnen. Machen Sie sich Gedanken, welche Symbole Sie wählen, wenn Ihnen ein Organ anzeigt, dass es sich gut fühlt, oder wenn es Ihnen sagen will, dass es Ihre Zuwendung braucht oder unter einer Störung leidet. Sie können die Farbe Grün für o.k., die Farbe Rot für den Hinweis wählen, dass das Organ Hilfe braucht. Auch ein Minus- oder Pluszeichen wäre möglich. Wenn Sie jetzt keine bestimmte Idee dazu haben, warten Sie ab, ob ein solches Symbol auf einer tiefen Bewusstseinsebene auftaucht.
- Gehen Sie nach und nach durch alle Organe und Körperteile, aktivieren Sie Ihre Heilenergie und achten Sie auf Zeichen und Symbole. Schließen Sie die Übung ab und kommen Sie langsam wieder aus der Entspannung heraus, indem Sie von 1 bis 10 zählen und sich strecken und dehnen.

liche Begierden scheinen Sie gefangen genommen zu haben. Auch wenn Sie heillos in Ihre Gefühle verstrickt sind, ist der Blick für alles andere verschlossen. Das Gleiche gilt, wenn Sie sich nicht mehr von bestimmten Gedanken und Sorgen lösen können.

Innerer Check-up

Führen Sie möglichst einmal täglich oder wenigstens einmal wöchentlich einen inneren Check-up durch. Gehen Sie dabei die einzelnen Organe durch. Sie können alle inneren Organe »besuchen«, Ihr Herz, Ihre Lunge und Ihrer Leber. Geben Sie allen Organen dieselben Instruktionen. Zum Schluss fügen Sie hinzu: »Ich rufe alle meine Organe, Drüsen und Körpersysteme auf, sämtliche Spannungen, jeden Druck und alle negativen Erinnerungen loszulassen. Von nun an funktioniert ihr normal und seid absolut gesund.« Dann auf die gleiche Weise wie beschrieben zurückkommen.

Tägliche Rituale

Viele alte Weisheitslehren empfehlen am Ende des Tages nicht nur eine körperliche Reinigung wie Waschen oder Zähneputzen, sondern auch eine seelisch-geistige.

Stellen Sie sich vor, dass Sie mit dem Ausatmen alles Alte und Verbrauchte, was sich an diesem Tag in Ihnen angesammelt hat, loslassen. Unterstützend dabei sind auch Visualisierungsübungen, bei denen wir uns unter einen Wasserfall stellen und uns nicht nur außen, sondern auch innen von diesem Wasser reinigen lassen.

Hilfreich ist auch, die tägliche Dusche mit einer solchen Vorstellung zu verbinden. Sie können dabei ein violettes Licht visualisieren, das sich mit dem Wasser verbindet und durch all Ihre Zellen strömt. Alle verbrauchten und kranken Zellen werden auf diesem Weg ausgeschieden, die gesunden werden gestärkt und mit Heilenergie versehen.

Ähnliche Reinigungsrituale können Sie mit Räucherwerk oder ätherischen Ölen durchführen, die Sie jeweils mit Ihren inneren Bildern unterstützen. Räucherungen wurden von jeher als eine Botschaft an die geistigen Mächte verstanden, mit deren Hilfe man Kontakt aufnehmen und seine Bitten vortragen konnte.

Die Kraft der Stille

Nichts unterstützt unsere Selbstheilungskräfte so sehr wie die heilende Stille. »Der Lärm verbraucht, die Stille ernährt«, heißt einer meiner Lieblingssätze. Die Stille ernährt nicht nur unsere Seele, sondern auch unseren Körper.

Versuchen Sie mindestens einmal täglich, in die Stille zu ge-

! Die Stille hören, fühlen, sehen …

Stille ist mehr als einfach nur die Abwesenheit von Lärm oder Geräuschen. Stille ist etwas, das einen erfasst und im Tiefsten berühren kann. Die Stille der Gedanken ist entspannend für den ganzen Menschen. Stille im Körper wirkt beruhigend auf die Gedanken und Gefühle. Experimentieren Sie mit der Stille. Atmen Sie Stille ein, hören, sehen und fühlen Sie Stille. Stille ist heilsam, bringt Ordnung in die durcheinander geratenen Körperfunktionen, Stille unterstützt die Selbstheilungskräfte ebenso, wie sie unterstützend für alle Arten von Behandlungen wirkt. Durch die Stille können wir Schmerzen leichter ertragen.

hen. Ein morgendlicher oder abendlicher Spaziergang im Park. Das kann manchmal hilfreicher sein als ein erzwungenes Sitzen auf dem Meditationskissen, bei dem die Gedanken nicht zur Ruhe kommen können, weil man ohnehin schon den ganzen Tag auf dem Bürostuhl gesessen hat.

Bei Sonnenaufgang in einem völlig stillen See zu schwimmen kann Sie zur inneren Stille führen, ruhig ausgeführte Körperübungen und natürlich jede Form der Meditation. Wenn Sie erst einmal Stille wirklich erlebt haben, werden Sie sie immer wieder suchen.

Stille fühlen und erleben erfordert manchmal etwas Übung, weil die Stille für viele Menschen fremd geworden ist. Wenn Sie anfangs das Gefühl haben, Ihre Symptome verstärken sich durch die Stille, brauchen Sie etwas Geduld, bis Sie sich daran gewöhnt haben. Meditieren Sie auf das Wort Stille, oder senden Sie während einer Heilmeditation Stille in jede Körperzelle. Ernähren Sie sich von Stille, wie Sie sich von Eiweißen und Kohlenhydraten ernähren. Denken Sie im Laufe des Tages immer wieder einmal daran, wie viel Stille Sie heute noch brauchen. Gönnen Sie sich Momente der Stille im Alltag, um innerlich aufzutanken. Stille ist mehr als nur die Abwesenheit von Geräuschen.

Übung

▶ Gehen Sie in Alpha, indem Sie sich entspannen und nach unten zählen. Stellen Sie sich vor, dass Sie sich im Inneren Ihres rechten Beins befinden. Dort spüren Sie einen Muskel, zu dem Sie »hallo« sagen, wie zu einem guten Freund. Dann sagen Sie mit Gewissheit und Autorität: »Du lässt alle Spannungen los, allen Druck auf den Sehnenbändern, und setzt alle negativen Erinnerungen frei. Du funktionierst normal und bist absolut gesund.« Dann »besuchen« Sie Ihr linkes Bein. Dann die Muskeln in beiden Armen. Auch sie werden liebevoll begrüßt und mit denselben Instruktionen programmiert. Jetzt besuchen Sie Ihre Rückenmuskeln, dann die Bauchmuskeln, danach sind die Nackenmuskeln an der Reihe. Nachdem diese ihre Anweisungen erhalten haben, fügen Sie hinzu: »Ich rufe alle Muskeln, Sehnenbänder und Gewebe in meinem Körper auf, sämtliche Spannungen, Verkrampfungen, allen Druck und alle negativen Erinnerungen loszulassen. Von nun an funktioniert ihr normal und seid absolut gesund.«

Beenden Sie die Übung, indem Sie sich freundlich verabschieden und langsam von 1 bis 10 zählen.

Chakras – Energiepotenziale für die Gesundheit

Der Begriff »Chakra« kommt aus der indischen Sanskrit-Sprache und heißt so viel wie »Rad« oder »Wirbel«. Offensichtlich haben hellsichtige Menschen übereinstimmend diese Energiezentren, die sich zwischen unserem physischen Körper und den sie umgebenden feinstofflichen Körpern befinden, als Räder oder Energiewirbel beschrieben.

Von ihren vielfältigen Aufgaben soll hier auf die wichtigsten eingegangen werden:

Sie nehmen die Energie aus dem Universum auf

Energie bewegt die Meere, lässt Vulkane ausbrechen und hält Planeten in ihrer Bahn. Energie belebt und erhält unseren Körper. Es gibt Momente, in denen wir diese Energie deutlicher als sonst spüren. Stellen Sie sich vor, Sie stehen beim Sonnenaufgang am Meer oder auf einem hohen Berg. Vielleicht gibt es für Sie auch andere Plätze, an denen Sie sich besonders lebendig, besonders energetisch fühlen. In diesen Momenten können wir deutlich wahrnehmen, dass wir nicht nur durch das Atmen Energie aufnehmen, sondern mit dem ganzen Körper, mit allen Sinnen. Im Verständnis der indischen Yoga-Lehre sind es vor allem die Chakras, die dafür sorgen, dass eine genügende Menge Energie aufgenommen und in Körperenergie umgewandelt wird. Voraussetzung dafür ist, dass die Chakras sich frei bewegen können und offen sind für die kosmische Energie.

Sie verbinden unseren physischen Körper mit den feinstofflichen Körpern

Die uns umgebende feinstoffliche Hülle kann man nicht sehen, wohl aber mit anderen Sinnen wahrnehmen. Manchmal kann man es sich kaum erklären, warum man sich in Gegenwart eines bestimmten Menschen so wohl fühlt. »Sie oder er hat eben eine gute Ausstrahlung, sagt man. Hellsichtige Menschen können diese Lichthülle erkennen und sogar aus deren Beschaffenheit die körperlich-seelische Gesundheit des Menschen ableiten. Denken wir zum Beispiel negativ, wirkt das vom Denkkörper in den physischen Körper hinein.

Auch auf der Gefühlsebene finden sich Einprägungen bereits im Emotionalkörper, bevor sie in Form von Freude, Glück oder Leid und Schmerz zu spüren sind. Demzufolge ist es nicht nur wichtig, Verantwortung für unseren physischen Körper zu übernehmen, indem wir uns gesund ernähren und genügend bewegen, sondern auch für unseren Denk- und Gefühlskörper.

! Chakra-Rad

In der indischen Tradition werden die Chakras manchmal als Lotusblüten beschrieben. Jede dieser Blüten hat eine genau festgelegte Anzahl von Blättern. Sie beginnt bei vier und endet bei 1000 Blättern. Diese Zahlen entsprechen den Speichen im jeweiligen Chakra-Rad und stehen für die Geschwindigkeit, mit der sich dieses Rad dreht.

Sie sorgen für einen gesunden Energiefluss im Körper

Sieben Hauptchakras und jeweils zwei Nebenchakras in Händen und Füßen sorgen dafür, dass die aufgenommene Energie im Körper harmonisch fließt. Jedes Energiezentrum versorgt einen Körperteil mit den entsprechenden Organen und Drüsen. Ist die Aktivität der Chakras blockiert, kommt es über kurz oder lang auch zu Störungen und Krankheitssymptomen im Drüsen- und Organsystem. Zuerst machen sich Stauungen energetisch bemerkbar, beispielsweise in Form von negativen Gedanken und Emotionen, Antriebslosigkeit, depressiver Verstimmung oder Gehemmtheit. Erst später manifestieren sie sich in Form einer Erkältung oder eines bestimmten Symptoms. Ein weiterer Grund für Energieblockaden der Chakras ist unser Widerstand, uns für den Energiefluss im Universum zu öffnen, weil wir uns zu sehr auf unser kleines Ich und auf dessen Energiereserven beschränken. Auf diese Weise schneiden wir uns ab, isolieren uns vom Vertrauen und Glauben in die innere Führung und in die göttliche oder kosmische Kraft, die diese Welt lenkt.

! Selbstbewusstsein entwickeln

Verantwortung für unser Denken und Fühlen zu übernehmen stärkt die eigenen Selbstheilungskräfte.
Lösen wir uns beispielsweise von dem negativen Gedanken, immer Opfer zu sein oder immer schlechter wegzukommen als andere, stärken wir damit auch gleichzeitig unser Immunsystem. So entwickeln wir das notwendige Selbstbewusstsein, um uns mit Konflikten auseinander zu setzen, uns gegen das, was uns krank macht, abzugrenzen und uns den anstehenden Problemen zu stellen.

Sie erhöhen die Schwingung

Jedes Chakra bewegt sich in unterschiedlicher Schnelligkeit. Die langsamste Schwingung hat die Farbe Rot, die dem untersten Chakra zugeordnet wird, die schnellste Schwingung die Farbe Violett, die dem Scheitelchakra zugeordnet wird. Stellen Sie sich vor, wie die Farbschwingungen aller Chakras harmonisch in unserem Körper wirken und eine Symphonie aus Licht und Farben ergeben. Fehlen diese Farben und das Licht, sprechen wir von dunklen Stunden oder von »Schwarzsehen«.

Auch der kranken Zelle fehlt Licht und damit Energie. Mit Hilfe der entsprechenden Chakra-Farben können wir sie wieder in eine harmonische Schwingung führen, soweit die Zelle noch dazu in der Lage ist, diese Energie aufzunehmen.

1. Chakra: Basis- oder Wurzelchakra

Farbschwingung Rot

Lage: am Ende der Wirbelsäule auf der Höhe des Steißbeins; in anderen Schriften finden wir es beschrieben zwischen Anus und Geschlechtsorgan.
Körperlicher Bereich: Skelettsystem und damit Körperstütze, Hüftgelenke, Kreuzbein, Ausscheidungsorgane, Nebenniere.

! Was die Chakras beeinflusst

Alle körperlichen Aktivitäten, alles was wir denken und fühlen, wirkt auf die Chakras ein, blockiert oder öffnet sie für die Aufnahme von Energie. Ein Weg, den Energiefluss in den Chakras anzuregen, sind Yoga-Übungen.

Mentaler und psychischer Bereich: Sicherheit und Geborgenheit in der Welt, Befriedigung der Grundbedürfnisse, Durchsetzungsfähigkeit, sich ein eigenes Zuhause schaffen, Unterstützung durch andere annehmen.

2. Chakra: Sakral- oder Sexualchakra

Farbschwingung Orange

Lage: im Unterbauch, etwa auf Höhe der unteren Lendenwirbel.

Körperlicher Bereich: Gebärmutter, Vagina, Dickdarm, untere Rückenwirbel, Nieren, Blase, Eierstöcke, Hoden.

Mentaler und psychischer Bereich: schöpferische Impulse ausleben, gesunder Umgang mit Sexualität, Fähigkeit zur Hingabe entwickeln, Umgang mit Macht und Ohnmacht lernen.

3. Chakra oder Solarplexus/Sonnengeflecht

Farbschwingung Gelb

Lage: etwas oberhalb des Nabels, in der Magengrube.

Körperlicher Bereich: Verdauungsorgane, Magen, Leber, Gallenblase, Dünndarm, Milz, mittlere Wirbelsäule, Bauchspeicheldrüse.

Mentaler und psychischer Bereich: Selbstwertgefühl

und Selbstachtung entwickeln, Bewusstsein der eigenen Kraft, Selbstverantwortung übernehmen.

4. Chakra oder Herzchakra

Farbschwingung Grün
Lage: auf Höhe des Herzens.
Körperlicher Bereich: Herz-Kreislauf-System, Blut, Lungen- und Bronchien, Thymusdrüse, Rippen, Brüste.
Mentaler und psychischer Bereich: Lebensfreude und Liebe entwickeln, Vergebung und Loslassen des anderen üben, in Harmonie mit sich und anderen sein.

5. Chakra oder Halschakra

Farbschwingung Hellblau
Lage: auf Höhe des Kehlkopfes.
Körperlicher Bereich: Nackenwirbel, Hals, Ohren, Kehlkopf, Speiseröhre, Schilddrüse, Nebenschilddrüse.
Mentaler und psychischer Bereich: sich selbstbewusst ausdrücken können und anderen zuhören und sie verstehen lernen, Kreativität im Ausdruck entwickeln.

6. Chakra oder Stirnchakra/Drittes Auge

Farbschwingung Dunkelblau
Lage: auf Höhe der Augen, zwischen den Augen.
Körperlicher Bereich: Gehirn, Augen, Nase, Nervensystem, Hormonhaushalt, Hirnanhangsdrüse.
Mentaler und psychischer Bereich: intuitive Fähigkeiten entwickeln, Einsicht und »inneres Sehen«.

7. Chakra oder Scheitelchakra

Farbschwingung Violett

Lage: auf der Schädelplatte.

Körperlicher Bereich: Nervensystem, Gehirn, Zirbeldrüse.

Mentaler und psychischer Bereich: Vertrauen in das Leben und in die innere Führung entwickeln, Glaube, Selbstlosigkeit, Bereitschaft, sich für humanitäre Belange einzusetzen, das Gesamtmuster des Lebens erfassen. Ein harmonischer Energiefluss zeigt sich in höchsten Glückszuständen durch Erkennen der Einheit mit allem.

Übung

Öffnen Sie die Chakras

Für die Aktivierung der Selbstheilungskräfte sind die Chakra-Energien von großer Bedeutung. Machen Sie es sich zur Gewohnheit, Ihre Chakras zu öffnen, bevor Sie die entsprechenden Heilmethoden anwenden. Genauso sollten Sie diese Energiezentren nach Beendigung leicht wie Blütenblätter wieder schließen.

- Beginnen Sie bei den Chakras der Füße, die sich in der Mitte der Fußsohlen befinden.

Über diese Energiezentren können Sie die Energie der Erde direkt in Ihren Körper einfließen lassen und nach oben durch die Beine lenken bis zum Wurzelchakra. Öffnen Sie dieses Chakra nach unten hin, indem Sie sich rote Farbe vorstellen. Sprechen Sie dazu die Affirmation: »Ich fühle mich sicher und geborgen in dieser Welt.«

- Gehen Sie dann weiter zum Sakralchakra, stellen Sie sich die Farbe Orange vor und sprechen Sie: »Ich bin in Harmonie mit mir und den anderen.«
- Als Nächstes öffnen Sie das Solarplexus-Zentrum, stellen Sie sich die Farbe Gelb vor und erinnern Sie sich daran: »Ich habe Vertrauen zu mir.«
- Gehen Sie weiter zum Herzchakra, öffnen Sie es mit der Farbe Grün und verbinden Sie

Übung

diese Öffnung mit der Affirmation: »Ich bin Liebe.«

- Das Halschakra aktivieren Sie mit der Farbe Hellblau und verbinden es mit dem Satz: »Ich gebe meiner inneren Wahrheit Ausdruck, ich kann andere verstehen und werde verstanden.«
- Das Stirnchakra öffnen Sie mit der Farbe Dunkelblau und der Affirmation: »Ich vertraue meiner Intuition.«
- Schließlich öffnen Sie sehr bewusst das Scheitelchakra nach oben wie eine Blüte, stellen sich die Farbe Violett vor und verbinden diese Öffnung mit der Affirmation: »Ich werde geleitet und vertraue.«
- Lassen Sie dann die durch das Scheitelchakra eingeflossene Energie in die Handchakras in der Mitte der Hände fließen, bevor Sie mit Ihrer Heilungsarbeit beginnen.
- Schließen Sie die Chakras von unten nach oben bewusst und spüren Sie dem Fluss der Energie in Ihrem Körper noch einen Moment nach. Dehnen und strecken Sie sich.

Was die Selbstheilungskräfte aktiviert

Heilen mit inneren Bildern

Der große Arzt Theophrastus Bombastus von Hohenheim, genannt Paracelsus (1493–1541), erkannte bereits im Mittelalter die Bedeutung der Imagination.

Imago – Einbildung – bedeutet, sich ein inneres Bild von etwas machen. Bilder, so lehrt uns die moderne Gehirnforschung, wirken um ein Vielfaches stärker als Worte, haben einen deutlich suggestiveren Charakter. Wenn wir uns eine Situation in all ihren möglichen Schrecken ausmalen, steigt oder fällt der Blutdruck, rast das Herz oder scheint fast auszusetzen. Die Haut wird feucht oder eiskalt. Und das alles, ohne dass die Situation wirklich existiert. Jeder kennt solche Situationen: Ein nächtliches Geräusch und die damit verbundene Vorstellung eines Einbrechers kann einen in Angst und Schrecken versetzen, ein bevorstehendes unangenehmes Gespräch lässt einen schon in der Vorstellung erstarren. Das erwartete Rendezvous, das man sich in den rosigsten Farben und den damit verbundenen Gefühlen ausmalt, lässt uns Schauer über den Rücken laufen oder Schmetterlinge im Bauch flattern.

»

Der Mensch besitzt eine sichtbare und eine unsichtbare Werkstatt. Die sichtbare ist sein Körper, die unsichtbare seine Imagination. Die Imagination kann heilen oder krank machen, je nachdem wie sie eingesetzt wird.

Paracelsus

! PNI

Die Psychoneuroimmunologie (PNI) ist ein Wissenschaftsgebiet, dessen Ziel eine ganzheitliche Medizin ist, in der die Trennung von Körper und Seele aufgehoben und der Mensch insgesamt in die Heilbetrachtung einbezogen wird.

Die Psychoneuroimmunologie (PNI) hat in vielen derartigen Untersuchungen bewiesen, wie Bilder auf unseren Körper und speziell auf unser Immunsystem wirken.

Nutzen wir also die aktive Imagination, um unser eigenes Drehbuch für unsere Gesundheit zu schreiben und dabei gleichzeitig Regisseur und Hauptdarsteller zu sein.

Lesen Sie sich das Kapitel »Praktisches Vorgehen« (Seite 95 ff.) genau durch. Beginnen Sie mit der Entspannungsübung (Seite 98) und begeben Sie sich an Ihren persönlichen Entspannungsplatz, indem Sie von 3 bis 1 und anschließend von 10 bis 1 zählen.

Die Reise zum Krafttier

Im Verständnis der indianischen Ureinwohner Amerikas hat jedes Tier eine Medizin für uns. Unter »Medizin« versteht man alles, was uns in Verbindung zum Großen Geist und zu allem Leben bringt. Das schließt sowohl unsere eigene körperliche und seelische Heilung ein wie die Heilung unserer Mutter Erde.

Die Medizin unseres Krafttiers bringt uns darüber hinaus Energie, Stärke und ein tiefes Verständnis für das, was in unse-

»

Mutig wie ein Löwe,
kraftvoll wie ein Tiger
und schnell wie ein Gazelle.

Übung

Die Reise zum Heilungstempel

- Nachdem Sie sich eine Weile umgesehen haben, erkennen Sie einen Weg, dem Sie folgen, bis Sie zu einem Regenbogen kommen. Während Sie den Regenbogen durchschreiten, wählen Sie eine Farbe aus, die für Sie jetzt wichtig ist. Lassen Sie die Energie des gesamten Farbspektrums auf sich wirken und stellen Sie sich vor, wie diese Farben Sie mit Energie aufladen.
- Setzen Sie Ihre Reise fort, bis Sie zu einem Tempel, einer Kirche, einem Altar oder einem Stein oder Baum kommen, den Sie schon von weitem sehen können. Es ist Ihr spezieller Heilungstempel, Ihr spezieller Heilungsplatz. Hier werden Sie Ihrer inneren Heilerin, Ihren inneren Helfern begegnen. Hier werden Sie die Informationen bekommen, die für Ihre körperliche und seelische Gesundheit oder für die Heilung einer Krankheit wichtig sind.
- Nachdem Sie den Ort der inneren Heilung betreten oder den Stein oder Baum berührt haben, lassen Sie sich Zeit, bis Ihre Heilerin, Ihr Heiler oder Ratgeber erscheinen. Vielleicht können Sie eine Person eindeutig erkennen, vielleicht auch nur ein Licht oder ein entsprechendes Symbol, vielleicht jemanden von einem Foto. Nehmen Sie alles an, was kommt, seien Sie offen, ohne Druck auf sich selbst auszuüben. Sie können jetzt die Fragen stellen, die Ihnen am Herzen liegen. Seien Sie geduldig, bis Sie eine Antwort in Form eines Wortes, eines Satzes oder eines Bildes erhalten. Diese Antwort kann auch erst in den nächsten Tagen zu Ihnen kommen oder als Traum erscheinen.
- Bedanken Sie sich in jedem Fall bereits jetzt, verabschieden Sie sich von Ihren Ratgebern, verlassen Sie Ihren Heilungsplatz und gehen Sie den Weg zurück, durchschreiten Sie wieder den Regenbogen, bis Sie an Ihren Ausgangsplatz zurückkommen.
- Beenden Sie die Übung so wie auf Seite 34 beschrieben.

! Kreieren Sie Ihren inneren Film

Einen inneren Bildschirm können Sie hervorragend für Ihre Gesundheit nutzen, und zwar sowohl für die vorbeugende Anregung der Selbstheilungskräfte wie zur Heilung. Stellen Sie sich Ihren Körper auf diesem Bildschirm vor, das Organ oder den Körperteil, welchen Sie behandeln möchten. Sehen Sie sich selbst in einem hellen, strahlenden Licht, beweglich, gesund und voller Lebensfreude. Lassen Sie Ihre Phantasie spielen, reisen Sie an einen Ort, den Sie besonders lieben, umgeben Sie sich mit Menschen, die Sie mögen, die Ihnen gut tun. Kreieren Sie Ihren inneren Film.

rem Leben geschah und geschieht. Vor allem für Kinder kann das Krafttier zum wichtigen Begleiter und Beschützer werden. Das Krafttier kann je nach Situation Stärke, Schutz, Geborgenheit oder Verteidigungsbereitschaft symbolisieren.

Eigene Heilungsbilder entwickeln

Lesen Sie, bevor Sie mit dieser Reise beginnen, alles über das Organ oder den Körperteil, den Sie behandeln wollen, genau durch und betrachten Sie sich die Bilder.

Schließen Sie dann die Augen und beginnen Sie diese Bilderreise wie im Kapitel »Praktisches Vorgehen« auf Seite 95 ff. beschrieben, bis Sie zu Ihrem inneren Entspannungsplatz kommen.

SMS zum Schutzengel

Die Nachteile der Reizüberflutung durch moderne Massenkommunikationsmittel sind vielfältig. Bilder wirken um ein Vielfaches tiefer als Worte. Sie werden im Gehirn gespeichert, lösen Emotionen aus, beeinflussen unseren Körper. Aber es

Übung

Die Reise zum Krafttier

- Beginnen Sie diese Reise in gleicher Weise wie auf Seite 98 beschrieben, bis Sie zu Ihrem idealen Entspannungsort kommen. Öffnen Sie Ihre Chakras, wie im entsprechenden Kapitel beschrieben. Verbeugen Sie sich in alle vier Himmelsrichtungen und rufen Sie die Kraft des Ostens, des Westens, des Südens und des Nordens. Nehmen Sie die Kraft der Natur wahr, die Sie umgibt, und machen Sie sich wieder auf den Weg, den Sie vor sich sehen. Auf diesem Weg begegnen Sie Ihrem Krafttier, das für Sie die richtige Medizin bereithält. Seien Sie aufmerksam und lauschen Sie, ob Sie etwas hören, noch bevor Sie Ihr Krafttier wahrnehmen oder sehen können.
Wenn Sie es erblicken, lassen Sie sich Zeit, Kontakt mit ihm aufzunehmen. Nehmen Sie wahr, ob es scheu ist oder zutraulich, ob es sich Ihnen nähert oder in einem gewissen Abstand stehen bleibt. Nehmen Sie auf die Art und Weise Kontakt mit ihm auf, wie es Ihnen angebracht erscheint. Sprechen Sie mit ihm oder unterhalten Sie sich durch Berührung oder Augenkontakt. Fragen Sie es nach der Medizin, die es Ihnen bringt. Wenn Sie Geduld haben, werden Sie diese Information bekommen. Vielleicht ist es ja schon das Tier selbst, das eine Botschaft trägt. So können Sie zum Beispiel in einem Löwen unschwer die Medizin von Kraft und Stärke erkennen, in einem Hund die Treue und Verlässlichkeit.
Bedanken Sie sich bei Ihrem Krafttier und laden Sie es ein, jederzeit – auch in Ihren Träumen – wiederzukommen, wenn Sie seiner Medizin bedürfen.
- Gehen Sie dann Ihren Weg zurück bis zum Ausgangspunkt, schließen Sie wieder Ihre Chakras, zählen Sie von 1 bis 10 und kommen Sie dabei langsam Ihre Treppe Stufe um Stufe nach oben. Öffnen Sie die Augen, strecken und dehnen Sie sich und spüren Sie noch einen Moment nach.

Übung

Der Brunnen

- Beginnen Sie mit Entspannung und Einstimmung wie auf Seite 98 beschrieben.
- Von Ihrem inneren Entspannungsplatz aus machen Sie sich auf den Weg, bis Sie zu einem Garten kommen. In seinem Innern finden Sie einen alten Brunnen. Umgeben von einem steinernen Rand, sprudelt aus seiner Mitte eine Fontäne kristallklaren Wassers hervor. Dieser Brunnen führt hinunter bis in die Tiefe der Erde, aus der das Wasser in einem ewigen Rhythmus hervorkommt, um der Erde Fruchtbarkeit zu bringen. Lassen Sie sich anziehen von der kristallklaren Schönheit des Wassers. Es hat reinigende und heilende Wirkung.
- Bilden Sie mit Ihren Händen eine Schale, fangen Sie das Wasser auf, und trinken Sie langsam davon. Spüren Sie, wie sich das Wasser langsam in Ihrem Körper verteilt, und lenken Sie es, wenn nötig, an eine schmerzende oder verletzte Stelle. Sie können mit diesem heilenden Lebenswasser jeden Teil Ihres Körpers energetisieren, mit ganz neuer Lebenskraft versorgen.
- Fühlen Sie, wie dieses Wasser auch Ihr Herz erfrischt und es mit neuem Mut füllt. Im Bewusstsein der heilenden Kraft des Wassers, das sich in Ihrem ganzen Körper ausgebreitet hat, bedanken Sie sich und verabschieden sich vom Brunnen. Gehen Sie langsam den Weg zurück bis zu Ihrem Entspannungsplatz.
- Schließen Sie Ihre feinstofflichen Energiezentren und beenden Sie die Übung, wie auf Seite 99 beschrieben.

Wenn Sie in dieser Art Bilderreisen und aktiver Imagination etwas geübt sind, beginnen Sie Ihre eigenen Heilungsbilder zu entwickeln, die mit angenehmen Gefühlen verbunden sind.

---

gibt auch viele positive Seiten, die wir für unsere innere Kommunikation nutzen können.

Ein Handy bei sich zu haben kann in der Not lebensrettend wirken, ein guter Film kann uns Strategien zeigen, wie wir

Übung

- Beginnen Sie jetzt die Reise in Ihren Körper. Schauen Sie sich das gewünschte Organ, zum Beispiel den Magen, von außen an, bevor Sie hineingehen. Sie finden beim genauen Hinsehen immer eine Tür oder einen Zugang. Im Magen angelangt, schauen Sie sich um und nehmen wahr, ob die Farbe hell oder dunkel ist, ob der Magen gereizt oder schlaff wirkt, ob er müde oder energetisch ist. Schauen Sie in jede Ecke. Sie erkennen Zellen, Gefäße oder einfach nur bestimmte Formen.
- Lassen Sie sich Zeit, Ihren Magen zu erforschen, um herauszufinden, was Ihr Magen jetzt gerade braucht. Jetzt beginnen Sie das »in Ordnung« zu bringen, was notwendig scheint. Ist der Magen rot und gereizt, schicken Sie ihm blaue Farbe und Ruhe und Entspannung, ist er schlaff und müde, schicken Sie ihm ein wenig Feuerenergie und Bilder, die ihn anregen. Sie können auf diese Weise auch heilende Kamille, Ihr Krafttier und eine Pflanze in Ihren Magen schicken oder den Magen einfach nur inwendig sanft streicheln. Beobachten Sie, wie er darauf reagiert.
- Wenn Sie Ihr Immunsystem behandeln wollen, gehen Sie in Ihre Immunzellen oder in die einzelnen Drüsen hinein (siehe Kapitel »Immunsystem und Drüsen, Seite 110ff.). Fragen Sie, ob das Immunsystem überreizt ist, wie im Fall einer Allergie oder Autoimmunerkrankung, oder blockiert, wie im Fall einer chronischen Abwehrschwäche. Ein überreiztes Immunsystem muss harmonisiert, beruhigt, geordnet werden. Lassen Sie sich Bilder einfallen, wie Sie diese innere Ordnung wiederherstellen können: ein geometrisches Symbol, ein Schrank mit vielen Schubladen, die alle geordnet sind, eine gut funktionierende Firma, in der jeder seine Aufgabe kennt und seinen Job macht usw. Abwehrschwäche, d.h. immer wiederkehrende Infekte, Müdigkeit, Abgespanntheit oder schwere Erkrankungen, die das Immunsystem lahm legen, braucht Aktivierung. Stellen Sie sich Ihre Immunzellen bildhaft vor, wie kleine gefräßige Tiere, die nur darauf warten, sich auf Erreger

Übung

stürzen zu können. Stellen Sie Wächter auf, die vor den Toren Ihrer Zellen stehen und keinen Unbefugten hineinlassen.

- Schicken Sie Ihrer Hypophyse Licht und Sonne, Liebe, das Bild einer Mandelblüte, einen Sommertag. Im Fall einer Allergie behandeln Sie vor allem Ihre Nebennieren zusammen mit der Hypophyse und der Thymusdrüse. Ihrer Kreativität sind keine Grenzen gesetzt. Werden Sie erfinderisch in der Wahl der Bilder, mit denen Sie Ihre Selbstheilungskräfte anregen.
- Verabschieden Sie sich bei Ihrem Organ und gehen Sie aus dieser Übung heraus, indem Sie langsam von 1 bis 10 und von 1 bis 3 zählen. Öffnen Sie erst dann die Augen.

selbst mit Problemen besser umgehen können. Wie wäre es, im Notfall auch unsere inneren Berater per Handy anzurufen oder ihnen eine SMS zu schicken?

Wir brauchen dazu nur einen Ansprechpartner und eine Leitung – nach innen oder direkt nach oben. Sie brauchen jemanden, den Sie jederzeit anrufen können, dessen Nummer fest eingespeichert ist und der in jedem Fall antwortet, auch wenn vielleicht nicht immer sofort.

Stellen Sie sich vor, Sie können jederzeit, Tag und Nacht, anrufen. Je klarer Sie sich diesen Vorgang machen – das Eintippen der Nummer, die Antworten des Gegenübers –, desto bessere Erfahrungen können Sie machen. Möglicherweise brauchen Sie etwas Geduld, wenn die Leitung gerade blockiert ist. Versuchen Sie es später noch einmal, hinterlassen Sie eine Nachricht oder bitten Sie um Rückruf. Natürlich müssen Sie sich auch – wie auf Ihrem Handy – darauf einrichten, dass Sie häufiger wählen und auf eingehende Nachrichten achten müssen.

Installieren Sie in Ihrer Vorstellung eine solche Verbindung. Stellen Sie sich vor, wen Sie sich am anderen Ende wünschen.

!

Diese erste Visualisierungsübung dient lediglich dazu, den Raum und die entsprechenden Möglichkeiten zu installieren, erst bei der nächsten Visualisierungsübung arbeiten Sie dann praktisch damit.

Vielleicht ist es ein großer Yoga-Meister, vielleicht ein Engel, oder vielleicht wünschen Sie sich »einen direkten Draht« zu Gott. In jedem Fall sollten Sie eine Verbindung zu Ihrer inneren Stimme und Ihrer inneren Weisheit herstellen.

Vor allem Kindern und Jugendlichen fällt es meistens nicht schwer, sich eine solche Verbindung vorzustellen. Telefon und Handy gehören seit frühester Kindheit zu ihrem Alltag.

Der innere Bildschirm

Ähnlich wie eine innere Telefonleitung funktioniert auch der innere Bildschirm. Ihn können Sie einsetzen, wenn Sie einen Wunsch »vergrößern« oder sich die Details genau anschauen möchten. Es kann eine überdimensionale Leinwand sein oder ein Fernseh- oder Computerbildschirm, auf die Sie Ihre Bilder projizieren. Sie können auf der Leinwand Ihren inneren Arbeitsraum erscheinen lassen oder die einzelnen Organe genauer betrachten, damit sie sich besser einprägen. Ebenso können Sie das gewünschte Resultat auf der Leinwand abbilden. Je plastischer Sie sich ein Bild vorstellen, umso intensiver wirkt es im Sinne der Selbstprogrammierung auf Ihr Gehirn.

Heilen mit Licht und Farben

Sonnenlicht und -wärme sind die Basis für alles Leben auf diesem Planeten. Deshalb ist es leicht vorstellbar, dass Licht einen großen Einfluss auf unseren Körper, auf unsere Gesundheit und unser Wohlbefinden hat. Lichttherapie erfreut

Visualisierung

Visualisierung zur Installierung eines inneren Arbeitsraums

- Setzen oder legen Sie sich bequem hin, entspannen Sie sich, atmen Sie tief aus und ein, und lassen Sie Gedanken, Vorstellungen, Gefühle und alle Spannungen im Körper los.
- Lenken Sie Ihre Aufmerksamkeit zur Stirn, dann zu den dahinter liegenden beiden Gehirnhälften. Konzentrieren Sie sich vor allem auf die rechte Gehirnhälfte, visualisieren Sie strahlend helles Licht oder die violette Flamme, die das Gehirn durchstrahlt. Zählen Sie langsam von 10 bis 1, und entspannen Sie sich bei jeder absteigenden Zahl tiefer und tiefer.
- Bei 1 angekommen, begeben Sie sich an Ihren idealen Entspannungsplatz.
- Stellen Sie sich jetzt ein Haus oder einen Raum vor, in dem Sie sich Ihr »inneres Büro« gern einrichten möchten.

Konkretisieren Sie alle Details. Welchen Blick haben Sie aus dem Fenster, welchen Stuhl oder welchen Tisch möchten Sie benutzen? Gibt es Blumen oder Tiere in diesem Raum? Lassen Sie sich Zeit, den inneren Arbeitsplatz so passend wie möglich zu gestalten. Stellen Sie sich dann eine Art Kommunikationszentrale vor: ein Telefon, einen inneren Internetanschluss oder was immer Ihnen in den Sinn kommt.

Außerdem sollte der Raum noch eine Leinwand oder einen überdimensionalen Bildschirm enthalten. Hier können Sie innere Bilder vergrößern und deutlicher sichtbar machen. Wenn Sie alles zu Ihrer Zufriedenheit entwickelt haben, wählen Sie sich noch eine Art Code-Wort, mit dessen Hilfe Sie diesen Raum betreten. Es sollte Sie gleichzeitig für diese innere Erfahrung öffnen. Sie könnten dafür die Worte »Vertrauen«, »Danke«, »Öffnen« oder den Namen eines Ortes oder eines Menschen, der für Sie besonders wichtig ist, wählen.

- Sprechen Sie dieses Code-Wort, auch wenn Sie den Raum verlassen. Gehen Sie jetzt Ihre Treppe von 1 bis 10 zählend langsam nach oben, zählen Sie von 1 bis 3, strecken und dehnen Sie sich. Öffnen Sie wieder die Augen.

Visualisierung

Lichtvisualisierung

- Setzen Sie sich aufrecht und entspannt hin, schließen Sie die Augen und konzentrieren Sie sich auf Ihren Atem. Spüren Sie den Boden unter Ihren Füßen, und entspannen Sie Ihre Füße. Gehen Sie jetzt mit Ihrer Aufmerksamkeit weiter nach oben und entspannen Sie jeden Körperteil mit dem Ausatmen. Zählen Sie von 3 bis 1 und langsam von 10 bis 1, bei jeder Zahl entspannen Sie sich tiefer und tiefer.
- Stellen Sie sich dann über Ihrem Scheitel eine schwerelose Kugel aus Licht oder aus Lichtstaub vor. Ein strahlendes magnetisches Licht geht von dieser Kugel aus. Langsam senkt sie sich auf Ihren Scheitel herab, durchdringt Haut und Knochen und erfüllt den oberen Teil Ihres Kopfes bis zu den Augen. Die Kugel sinkt tiefer, erfüllt das ganze Gesicht, den Hals, den oberen Teil der Schultern. Lassen Sie das Licht weiterfließen in den Brustkorb, in die Arme und Hände, in den Bauch- und Beckenraum bis in die Beine. Dieses strahlende Licht durchdringt jede Zelle und gelangt in die dunkelsten Bereiche des Körpers. Dieses Licht ist in Ihnen, auch wenn Sie es nicht wahrnehmen. Nun können Sie es in ein bestimmtes Organ lenken oder an eine schmerzende Stelle des Körpers. Das Licht hat reinigende und heilende Qualitäten.
- Bleiben Sie so lange in dieser Lichtenergie, wie es Ihnen gut tut, bevor Sie dann langsam von 1 bis 10 zählen und von 1 bis 3 und dabei aus der tiefen Entspannung wieder herauskommen.

sich immer größerer Beliebtheit. Sie wird zur Heilung von Depressionen inzwischen genauso eingesetzt wie zur Behandlung der verschiedensten Hauterkrankungen. Licht wirkt auf den Körper, auf unser Gemüt und unser Denken gleichermaßen. Wenn uns »ein Licht aufgeht«, sind wir zwar noch nicht gleich »erleuchtet«, aber wir können eine Sache von einer anderen Seite »beleuchten«.

Die belastende Depression, die auch als »dunkle Nacht der

Seele« bezeichnet wird, lässt sich ebenfalls duch Licht positiv beeinflussen. Die Visualisierungsübung auf Seite 52 dient sowohl der Reinigung als auch der Energetisierung unseres physischen, aber auch unseres feinstofflichen Körpers (siehe Kapitel Chakras, Seite 34 ff.). Diese Lichtenergie können Sie aktivieren, wann immer Sie möchten. Das imaginierte strahlende Licht steht Ihnen immer zur Verfügung.

Wie Farben wirken

Wird ein Lichtstrahl über ein Prisma geschickt, so wird er in sieben Farben gebrochen, die Spektralfarben. Sie können nicht in weitere Farben zerlegt werden. Jede Farbe liegt in einem bestimmten Frequenzbereich und hat dadurch eine unterschiedliche Wirkung auf den Körper.

Violett hat die kürzesten Wellen im sichtbaren Bereich, von 400 bis 460 nm. Bis zum Rot wird die Wellenlänge immer größer und erreicht 630 bis 780 nm. Darüber hinaus sind wir

! Wirkungen der sichtbaren Lichtstrahlen

- stillen Schmerzen (in manchen Fällen ungeheuer schnell),
- veranlassen die Organe, ihre natürliche Funktion normal auszuführen,
- vermehren die Sauerstoffaufnahme,
- haben eine wertvolle, ernährende Wirkung auf das Zellgewebe,
- vermehren die Quantität und die Qualität der roten Blutkörperchen,
- regen die Ausscheidung der Abfallstoffe an,
- regeln die Blutzirkulation,
- weiten die Blutgefäße und dehnen das Muskelgewebe, wodurch wieder eine freie Zirkulation hergestellt wird,
- lindern Entzündungen sofort,
- haben bakterientötende Wirkung,
- wirken aufbauend auf normales Zellgewebe.

Übung

Baden in Farbe

- Setzen Sie sich aufrecht und entspannt hin und konzentrieren Sie sich auf den Atem. Zählen Sie sich wie bereits beschrieben nach unten, um sich tiefer zu entspannen.
- Konzentrieren Sie sich nacheinander auf die sieben Spektralfarben, die Sie sich vorher genau angeschaut und eingeprägt haben: Rot, Orange, Gelb, Grün, Blau, Indigoblau und Violett.
- Beginnen Sie jetzt damit, sich auf die rote Farbe zu konzentrieren, stellen Sie sich vor, von ihr umgeben zu sein, und ziehen Sie sie immer mehr in Ihren Mittelpunkt. Von dort strahlen Sie diese Farbe wieder nach außen durch Ihren physischen Körper und durch den feinstofflichen, der ihn umgibt. Lassen Sie die Farbe Rot durch Ihr ganzes Wesen pulsieren.
- Fahren Sie in gleicher Weise mit den Farben Orange, Gelb, Grün, Blau, Indigoblau und Violett fort. Sie können sich dabei zusätzlich auf das jeweilige Chakra konzentrieren.

noch einer großen Bandbreite von unsichtbarer Strahlung ausgesetzt, die aber trotzdem eine Wirkung auf uns hat.

Bereits in den alten Kulturen wurden Farben für therapeutische Zwecke verwendet. In der altindischen Ayurveda-Medizin spielen Farben eine entscheidende Rolle bei der Ausmalung und Einrichtung von Räumen, bei Kleidern und Stoffen, bei der Auswahl von Kräutern und Gewürzen. Ähnlich nutzt auch die chinesische Feng-Shui-Lehre die Wirkung der Farben auf Körper und Seele. Auch in unserer Naturheilkunde kennen wir die Wirkung der Farbschwingung auf die bedrückte Seele oder ein erkranktes Organ. Hildegard von Bingen spricht zum Beispiel immer wieder von Grünkraft. Dem rubinroten Johanniskraut, das aus der gelb leuchtenden Blüte entsteht, wird eine ähnlich große Wirkkraft zugesprochen. Die Schwingung der jeweiligen Farbe verändert die Schwingung unserer Zellen. Eine kranke Zelle schwingt anders als eine gesunde, eine Zelle im Stresszustand anders als eine Zelle bei einem Menschen, der in tiefe Meditation versunken ist. Schon durch die Vorstellung einer Farbe verändert sich unsere Schwingung, d. h. es ist nicht unbedingt notwendig, die Farben selbst zu sehen oder den Körper mit farbigem Licht zu bestrahlen. Natürlich können Sie Farbbestrahlung, energetische Farbaufladung mit Hilfe der Aura-Soma-Öl-Behandlung und zusätzlich die Farbvisualisierung einsetzen.

Sie können dazu – wie wir es von alten Heiltraditionen kennen – die Farben auf den Körper aufmalen, Seidenstoffe in der entsprechenden Farbe auf Ihren Körper legen oder spezielle Farblampen benutzen. Wollen Sie die Farbe durch aktive Imagination in das entsprechende Organ bringen, sollten Sie selbst ein gutes inneres Bild von ihr haben. Sie können dafür längere Zeit eine Blume oder ein Foto in der entsprechenden Farbe betrachten oder sich – wenn Sie die Farbe Blau brauchen – einen blauen Sommerhimmel so genau wie möglich vorstellen.

Frau Prof. L. Eberhard, die für ihre 50-jährige Farbforschung internationale Preise erhielt, hat die Wirkung der Strahlungen des sichtbaren Lichts auf unseren Organismus in elf Punkten zusammengefasst (Seite 53).

Zu beachten ist, dass die Wirkung nur bei wirklich regelmäßiger, längerer und konsequenter Anwendung eintritt. Sie sollten sich – ähnlich wie für die anderen Heilmethoden – täglich mindestens 15 bis 30 Minuten Zeit nehmen, bei chronischen Prozessen die Behandlung über einen längeren Zeitraum von Wochen oder Monaten durchführen.

Mit der einfachen Konzentrationsübung auf Seite 54 können Sie die Wirkungskraft der Farben erfahren. Diese Übung hat gleichzeitig eine schützende und energetisierende Wirkung.

Durch diese Übung tanken Sie sich mit Farbschwingungen auf und bauen darüber hinaus einen Schutz gegen fremde Schwingungen auf.

! Licht heilt

Heilerfolge mit Farblicht lieferte der dänische Arzt Niels Ryberg Finsen bereits Anfang des 20. Jahrhunderts. Er konnte sowohl Hautkrankheiten als auch Infektionskrankheiten mit Farblicht heilen.
Im Massachusetts Institute of Technology konnte nachgewiesen werden, dass die Bildung von Neurotransmittern und damit auch Neuropeptiden in unserem Körper durch Farbeinwirkung unterstützt wird.

Sie können diese Übung erweitern: Fragen Sie sich, welche Farbe Sie heute besonders brauchen. Das gibt Ihnen Aufschluss über Ihren derzeitigen energetischen Zustand, was Ihnen besonders gut tut und wie Sie vielleicht durch Kleidung, Dekoration oder Blumen in der entsprechenden Farbe Ihren Energiezustand noch unterstützen können.

Die Farbzuordnungen in den einzelnen Theorien werden zum Teil etwas unterschiedlich vorgenommen.

In meiner Aufstellung finden Sie das aus allen Theorien überwiegend Gemeinsame zur Wirkung der einzelnen Spektralfarben.

Heilwirkung der Spektralfarben

1. Rot ist Aktivität, Feuer, Wärme oder Hitze, anregend, wachstumsfördernd, bringt Energie, regt Durchblutung und Atmung an, aktiviert die Sexualorgane.

2. Orange ist mild aufbauend, anregend, kreativ, fröhlich, kräftigt, ist gesundheits- und stoffwechselfördernd, regt die Nierenfunktion und die Tätigkeit der Drüsen an.

3. Gelb ist heiter und aufmunternd, stärkt die Nerven, wirkt gegen Depressionen, regt Appetit und Verdauung an, ist schleimhautaktivierend.

4. Grün beruhigt, beeinflusst positiv, wirkt ausgleichend und vermittelnd, unterstützt den Muskel- und Gewebeaufbau, fördert Heilung und Regeneration nach Krankheiten, wirkt desinfizierend.
5. Blau ist kühl, wirkt hemmend auf jegliches Wachstum, bringt Entspannung und Erholung, fördert den Schlaf, wirkt heilend auf die Nieren, ist entzündungshemmend, setzt die Schmerzbereitschaft herunter und wirkt schmerzlindernd.
6. Indigoblau ist ordnend, beruhigend, kann für alle Krankheiten im Bereich des Kopfes, der Augen und Ohren und der Nase eingesetzt werden.
7. Violett gleicht aus, bringt Hitze und Kälte ins Gleichgewicht, wirkt beruhigend auf das Zentralnervensystem, regt die Milz an, erzeugt Energie auf feinstofflichen Ebenen.

Kalte und warme Farben

Grundsätzlich kann man in warme und kalte Farben unterteilen. Warme Farben haben einen deutlichen Gelbanteil, kalten Farben fehlt das Gelb. Teilweise haben sie einen blauen Unterton. Die warmen Farben Rot, Orange und Gelb sind in der Regel bei Krankheiten und Beschwerden einzusetzen, die mit Energiemangel und Unterfunktion zu tun haben wie zum Beispiel Abmagerung, Appetitlosigkeit, Kraftlosigkeit, Schwäche, Hormonmangel, Lähmungen, Leberleiden, chronische Arthrose. Man kann sie als Wachstumsstrahlen bezeichnen.

Die kühlen Farben Blau, Indigoblau, Blauviolett, Blaugrün sollte man vor allem einsetzen bei Krankheiten und Beschwerden, die mit Energiestau und Überfunktion zu tun haben. Man bezeichnet sie als Hemmungsstrahlen.

Die Farben Grün und Violett wirken allgemein ausgleichend und heilungsfördernd.

Um sich mit Farben vertraut zu machen, können Sie zum

Übung

Aktivierung der Selbstheilungskräfte mit Farben

- Nachdem Sie an Ihrem inneren Entspannungsplatz angekommen sind, konzentrieren Sie sich auf Ihren Körper oder auf das entsprechende Organ. Nehmen Sie mit diesem Teil Ihres Körpers Kontakt auf, sprechen Sie mit ihm wie mit einer Freundin, einem Freund. Geben Sie ihm eine Stimme, so dass er antworten kann. Stellen Sie die Fragen, die Ihnen wichtig sind, präzise und klar. Bleiben Sie im Dialog, auch wenn Sie zunächst keine Antwort erhalten.
- Beginnen Sie jetzt, die entsprechende Heilfarbe zu finden. Handelt es sich um eine Entzündung in Ihrem Körper, so sollten Sie in der Regel Grün oder Blau verwenden, wenn Sie nicht von Ihrem Körper selbst eine andere Information bekommen haben. Es ist zum Beispiel möglich, dass eine Lichtvisualisierung ausreichend ist oder ausschließlich die violette Farbe eingesetzt werden soll. Fühlen Sie sich müde und erschöpft – zum Beispiel nach einer Krankheit –, könnten Rot, Gelb oder Orange die richtigen Farben sein.

Sie können das kranke oder verletzte Körperorgan auch mit der Farbe des entsprechenden Chakras behandeln. Lassen Sie sich von Ihrer Intuition lenken. Bleiben Sie 15 bis 20 Minuten auf dieser tiefen Entspannungsebene und senden Sie immer wieder die farbigen Strahlen in Ihre Körperzellen. Um die Farbe in Ihrem Inneren nicht verblassen zu lassen, können Sie sich eine Blume oder einen Baum, den Himmel oder das Meer in der jeweiligen Farbe vorstellen. Verlassen Sie dann Ihre Entspannungsebene, zählen Sie langsam von 1 bis 10 und von 1 bis 3, öffnen Sie die Augen, und strecken und dehnen Sie sich.

Sie können die gewünschte Farbschwingung noch weiter unterstützen, indem Sie ein Stück Stoff, ein Tuch oder auch ein buntes Papier wählen, auf das Sie öfter Ihren Blick richten.

Beispiel mit Malkreiden ein Bild ausschließlich mit warmen oder mit kalten Farben malen und die beiden auf sich wirken lassen.

Im Kapitel »Praktisches Vorgehen« auf Seite 95 ff. finden Sie die Anleitung, wie Sie Ihre Heilprogrammierung beginnen und abschließen können. Beschäftigen Sie sich, bevor Sie mit der Übung beginnen, mit der Darstellung und Beschreibung des Organs oder Körperteils, das Sie behandeln wollen.

Formulieren Sie eine klare Zielvorstellung. Gibt es ein spezielles Symptom, und wollen Sie diese Aktivierung der Selbstheilungskräfte zur Vorbeugung nutzen?

Bedeutung der violetten Flamme

Das violette Licht ist eine besondere Heilenergie, die vor allem auf den feinstofflichen Körper wirkt. In diesem Bereich beginnt auch jede Heilung und überträgt sich dann auf den physischen Körper. Das violette Licht, das man sich als Flamme vorstellen kann, die den Körper einhüllt und umgibt, erhöht die Schwingung in unserem Körper und befreit auch die Seele von dunklen Schatten.

Setzen Sie die violette Flamme so oft wie möglich für Ihre Heilungsarbeit ein, umhüllen Sie sich auch während des Tages öfter mit diesem Licht und wiederholen Sie mehrmals: »Heute lebe ich die Freude!«

Violette Dusche

Stellen Sie sich Ihre morgendliche Dusche, das prickelnde Nass, das über Ihren Körper flutet, als violette Wasser- und Lichtstrahlen vor. Spüren Sie, wie alles Bedrückende fortgeschwemmt wird.

Reinigende und heilende Energien durchfluten und umfluten Sie. Geben Sie sich diesem Gefühl ganz hin.

Fühlen und erleben Sie, wie diese Energie durch alle Teile

Übung

Heilmeditation mit der violetten Flamme

- Setzen Sie sich in den Meditationssitz oder auf einen Stuhl. Der Rücken ist aufgerichtet, die Schultern locker und entspannt. Legen Sie die Hände auf die Oberschenkel, beide Zeigefinger sind so gebeugt, dass die Nägel der Zeigefinger jeweils in der Kerbe des ersten Daumenglieds liegen. Die Daumen liegen fest auf den Nägeln der Zeigefinger. Die anderen Finger bleiben gestreckt.
- Stellen Sie sich vor, Ihr Scheitel wird von einer unsichtbaren Schnur nach oben gezogen. So können Sie Ihren Rücken noch etwas aufrichten. Atmen Sie tief und gleichmäßig. Verlängern Sie in Ihrer Vorstellung den Sitzknochen nach unten in Richtung Boden und stellen Sie so eine Verbindung zur Erde her.
- Stellen Sie sich vor, wie sich unter Ihren Füßen eine violette Energie entwickelt, die langsam durch die Füße, Unterschenkel, Knie und Oberschenkel nach oben steigt. Sie erfüllt Becken und Bauch, Brustkorb und Schultern. Sie fließt weiter in Arme und Hände, in den Hals und in den Kopf, füllt Ihren ganzen Kopf aus. Stellen Sie sich vor, dass Sie nicht nur von dieser violetten Energie durchströmt werden, sondern dass Sie ganz eingehüllt sind in eine violette Flamme. Dreimal wiederholen Sie: »Violettes Feuer, lodere, lodere, lodere in mir. Violettes Feuer, wandle alles Negative in mir um in Positives, wandle um, wandle um, wandle um. Violettes Feuer, reinige meinen Körper, meinen physischen und meine feinstofflichen Körper.«
- Nehmen Sie sich Zeit, um die Energie der violetten Flamme in sich zu erleben. Spüren Sie die Kraft der Umwandlung.
- Schließen Sie diese Lichtvisualisierung ab mit der Affirmation: »Ich bin reines Bewusstsein, unverletzlich und unsterblich. Ich bin.«

Ihres Körpers strömt, bis in jede Zelle. Konzentrieren Sie sich auf kranke und schwache Stellen in Ihrem Körper und durchlichten Sie diese Stellen mit der Kraft der violetten Energie.

Gedanken und Selbstprogrammierung

Die Tatsache, dass wir nur einen winzigen Bruchteil unseres Gehirnpotenzials nutzen, ist wissenschaftlich bewiesen. Darüber hinaus nutzen wir in der Regel auch eher die Fähigkeiten der linken Gehirnhälfte, die für kühles logisches Denken maßgeblich ist. Die rechte, kreative, intuitive Seite – häufig als »unlogisch« abgetan – und ihre enormen Ressourcen wurden in unserem Kulturkreis lange nicht beachtet.

Ein treffendes Beispiel gibt Dr. Bernie Siegel in seinem Buch über Selbstheilungskräfte. Ein afrikanischer Medizinmann heilte einen Delegierten der Vereinten Nationen. Bei der ersten Begegnung schöpfte er mit einer Tasse aus einem großen Kessel Flüssigkeit. »Diese Tasse verkörpert den Teil deines Gehirns, den du benutzt, der Kessel den restlichen Teil. Ich werde dir beibringen, wie du den Rest benutzen kannst.« Der UNO-Delegierte hatte kurz vorher von einem New Yorker Arzt erfahren, dass er an einer unheilbaren Krebserkrankung leide und keine lange Lebenserwartung mehr habe.

Was genau der geheilte Patient durch diesen Medizinmann gelernt und erfahren hat, wissen wir natürlich nicht, dennoch konnte er aber sicherlich schon durch dieses Bild seine begrenzenden, einengenden Gedankenmuster erkennen.

»Der Unterschied zwischen einem Genie und einem normalen Menschen ist, dass das Genie mehr von seiner geistigen Kapazität nutzt.« Mit diesem Satz versuchte José Silva seine Kursteilnehmer zu ermutigen, kreativer zu denken und vor

»

Unsere Gedanken bestimmen unsere Taten.
Unsere Taten bestimmen unseren Charakter.
Unser Charakter bestimmt unser Schicksal.

Alte Yoga-Weisheit

»

Was Sie denken und fühlen, verändert über das Nervensystem, die Hormone und die Immunabwehr den Zustand Ihres Körpers. Schon Hippokrates sagte, dass eine Krankheit mehr mit dem zu tun hat, was im Kopf vorgeht, als mit dem Ort im Körper, an dem sie ausbricht.

Dr. Bernie Siegel

allem die Fähigkeiten der rechten Gehirnhälfte zu nutzen (siehe auch Kapitel »Gehirn und Nervensystem, Sinnesorgane«, S. 149 ff.).

Gedanken und Intuition

Gedanken haben eine ungeheure Macht, sie bestimmen unser Leben mehr, als wir wahrhaben wollen. Viele Gedanken sind uns nicht wirklich bewusst, sie wandern beständig durch unseren Kopf, ziehen Schleifen, wiederholen sich, haken sich fest und führen schließlich zu einem Teufelskreis, den die Inder als »Affenherde« bezeichnen, die »von Ast zu Ast hüpft«. Schließlich wandern Sie in einen »Gedankenpool« und schlummern im Unbewussten, um durch irgendein Ereignis, ein Gefühl, ja sogar durch einen Geruch wieder aktiviert zu werden.

Wenn Sie die Heilkraft der Gedanken einsetzen möchten, müssen Sie Ordnung in dieses wirre Spiel der Gedanken bringen und diejenigen identifizieren, die negativ, abwertend, überkritisch oder spöttisch Ihre bewussten Bemühungen untergraben. Sie müssen lernen, selbst zu denken und nicht »gedacht zu werden«. Vor allem aber ist es notwendig, durch bestimmte Entspannungsübungen (siehe »Eintritt in die Alpha-Sphäre«, Seite 96) die Verbindung zur rechten Gehirnhälfte herzustellen. Über diesen Teil des Gehirns sind Sie mit Ihrer Intuition verbunden und – wie wir aus vielen schamanischen oder Yoga-Praktiken wissen – mit einem erweiterten Bewusstsein. Intellektuelle und intuitive Seite gehen damit eine fruchtbare Verbindung ein.

Konzentration ist wichtig

Genauso wichtig ist es, sich zu konzentrieren, die Gedanken zu bündeln und in eine Richtung zu lenken. Je konzentrierter Sie sind, umso mehr störende Einflüsse blendet das Gehirn aus. Stellen Sie sich auf Ihr Problem oder Ihre Krankheitssymptome ein, und werden Sie sich Ihrer Gedankenmuster bewusst, die damit verbunden sind. Gibt es negative Programmierungen wie: »Das schaffe ich nicht«, »Das kann ich nicht«, »Davor habe ich Angst«, dann fragen Sie sich, ob das wirklich stimmt und woher diese Botschaft kommt. Erkennen Sie jemanden aus Ihrer Vergangenheit wieder, der Ihnen das gesagt hat, oder nehmen Sie wahr, dass dieser Satz aus einer Zeit stammt, als Sie jung waren und sich hilflos gefühlt haben.

Denken Sie um

Haben Sie den Mut umzuschalten. Räumen Sie Ihren Gehirn-Datenspeicher auf, viele Programmierungen nützen Ihnen nicht mehr, sie können durch andere, bessere, wirksamere ersetzt werden. Entwickeln Sie selbst neue positive Affirmationen, die zu Ihnen passen und die Sie mehrmals täglich – wenn nötig über Wochen – wiederholen. Lassen Sie vor allem keine autoaggressiven Gedanken voller Ärger und Wut auf den eige-

! Was die Gesundheit beeinflusst

Auch die noch junge Wissenschaft Psychoonkologie lehrt, dass alles, was wir denken und fühlen, Einfluss auf unsere Gesundheit hat. Ihr Credo ist: Werden negative und selbstquälerische Gedanken in positive und selbstbewusste verwandelt, gewinnt man mehr inneren Frieden, Lebensqualität und Gesundheit.

! Aktivierungszustände des Gehirns

Wellenmuster	Frequenz	Bewusstseinszustand	Tritt auf bei
Beta	14–30 Hz	normales Tagesbewusstsein	konzentrierter geistiger Arbeit, analytischem Denken, sensorisch-motorischer Aktivität
Alpha	7–13 Hz	entspannte Wachheit	ruhigem Geist und geschlossenen Augen, Konzentration nach innen, z. B. auf innere Organe, Aktivierung der rechten Gehirnhälfte
Theta	4–7 Hz	tiefe Entspannung, REM-Traumphase	Meditation, Hypnose, Trance (bei Kindern zwischen drei und sechs Jahren häufig auftretend)
Delta	0,5–3 Hz	tiefer, traumloser Schlaf, Koma	tiefem Schlaf, Narkose, bestimmten Formen der Meditation und Heilung

nen Körper zu. Jede Zelle hat Bewusstsein und reagiert auf Ihre Gedanken. Jeder Gedanke ist eine Energie, die sich manifestieren, die Wirklichkeit werden will. Wo unsere Aufmerksamkeit ist, da fließt auch die Energie. Das sind Weisheitssätze von zeitloser Gültigkeit. Wenn Sie Ihre Energie auf Gesundheit lenken, ist das eine große Kraft, die den Zellen zur Verfügung steht. Stellen Sie sich Sonnenstrahlen vor, die durchs Fenster fallen und das Zimmer erwärmen. Wenn Sie diese Strahlen durch ein Brennglas bündeln, können Sie einen Brand verursachen – es sind die gleichen Strahlen, nur anders genützt.

Nehmen Sie sich Zeit, Ihre persönlichen Glaubenssätze herauszufinden, die Sie hindern, Ihr Leben voller Offenheit und Freude zu leben.

Die Kraft der Gedanken für Ihre Selbstheilung nutzen

Im Kapitel »Praktisches Vorgehen« auf Seite 95 ff. finden Sie die Anleitung, wie Sie Ihre Heilprogrammierung beginnen und abschließen.

Beschäftigen Sie sich, bevor Sie mit der Übung beginnen, mit der Darstellung und Beschreibung des Organs oder Körperteils, das Sie behandeln wollen.

Formulieren Sie eine klare Zielvorstellung. Gibt es kein spezielles Symptom, und wollen Sie diese Aktivierung der Selbst-

»

Glück hat nichts mit Reichtum und Ansehen zu tun, sondern ist eine Frage unserer Harmonie. Wenn wir genug wissen, um unser innerstes Selbst für wichtig zu nehmen und die äußeren weltlichen Dinge als unbedeutend dazu ansehen können, dann sind wir dem Weg näher gekommen.

Wen-Tzu

Übung

▶ Nachdem Sie an Ihrem inneren Entspannungsplatz angekommen sind, konzentrieren Sie sich auf das entsprechende Organ oder Körperteil. Nehmen Sie mit diesem Organ Kontakt auf, sprechen Sie mit ihm wie mit einer Freundin, einem Freund. Geben Sie ihm eine Stimme, so dass es antworten kann. Stellen Sie die Fragen, die Ihnen wichtig sind. Bleiben Sie im Dialog, auch wenn Sie zunächst keine Antwort erhalten.

▶ Beginnen Sie Ihre Heilprogrammierung immer mit einem »Ich bin«-Satz:

»Ich bin ... getragen von den heilenden Kräften des Universums.«
»Ich bin ... voller Vertrauen in die Selbstheilungskräfte der Natur.«
»Ich bin ... in Einklang mit meiner inneren Führung, die mich lenkt.«
»Ich bin ... getragen und geführt in jeder Lebenslage.«
»Ich bin ... beweglich und gesund.«

▶ Formulieren Sie eigene positive Gedanken entsprechend Ihrem festgelegten Ziel. Wiederholen Sie diese Programmierungen nicht nur während dieser Übung, sondern immer wieder im Laufe eines Tages. Schließen Sie dazu kurz die Augen, stellen Sie sich auf Ihren Körper, auf Ihre Organe ein und lenken Sie Ihre Gedanken an den gewünschten Ort.

▶ Sind die Symptome mit einer Situation verbunden, die Sie im Moment nicht ändern können (Magenschmerzen während einer Prüfungsphase), programmieren Sie Ihre Gedanken so, dass Sie in der Lage sind, die schwierige Situation zu meistern, sie immer wieder mit Abstand zu sehen oder Hilfe aus der geistigen Welt zu bekommen.

»Ich bin ... voller Liebe für meinen Magen.«
»Ich bin ... die Beobachterin/ der Beobachter meines eigenen Tuns.«
»Gesundheit und Ordnung in all meinen Körperzellen.«
»Mein ruhiger Atem trägt mich durch jede Lebenssituation.«
»Ruhe und Gelassenheit in all meinen Körperzellen.«

Auch wenn Ihnen diese veränderte Einstellung den Umgang mit Stress leichter macht, denken Sie

Übung

darüber nach, ob Sie etwas in Ihrem Leben ändern müssen.

- Wollen Sie Ihre Selbstheilungskräfte einsetzen, um eine Entzündung im Körper zu lindern, formulieren Sie präzise, was Sie sich wünschen.

»Ich unterstütze meine Selbstheilungskräfte mit positiven Gedanken.«
»Ich vertraue in meine Abwehrkraft.«
»Ich unterstütze meinen Körper in seinem Abwehrkampf mit meinen positiven aufbauenden Gedanken.«
»Ich habe volles Vertrauen zu den Selbstheilungskräften meines Körpers.«

heilungskräfte zur Vorbeugung nutzen, könnte Ihr Ziel heißen: gesund sein und das Leben genießen.

Heilen mit den Händen

Für das Heilen mit den Händen gibt es wohl die ältesten Belege in der Geschichte der Menschheit. Die wunderbar erhaltenen Malereien in den ägyptischen Königsgräbern zeigen Frauen, die »Patienten« die Füße massieren oder einer liegenden Person die Hände auf Stirn oder Brust legen.

Die 25 000 Jahre alten Höhlenmalereien in den Pyrenäen haben ähnliche Darstellungen, wenn auch künstlerisch nicht so ausgestaltet. Die Heilkraft in unseren Händen erfahren wir zum Beispiel, wenn wir die Hand auf ein schmerzendes Knie oder auf die durch einen entzündeten Zahn schmerzhafte Wange legen. Wir empfinden es fast immer als Linderung, wenngleich, um wirkliche lang anhaltende Heilung zu erzielen, in der Regel unsere Konzentration nicht ausreicht.

! Hände – ein wahres Wunderwerk

Nehmen Sie sich Zeit, sich mit Ihren Händen zu beschäftigen. Die große Anzahl der dicht gelegenen Nervenbahnen führt zu einer sehr ausgeprägten Sensibilität in den Händen. Die Meridiane und die Energiebahnen, in denen nach der Lehre der Traditionellen Chinesischen Medizin die einzelnen Organbereiche unseres Körpers mit Energie versorgt werden, beginnen oder enden in den Händen. Nach der indischen Chakra-Lehre befinden sich in den Händen wichtige Nebenchakras, Zentren mit einer hohen Energiekonzentration, über die wir in Verbindung mit dem Herzchakra Heilkraft aus dem Universum durch unsere Hände fließen lassen können. Das »Handeln aus dem Herzen« oder »Geben vom Herzen her« deutet auf die Energieverbindung zwischen Herz und Händen hin.

Denn da, wo unsere Aufmerksamkeit ist, fließt die Energie. Wenn die Aufmerksamkeit mehr beim Schmerz als bei unseren Händen und den durch sie übertragenen Heilkräften ist, wird sich auch der Schmerz mehr ins Bewusstsein drängen.

Die Reiki-Methode, die von Dr. Mikao Usui Ende des 19. Jahrhunderts begründet wurde, nutzt diese Heilenergie über die Hände in einer besonderen Weise. Während die Hände in einer bestimmten Art und Weise auf den Körper ge-

! Lebensenergie gewinnen

Das Wort Rei-Ki kommt aus dem Japanischen und bedeutet »universale Lebensenergie«.

Der kosmische, ganzheitliche Aspekt dieser Energie wird durch das Wort »Rei« beschrieben.

Die fundamentale Lebenskraft, die in allem Lebendigen fließt, wird durch »Ki« ausgedrückt. Durch Reiki kann man mehr Lebensenergie und Kraft gewinnen.

Visualisierung

Energievisualisierung

- Setzen Sie sich aufrecht hin, entspannen Sie sich und atmen Sie mehrere Minuten tief ein und aus. Stellen Sie sich vor, wie Atem und Energie an Ihrer Körperrückseite nach oben steigen und an der Vorderseite des Körpers wieder nach unten fließen. Wiederholen Sie diesen Energiekreislauf mehrmals.
- Halten Sie mit der rechten Hand Ihren linken Daumen, spüren Sie den Fluss der Energie; Alltagsermüdung wird »herausgeputzt«, Magenverstimmungen werden beseitigt.
- Halten Sie den Zeigefinger und spüren Sie das Strömen der Energie; alle Ängste beginnen dahinzuschmelzen, alle Aufnahme-und-Ausscheidungsfunktionen verbessern sich.
- Fahren Sie mit dem Mittelfinger fort; alle Frustrationen, Unentschlossenheit und Wut beginnen dahinzuschmelzen, Harmonie wird wiederhergestellt, Augenspannungen beginnen, sich zu lösen.
- Halten Sie den Ringfinger und spüren Sie den Fluss der Energie; alle tiefe Traurigkeit, Verletzungen und Depressionen beginnen dahinzuschmelzen, die Körperenergie beginnt zuzunehmen; es wird einfacher, zu lächeln und den Lebensatem zu empfangen.
- Halten Sie den kleinen Finger und spüren Sie den Fluss der Energie; alle Bemühungen schmelzen dahin, und Sie können einfach sein, Herzfunktionen werden harmonisiert, die Nerven werden entspannt, vollkommener Friede umhüllt den Körper.
- Bleiben Sie mehrere Minuten bei jedem Finger und wechseln Sie dann die Hände.

legt und bestimmte Symbole verwendet werden, öffnet man sich hin zur schöpferischen Kraft des Universums. Jin Shin Jyutsu ist ebenfalls eine alte Heilkunst, die von einem Japaner namens Jiro Murai Anfang des 20. Jahrhunderts neu belebt wurde und die sich mit der Heilkraft der Hände beschäftigt.

Die oben stehende Energieübung ist in etwas abgewandelter Weise dem Jin Shin Jyutsu entnommen:

Übung

Energie vom Himmel und aus der Erde

- Setzen oder stellen Sie sich aufrecht hin und verwurzeln Sie Ihre Füße in der Erde. Die Wirbelsäule ist aufgerichtet, der Scheitel nach oben gedehnt. Konzentrieren Sie sich jetzt auf das Nervenzentrum oberhalb Ihres Nabels und lenken Sie Ihren Atem dorthin.
- Stellen Sie sich vor, dass Sie mit Ihrem Atem Ihr Energiezentrum aufladen wie eine Batterie. Von hier aus breitet sich diese Energie in den ganzen Körper aus.
- Schließen Sie die Augen und reiben Sie Ihre Hände kräftig gegeneinander, bis sie warm werden. Entfernen Sie die Handflächen etwas voneinander und spüren Sie die Energie zwischen Ihren Händen.
- Legen Sie jetzt Ihre Hände so auf das Sonnengeflecht, dass die einzelnen Finger sich nicht berühren. Nehmen Sie den Energiefluss zwischen den Händen und dem Nabelzentrum wahr. Sie können feststellen, dass Ihre Hände warm werden oder zu kribbeln anfangen. Konzentrieren Sie Ihre Aufmerksamkeit auf die Hände. Öffnen Sie sich in Ihrer Vorstellung für die Energie, die Sie umgibt, und nehmen Sie mehr davon auf, so als ob Sie alle Poren Ihrer Haut, alle Sinnesorgane öffnen würden, um Energie aufzunehmen. Wie ein Baum die Kraft aus der Erde holt, holen Sie Kraft und Energie von Erde und Himmel, um sie in Ihre Hände zu lenken.
- Wenn Sie genügend angesammelt haben, lassen Sie die Energie dorthin fließen, wo sie gebraucht wird. Lenken Sie sie als Heilkraft in Ihren Körper, zu anderen Menschen, Tieren oder Pflanzen oder zur Mutter Erde.

Lassen Sie sich Zeit, bis Sie den Energiestrom spüren können, der von Ihnen nach außen fließt. Stellen Sie sich vor, wie der Empfänger – sei es ein Mensch oder der Planet Erde – diese Energie tief in sich aufnimmt. Spüren Sie die liebevolle Verbindung, die durch diesen Energiestrom entsteht.

Übung

Gezieltes Lenken der Heilenergie über die Hände

- Bereiten Sie sich auf diese Übung vor, wie auf Seite 69 beschrieben. Wenn Sie an Ihrem Entspannungsplatz angekommen sind, konzentrieren Sie sich auf den Teil Ihres Körpers, zu dem Sie Heilenergie senden möchten. Stellen Sie sich jetzt unter Ihren Füßen eine violette Energie vor, die langsam durch die Füße und Beine nach oben steigt und Ihren Körper nach und nach anfüllt. Beim Scheitel angekommen, visualisieren Sie das violette Licht, das jetzt in und um Ihren Körper herum strahlt. Öffnen Sie Ihre Energiezentren, beginnend beim Wurzelchakra bis zum Scheitel, wie auf Seite 40 beschrieben. Über dieses oberste Energiezentrum verbinden Sie sich mit der kosmischen Heilenergie. Lassen Sie diese Kraft über den Scheitel bis zum Herzzentrum fließen und von da aus in Ihre Hände, die sich dort als Wärme oder Kribbeln bemerkbar machen kann. Legen Sie jetzt, wenn möglich, Ihre Hände auf den Teil des Körpers, wo Sie Heilenergie benötigen. Wenn das nicht möglich ist, weil Ihr Schmerzpunkt zum Beispiel auf dem Rücken liegt, legen Sie die Hände in Ihrer Vorstellung auf diesen Körperteil und lassen Sie die Energie dorthin fließen. Lassen Sie Ihre Hände auf jeden Fall mehrere Minuten liegen. Mit der Zeit werden Sie ein Gefühl dafür entwickeln, wie viel Zeit Ihr Körper braucht, um die Heilenergie aufzunehmen.
- Im Fall einer Energiestauung oder einer Entzündung lassen Sie über die Hände Energie nach außen abfließen. Sie können die Heilenergie mit einer Farbe, einer Affirmation, einem Gebet oder einem inneren Bild verbinden. Bleiben Sie trotzdem mit der Aufmerksamkeit in erster Linie bei den Händen.

Lassen Sie sich Zeit, bis Ihr Körper die Energie mit allen Poren aufgenommen hat, bevor Sie die Übung beenden, indem Sie langsam von 1 bis 10 und von 1 bis 3 zählen und die Augen öffnen.

Auch im christlichen Abendland sollte es eigentlich eine Tradition des Heilens durch Handauflegen geben, ist doch das Neue Testament voller entsprechender Heilungsgeschichten. Jesus legt seine Hände auf die Augen des Blinden und in die Ohren des Tauben, er berührt und legt seine Hände auf, um Kranke zu heilen und Tote von ihrem Bett aufstehen zu lassen. Byzantinische und frühmittelalterliche Christusdarstellungen zeigen seine Hände meist in besonderer Weise, erhoben zum Segen oder mit leuchtenden goldenen Strahlen, die vom Zentrum der Handflächen ausgehen, wo sich auch die Wundmale befanden.

Heilen durch Meditation und Gebet

Reise ins Unbewusste

Wie Sie aus der Tabelle auf Seite 64 sehen können, herrschen während der Meditation in unserem Gehirn Alpha- oder Teta-Wellen vor. Wir befinden uns in einem außerordentlich tief entspannten Bewusstseinszustand.

In den Yoga-Schriften ist vom inneren Hören und Sehen, ja sogar vom inneren Schmecken und Fühlen die Rede. In der Regel ist körperliche Bewegungslosigkeit, die absolute äußere Stille, die Voraussetzung dafür. Dennoch gibt es auch medita-

! Übersinnliche Erfahrungen

Konzentration bedeutet, sich von der Vielfalt zum Einen zu bewegen. Meditation heißt, an diesem Punkt in die Tiefe zu gehen, in ihm zu verharren und so in tiefere Schichten unseres Bewusstseins vorzudringen. Meditation ist die Vorbereitung für »übersinnliche« Erfahrungen, die über unsere fünf alltäglich gebrauchten Sinne hinausgehen und unser Bewusstsein erweitern.

»

Beten ist Sprechen, Meditation ist Zuhören.

Teilhard de Chardin

tive Bewegungen wie im Yoga oder im Qigong, die ein Verbleiben in der inneren Mitte zum Ziel haben. Durch Erweiterung unserer Bewusstseinsgrenzen haben wir nicht nur zu eigenen unbewussten Seeleninhalten Kontakt, sondern zum kollektiven Bewusstsein aller Menschen.

Wirkung der Meditation

In der Meditation erleben wir ein tiefes Einssein – für die einen ist das ein Erleben Gottes, für die anderen die Erfahrung des Nichts oder der kosmischen Harmonie. In jedem Fall übersteigt es unser eigenes Ich mit seinen kleinen Sorgen und Ängsten. Sicher ein Grund, warum die Wirkung der Meditation in unendlich vielen Studien – in den letzten Jahren vermehrt auch in wissenschaftlichen Studien an nahezu allen Universitäten der Welt – als besonders heilsam beschrieben wird. Stressreduktion, Stärkung des Immunsystems und antidepressive Wirkung sind nur einige der beschriebenen positiven Effekte der Meditation.

Für die Aktivierung der Selbstheilungskräfte, aber auch für das Senden von Heilenergie an andere Menschen, wie es auf Seite 237 beschrieben ist, ist die Meditation eine ideale Basis.

Nachfolgend habe ich Übungen aus der gegenständlichen Meditation gewählt, bei der Sie die Kraft der Elemente meditativ erfahren.

Die heilende Kraft der Elemente

Aus den Elementen Erde, Wasser, Feuer und Luft setzt sich nicht nur die ganze Welt und damit auch unser Körper zusammen, auch unser Fühlen und Denken ist geprägt von der Grundenergie, die jedes Element verkörpert. Sie gelten als Sinnbilder dynamischer Kräfte, die in der gesamten Natur wirken. Die folgenden Visualisierungsübungen eignen sich als Vorbereitung für Meditation und Heilungsarbeit und machen uns darüber hinaus vertraut mit dem Wirken der Elemente in uns.

Übung

- Konzentrieren Sie sich jetzt auf das gelbe Viereck-Symbol, betrachten Sie es wie ein Tor, durch das Sie in die Bilderwelt der Erde eintreten können. Tauchen Sie ein ins Innere des Erdkörpers und rufen Sie Bilder oder Erinnerungen in sich auf, die für Sie das Element Erde am besten repräsentieren: Berge und Wüsten, Täler und weite Felder mit reifem Weizen, ein umgepflügtes Feld oder eine Hand voll Erde. Lassen Sie alle Bilder oder Erinnerungen zu, die auftauchen, und treten Sie auf diese Weise in eine tiefe Verbindung zur Erde.
- Nehmen Sie dann Kontakt auf zu den Teilen Ihres Körpers, die die Festigkeit und Verlässlichkeit der Erde repräsentieren: Das Knochenskelett und die Wirbelsäule, alle festen Strukturen im Körper, aber auch die Verdauungsorgane werden dem Erdelement zugeordnet. Vielleicht gibt es eine Botschaft Ihres Körpers oder der Erde an Sie? Spüren Sie einen Moment nach, wie gut Ihre Verbindung zu diesem Element ist. Entwickeln Sie eine Affirmation, die Sie mehrmals wiederholen, z. B.: »Ich bin standhaft und verlässlich wie ein Berg.«
- Verlassen Sie dann die Erde durch das Tattwa-Symbol des gelben Vierecks und lösen Sie sich langsam in der beschriebenen Weise aus der tiefen Meditation.

Übung

- Betreten Sie durch das Tattwa-Symbol der silbernen Mondsichel das Element Wasser. Lassen Sie alle Bilder, alle Erinnerungen in Ihr Bewusstsein kommen, die das Wasserelement für Sie repräsentiert: das Meer, einen stillen Bergsee, einen klaren Gebirgsbach, einen Wasserfall, eine Hand voll klares Quellwasser. Sie können ins Innere eines Wassertropfens gehen oder den Weg des Wassers durch Ihren Körper verfolgen.
- Nehmen Sie nun Kontakt auf zu den Bereichen Ihres Körpers, in denen Sie das Wasserelement wiederfinden: in den Säften Ihres Körpers, in Blut und Speichel, in der Lymphe und dem Wasser in den Geweben, in den Tränen und im Schweiß. Stellen Sie sich vor, wie alle Säfte in Ihrem Körper fließen. Spüren Sie, ob es irgendwo Blockaden oder Widerstände gibt. Nehmen Sie dazu Bilder aus der Natur zu Hilfe: einen Bach, der fröhlich plätschernd dahinfließt, oder einen Fluss, der alles mit sich nimmt, was sich an seinen Ufern festsetzen will. Nehmen Sie sich Zeit, die Verbindung der Gewässer in der Natur mit Ihren eigenen Körpersäften zu spüren und drücken Sie sie in Form einer Affirmation aus, z.B.: »Ich bin eingebettet in den großen kosmischen Strom.«
- Verlassen Sie das Wasser durch das Symbol der Mondsichel.

Bereiten Sie sich – wie in Kapitel »Praktisches Vorgehen« auf der Seite 95 ff. vor. Als Einstieg in das Element wählen Sie das dazu dargestellte Symbol. Betrachten Sie das Farbsymbol sehr genau, um es sich einzuprägen. In der indischen Yoga-Lehre werden diese Farbsymbole, die zur Meditation benutzt werden, als Tattwas bezeichnet.

Element Erde – Tattwa-Symbol gelbes Viereck

Aus den verschiedenen Substanzen der Erde bestehen unser Körper, unsere Nahrung, unsere Wohnungen.

Die Erde in ihren vielfältigen Formen ist Basis unseres Lebens. Die gute Verwurzelung und der feste Stand sind wichtig. Auf der seelischen Ebene steht die Erde für unsere eigene Sicherheit und Festigkeit in dieser Welt. Ideen werden umgesetzt und Grundlagen für das Leben geschaffen.

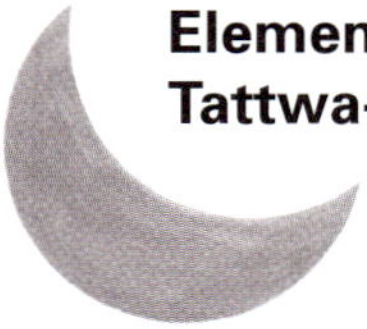

Element Wasser – Tattwa-Symbol silberne liegende Mondsichel

Der Hauptbestandteil unseres Körpers ist Wasser. Es hat viele wichtige Aufgaben: Es reinigt, stillt unseren Durst, transportiert als Basis des Blutes alles, was

Übung

- Betreten Sie durch das Tattwa-Symbol des roten Dreiecks das Element Feuer. Lassen Sie Bilder und Erinnerungen auftauchen, die für Sie das Feuerelement repräsentieren: ein Lagerfeuer, eine Kerzenflamme, ein Feuer im Kamin oder einen Vulkan.
- Nehmen Sie Kontakt auf mit dem Feuer in Ihrem Inneren. Stellen Sie sich vor, dass in jeder Zelle das Element Feuer wirkt, um Energie entstehen zu lassen. Lenken Sie Ihre Aufmerksamkeit in den Verdauungsbereich und stellen Sie sich vor, wie hier die Nahrung verdaut wird, so wie ein Essen, das Sie zu Hause auf dem Herd kochen. Versuchen Sie wahrzunehmen, ob Sie Ihr inneres Feuer anfachen oder dämpfen müssen oder ob es eine Botschaft des Feuerelements gibt. Verbinden Sie die Vorstellung des inneren Feuers und des Feuerelements in der Natur und versuchen Sie, die Energie und vielleicht auch die damit verbundene Lebensfreude wahrzunehmen. Unterstützen Sie Ihre Lebensfreude mit folgender Affirmation: »Mein inneres Lebensfeuer ist kraftvoll und stark, es gibt mir Freude und Mut.«
- Verlassen Sie das Feuer durch das Symbol des roten Dreiecks und kommen Sie langsam aus der Meditation heraus.

wir zum Leben brauchen. Auf der seelischen Ebene symbolisiert Wasser unsere Gefühle. Wie das Wasser können unsere Gefühle tief sein, bewegt, fließend oder blockiert.

Element Feuer – Tattwa-Symbol rotes Dreieck

Feuer in Form der Sonne steht für unerschöpfliche Kraft, für Wärme und Energie. Feuer reinigt und verbrennt, es führt zu Verwandlungsprozessen auf allen Ebenen. Das Element Feuer zeigt sich in unserem Körper in vielfältiger Weise: im Verdauungsfeuer, in allen Verbrennungsvorgängen unserer Zellen, durch die Energie erzeugt wird, in der Körpertemperatur und im Feuer der Begeisterung, das wir im Herzbereich lokalisieren.

Element Luft – Tattwa-Symbol himmelblauer Kreis

Das Element Luft ist unsichtbar und dennoch lebenswichtig. Er stellt zwischen Feuer und Wasser das neutrale Gleichgewicht her.

Luft ist als sanfte Brise, als kräftiger Luftstrom oder als stürmischer Wind erlebbar.

Wir können nur eine ganz kurze Zeit überleben, ohne zu atmen. Die Luft verbindet Menschen, Tiere und Pflanzen miteinander.

Luft steht für Verbindung und Kontakt, aber auch für die Flüchtigkeit allen Lebens.

»

Wenn der Glaube der Vater, so ist die Verzweiflung die Mutter des Wunders.
Aus der Vereinigung von schrankenlos gläubiger Erwartung und gleichzeitiger völliger Ausweglosigkeit erlangt es auf Erden Gestalt.

P. Yogananada

Übung

- Betreten Sie das Luftelement durch das Symbol des himmelblauen Kreises und lassen Sie Bilder und Erinnerungen auftauchen, die für Sie das Luftelement repräsentieren: einen Spaziergang am Meer, bei dem Ihnen ein rauer Wind entgegenbläst, ein leichter Sommerwind, der die Baumkronen bewegt, die klare Luft am frühen Morgen irgendwo draußen in der Natur.
- Nehmen Sie Kontakt auf mit dem Element Luft in Ihnen. Spüren Sie bewusst Ihren Atem und verfolgen Sie seinen Weg durch die Nase in die Luftröhre bis in die Bronchien und Lunge. Spüren Sie den Atem im ganzen Körper und nehmen Sie wahr, wie der Atem den Körper bewegt und belebt. Verbinden Sie diese Wahrnehmung mit dem Element Luft in der Natur. Erkennen Sie das Geräusch des Windes in den Bäumen in Ihrem Atem wieder? Spielen Sie mit ihm, indem Sie ihn lauter und leiser, ruhiger und heftiger werden lassen. Gibt es eine Botschaft, die Ihnen der Atem oder das Element Luft bringen möchte? Wie ist Ihre Beziehung zu diesem Element? Formulieren Sie eine Affirmation, die diese Beziehung treffend widerspiegelt, z. B.: »Ich verbinde mich durch meinen Atem mit allem Leben.«
- Verlassen Sie das Luftelement durch das Symbol des himmelblauen Kreises und kommen Sie langsam aus der Meditation heraus.

Element Äther – Tattwa-Symbol violettes Ei

In der indischen Tattwa-Lehre gibt es noch ein weiteres Element, in das wir uns in der Meditation versenken können: Das

Äther- oder Geistelement steht für den unendlichen Raum, für die kosmische Sphäre. Ein Raum, der für uns nicht leicht wahrnehmbar ist, da wir in unserer begrenzten Welt von Raum und Zeit leben. In diesen Raum einzutauchen, unsere »Froschperspektive« zu verlassen, kann uns neue Möglichkeiten der Wahrnehmung und der Erkenntnis vermitteln. Wir erken-

Übung

- Betreten Sie durch das Symbol des violetten Eis den unendlich weiten Raum der Sphären. Stellen Sie sich vor, Sie betrachten die Erde aus dem Weltraum heraus, schwerelos bewegen Sie sich weiter in den unbegrenzten Raum. Vielleicht können Sie sich an die überwältigende Weite eines nächtlichen Sternenhimmels erinnern?
Betrachten Sie in Ihrer Vorstellung Sterne, Planeten, Milchstraßen und Galaxien. Wie fühlen Sie sich angesichts des weiten Himmels? Entsteht ein Gefühl von Geborgenheit und Aufgehobensein, obwohl der Raum so unvorstellbar weit ist? Können Sie wahrnehmen, dass Sie selbst auch ein Teil dieses Universums sind, das seine eigene Bahn hat? Ist hier nicht eine hinter allem wirkende Ordnung spürbar?
- Wenden Sie sich dann dem unbegrenzten Raum in Ihrem Inneren zu. Nehmen Sie wahr, dass Ihr Bewusstsein weit und unbegrenzt erscheint, nur begrenzt durch Ihre eigenen Gedanken und Vorstellungen und durch das, was Sie zu wissen glauben. Staunend erleben Sie die Weite in sich und finden dafür ebenfalls eine Affirmation, z.B.: »Ich öffne mich für das unbegrenzte Wirken des universellen Geistes in mir.«
- Verlassen Sie den Raum der Sphäre durch das violette Ei, das Symbol der unendlichen Weite, und kommen Sie langsam aus der Meditation heraus.

nen aus dieser Perspektive, dass wir nicht im Zentrum des Universums stehen und sich alles um uns dreht.

Heilen durch Gebet

Die Wunderheilungen des Neuen Testaments beziehen sich tatsächlich sehr oft auf schwer kranke oder schon totgesagte Menschen. Nicht selten ist im Leben das Gebet der letzte Ausweg, den wir in der Verzweiflung und im Wunsch nach Heilung wählen. Versuchen Sie doch einmal schon bei kleineren

Übung

Verbinden mit der göttlichen Heilkraft

- Setzen Sie sich aufrecht und entspannt hin und gehen Sie wie im Kapitel »Praktisches Vorgehen«, Seite 95 ff. beschrieben, auf eine tiefere Bewusstseinsebene. Stellen Sie sich die violette Flamme der Umwandlung vor (siehe Kapitel »Heilen mit Licht und Farben«, Seite 36). Sie wandelt nicht nur alles Unvollkommene in Vollkommenes, sondern verbindet uns mit der geistigen Welt.
- Gehen Sie mit Ihrer Aufmerksamkeit zu der Stelle Ihres Körpers, zu der Sie Heilungsenergie lenken möchten. Bitten Sie mit einem Ihnen vertrauten Gebet oder mit einem Gebet, das Sie spontan formulieren, um die Verbindung mit der Christuskraft in Ihnen. Formulieren Sie Ihr Anliegen, Ihren Wunsch nach Heilung. Wiederholen Sie mehrmals: »Ich bin die wirkende göttliche Heilkraft in mir. Ich bin vollkommene Gesundheit.« Bleiben Sie 15 bis 30 Minuten in Verbindung mit dieser Heilkraft in Ihnen, bedanken Sie sich, und verlassen Sie auf dem beschriebenen Weg die tiefe Bewusstseinsebene.
- Spüren Sie noch eine Weile nach, bevor Sie sich wieder Ihrem Alltag zuwenden.

körperlichen oder seelischen Problemen das Gebet, den Dialog mit Gott, zur Aktivierung der Selbstheilungskräfte zu wählen. Christus, über dessen wunderbare heilende Fähigkeiten in den Geschichten der Bibel gesprochen wird, ist ein Gesprächspartner, an den wir uns – nicht nur, aber auch – in Zeiten der Not wenden können. »Dein Glaube hat dir geholfen«, antwortet er häufig, wenn man ihm danken will für seine Wunderheilungen. Er verweist den Menschen auf sich, auf seinen Glauben und sein Vertrauen in die Selbstheilungskräfte, die durch den Glauben so sehr aktiviert werden, dass Blinde sehen, Lahme gehen und Tote von ihrem Bett aufstehen.

Der Glaube versetzt Berge

So heißt es in der Bibel. Kein leichtes Unterfangen, wenn man sich einen Berg genauer anschaut. Man scheint dem Glauben demnach eine Menge zuzutrauen. Und nicht zu Unrecht, denn immer und überall gab und gibt es das, was man als Wunder bezeichnet. Die Heilungen von Lourdes werden von strengen Prüfungskommissionen, bestehend aus Ärzten, Anwälten und neutralen Gutachtern, überwacht. Die dort dokumentierten Heilungen haben alle strengen Prüfungen bestanden und wurden, weil sie anders nicht zu erklären sind, als Wunder bezeichnet. Geistiges Heilen oder Heilen durch Gebet ist kulturübergreifend und weltweit in vielen Facetten anzutreffen. Voraussetzung für ein solches Wunder scheint zu sein, dass wir unseren kleinen Ich-Willen ganz einem größeren göttlichen Willen unterstellen, dass wir bedingungslos glauben und fest darauf vertrauen, dass es Hilfe für uns gibt.

Helfer aus einer »anderen Welt«

Für manche Menschen ist es leichter, sich mit Hilfe eines Vermittlers mit der göttlichen Heilkraft zu verbinden. Zu allen Zeiten und in allen Kulturen gab und gibt es den Glauben an Wesen aus der »anderen« Welt, die uns dabei hilfreich zur Seite stehen.

Vielleicht haben Sie ohnehin schon eine enge Beziehung zu Ihrem Schutzengel. Dann rufen Sie ihn um Hilfe, wenn es um Ihre Heilung oder Gesunderhaltung geht. Bitten Sie Ihre Namenspatronin oder andere Heilige zu Hilfe, die Ihnen nahe stehen.

! Die Energie der Engel nutzen

Die Erzengel stehen in der Hierarchie der Engel über den »dienenden« Engeln. Sie haben ein hohes Energiepotenzial und sind den Menschen sehr nahe. Die Nachsilbe »el« bedeutet »leuchten« oder »strahlen«.

Nachfolgend stelle ich Ihnen die sieben Erzengel vor mit den ihnen zugeordneten Lichtstrahlen und der jeweiligen Energie, mit der sie arbeiten, wie sie von Diana Cooper in ihren Engelskarten beschrieben wurden. Ihre mächtige Gegenwart können Sie anrufen und um Hilfe bitten, indem Sie die Farbe des jeweiligen Lichtstrahls visualisieren und den Engel rufen. Stellen Sie eine tiefe Verbindung von Ihrem Herzen zu Ihrem Engel her. Bitten Sie ihn dann intensiv um die Heilung, die Sie wünschen. Bedanken Sie sich am Ende für die Hilfe und Unterstützung.

Erzengel Chamuel

Rosaroter Lichtstrahl – Energie der Liebe

Hüllen Sie sich in den rosafarbenen Mantel der Liebe ein, lassen Sie Liebe aus Ihrem Herzen strömen. Hüllen Sie alle Menschen und die gesamte Erde in diesen rosafarbenen Mantel der Liebe ein. Rufen Sie jetzt den Erzengel Chamuel um seine Hilfe an.

Erzengel Gabriel

Weißer Lichtstrahl – Energie der Ordnung, Energie der inneren Reinigung

Stellen Sie sich vor, wie Sie von reinem weißem Licht umgeben sind. Lassen Sie Ihren reinen Geist zutage treten und rufen Sie den Erzengel Gabriel um Hilfe an.

Erzengel Jophiel

Goldener Lichtstrahl – Energie der Weisheit

Hüllen Sie sich in goldenes Licht ein und bitten Sie den Erzengel Jophiel, dass er Ihnen Klarheit und Weisheit gibt und Ihnen den richtigen Weg weist.

Erzengel Michael

Blauer Lichtstrahl – Energie des Schutzes und der Befreiung von allen Fesseln

Hüllen Sie sich in blaues Licht ein und stellen Sie sich unter den Schutz des Erzengel Michaels. Bitten Sie ihn jetzt um seine Hilfe.

Erzengel Raphael

Grüner Lichtstrahl – Energie der Heilung und des Gleichgewichts

Hüllen Sie sich in grünes Licht ein und rufen Sie den Erzengel Raphael an, wenn Sie Heilung brauchen oder aus dem Gleichgewicht gefallen sind.

Erzengel Uriel

Rubinroter Lichtstrahl – Energie der Weisheit und Spiritualität

Hüllen Sie sich in rubinrotes Licht ein und bitten Sie den Erzengel Uriel um eine höhere Bewusstseinssphäre.

Erzengel Zadkiel

Violetter Lichtstrahl – Energie der Reinigung und inneren Wandlung

Hüllen Sie sich in violettes Licht ein und bitten Sie den Erzengel Zadkiel, dass dieses Licht alles Unvollkommene auf allen Ebenen wandelt.

»

Chamuel hilft Menschen, aus ihren Verstrickungen herauszufinden und sich von der göttlichen Energie tragen zu lassen.

Gabriel kündigt an, dass etwas Neues, Besseres beginnt, und verkündet das Wort Gottes. Er hilft, das Lebensziel zu erkennen.

Jophiel unterstützt alle, denen es um spirituelle Erkenntnisse geht und ist die Verbindung zu höchstem Bewusstsein.

Michael hilft den Menschen, sich mit der Frage nach Gott auseinander zu setzen. Er wird oft mit Schwert und Rüstung gezeigt.

Raphael ist der Heilbringer, er hilft dem Menschen in schwierigen Zeiten und ist der Schutzengel überhaupt.

Uriel wird oft mit Feuer dargestellt. Er ist der Engel, der Menschen göttliche Geheimnisse offenbart.

»Wohlwollen Gottes« oder »Tröster Gottes« bedeutet der Name Zadkiel. Er hilft allen, die vom Weg abgekommen sind.

Heilen mit Musik

Bevor Sie weiterlesen, spüren Sie einen Moment nach, ob Sie sich an eine Situation erinnern können, in der Sie die heilende Wirkung der Musik erlebt haben – vielleicht hat die Musik Sie aufgeheitert oder getröstet, vielleicht konnten Sie besser einschlafen oder haben sich energetischer gefühlt, wenn Sie Musik gezielt eingesetzt haben?

In einer Zeit, in der wir von Lärm und jeder Art von Geräuschen und Musik umgeben sind, ist es gar nicht so leicht, die heilende Wirkung der Musik wahrzunehmen. Dennoch bezweifelt heute auch von wissenschaftlicher Seite kaum jemand die Heilkraft der Musik, die gleichermaßen auf Körper, Seele und Geist wirkt. Musikbegabung hat in der rechten Gehirnhälfte, die dem kreativen und ganzheitlichen Denken vorbehalten ist, ihren Ursprung, auf deren Tätigkeit sie wiederum einwirkt.

Musik – eine sanfte Heilerin

Unter dem Einfluss von Musik verändern sich Herzschlag, Atemrhythmus, Blutdruck, Verdauungstätigkeit und Spannungszustand der Muskulatur. Diese Veränderung bewirkt der Rhythmus der Musik, der die körpereigenen Rhythmen beeinflusst. Beruhigende Musik kann die Schmerzempfindlichkeit herabsetzen und das Nervensystem so entspannen, dass weni-

! Altes Wissen

Alle Hochkulturen wussten um die Heilkraft der Klänge. So arbeiteten schon im alten China die Ärzte mit Tönen, die Ägypter wendeten ihr Wissen um die Harmonie der Klänge beim Energiestärken der Gebäude an, und bei den arabischen Völkern werden bis heute Kranke zunächst mit Musik »behandelt«, bevor man sie mit anderen Methoden zu heilen versucht.

! Lebendige Schwingungen

Alles Leben ist Bewegung, auch unsere Zellen sind nicht tote, statische Materie, sondern lebendig, schwingend in dauernder Veränderung. Jede gesunde Zelle schwingt in einem harmonischen Rhythmus. Zusammen mit all den anderen Zellen bildet sie ein riesiges Orchester, das die Symphonie unseres Lebens spielt.

ger Narkosemittel gebraucht werden. Wieder andere Musik erhöht die Konzentrations- und Lernfähigkeit. Musik verändert vor allem durch die Melodie unsere Gefühle, sie bringt Harmonie, heitert auf, tröstet, weckt Liebe und Mitempfinden.

Mit Hilfe von Musik verringern wir unsere Gehirnfrequenz und gelangen auf die Alpha-Ebene (Seite 26). Auf dieser entspannten Bewusstseinsebene können wir unsere Selbstheilungskräfte entfalten. Musik begleitet uns auf den Reisen in den eigenen Körper und hat andererseits selbst heilende Wirkung, indem sie die Schwingung unserer Zellen verändert.

Krankheit könnte man als Disharmonie verstehen, kranke Zellen spielen nicht mehr mit oder wollen ihr eigenes Stück inszenieren. Krankheit ist gestörte Ordnung oder disharmonische Schwingung im Organismus. Vermutlich haben aus diesem Grund schon Juden, Ägypter und Griechen ebenso wie die Sufis oder die Schamanen bei den Naturvölkern Musik zur Heilung verwendet, um die Schwingung im Körper zu beeinflussen und wieder in die Ordnung zu bringen.

Vielleicht haben Sie die Gelegenheit, sich an ein Instrument anzulehnen oder zumindest die Hände darauf zu legen, während es gespielt wird. So können Sie deutlich spüren, wie sich die Schwingung des Instruments auf Ihren Körper überträgt.

Auch bei der Arbeit mit Musik gilt, dass Krankheit immer auf dem Prinzip der übermäßigen oder der fehlenden Energie beruht. So können Sie jedes körperliche Problem auf einer tiefen Bewusstseinsebene dahingehend überprüfen, ob Sie eine

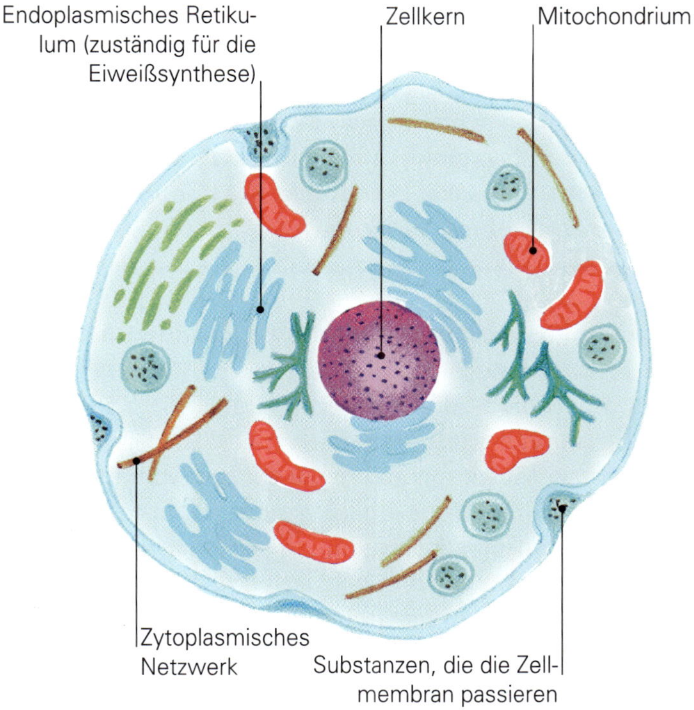

anregende, eine beruhigende oder harmonisierende Schwingung brauchen.

Auch Singen ist heilsam

Eine besonders heilende Wirkung hat die menschliche Stimme. In der traditionellen Naturmedizin gab es Heilerinnen, die eine Krankheit besangen. Sie fanden den disharmonischen Ton der Krankheit und setzten ihren eigenen Gesang ein, um die Harmonie wiederherzustellen. Singen Sie so oft wie möglich, singen Sie, was Ihnen in den Sinn kommt: Kinder- oder Kirchenlieder, Wanderlieder oder moderne Songs. Spielen und experimentieren Sie mit Ihrer Stimme. Welche Töne wirken auf die unteren, welche auf die oberen Körperteile?

Visualisierung

Visualisierung der Zellrhythmen

- Schließen Sie für einen Moment die Augen und stellen Sie sich eine Körperzelle vor, wie sie rechts abgebildet ist. Sie können auch das einfache Bild einer winzigen Kugel wählen, in deren Mitte sich ein Kern befindet. Zunächst schwingt sie harmonisch im Rhythmus mit den anderen Zellen, die um sie herum sind. Dann nehmen Sie wahr, dass irgendetwas die Zelle verstimmt, sie wird langsamer, schwerer, und ihre Schwingung kommt fast zum Stillstand. Oder wählen Sie das Bild einer Zelle, die hektisch und nervös schwingt, ihren Rhythmus verloren hat. Gibt es in Ihrer Erinnerung irgendeine Musik, ein Instrument, dessen Töne in der Lage sind, die Zelle wieder zu ihrer harmonischen Grundschwingung zurückzuführen? Sie können sich auch einen Engelchor vorstellen, der so himmlisch singt, dass die Zelle wieder ruhig oder wieder aktiver wird.
- Finden Sie ein Musikstück, mit dem Sie diese Übung wiederholen können. Sie sollten etwas Erfahrung sammeln, bevor Sie diese heilende Visualisierung im Fall einer körperlichen Störung erfolgreich einsetzen können.
- Wählen Sie bevorzugt klassische Musik, zum Beispiel von Mozart, Haydn, Händel, Vivaldi oder Bach. Achten Sie bei Meditationsmusik darauf, dass sie möglichst auf wirklichen Instrumenten gespielt und nicht nur vom Synthesizer zusammengestellt wurde.
- Nehmen wir an, Sie kennen Ihre Diagnose »Schilddrüsenüberfunktion«. Wählen Sie dann ein Musikstück, das auf Sie besonders beruhigend wirkt. Hören Sie ein paar Takte, bevor Sie die Augen schließen und sich sehr tief entspannen, wie auf Seite 52 beschrieben. Versuchen Sie Kontakt zu den Zellen Ihrer Schilddrüse aufzunehmen. Stellen Sie sich vor, wie die Musik die nervösen, überdrehten Zellen beruhigt. Lassen Sie sich so lange Zeit, bis Sie immer ruhiger werden und die Musik sie trägt.

Übung

- Setzen Sie sich aufrecht und bequem hin, entspannen Sie sich, und gehen Sie auf eine tiefere Bewusstseinsebene, wie auf Seite 98 beschrieben.
- Lenken Sie Ihre Aufmerksamkeit zu der Körperstelle, die krank ist oder Heilung benötigt. Spüren Sie den Schmerz oder die Energie, die Sie dort wahrnehmen.
- Atmen Sie ein paarmal tief aus und ein, bevor Sie mit einem tiefen Summton beginnen. Nach und nach summen Sie immer höher, jeweils 2 bis 3 Minuten. Versuchen Sie dann herauszufinden, welche Tonhöhe für Ihre kranke oder belastete Körperstelle geeignet ist. Lassen Sie den Ton dorthin fließen und stellen Sie sich vor, wie die Schwingung Ihrer Stimme heilend auf Ihre Körperzellen wirkt.
- Spielen Sie mit den verschiedenen Vokalen, tönen Sie UUU, OOO oder AAA, tönen Sie MMMAAAMMM oder MMMOOOMMM oder eine andere Kombination.
- Sie können diese Übung mit dem Laut »Om« abschließen, den wir aus der indischen Weisheitslehre als heiligen und heilenden Laut kennen.
- Sie können diese heilenden Töne mit Licht und Farben oder Handauflegen verbinden.

So finden Sie Ihre Heilmethode

Jeder Mensch hat ein großes Potenzial an schöpferischen Fähigkeiten. In der Regel leben wir dieses Potenzial unbewusst. Wir fühlen uns von bestimmten Tätigkeiten mehr angezogen als von anderen, suchen mehr Kontakt zu Menschen, die ähnliche Talente haben, oder haben Angst vor ihnen. So ist es auch mit unseren kreativen Möglichkeiten, Heilenergie in uns und anderen zu aktivieren. Die einen haben schon als Kinder in ihrer inneren Bilderwelt gelebt, die anderen waren immer gern mit Menschen und Tieren in Berührung. Wieder andere leben in der Welt der Gedanken oder hatten immer schon einen festen, unerschütterlichen Glauben. Unsere Heilenergie können wir dann am leichtesten lenken, wenn uns die Art und Weise, wie wir das tun, besonders entspricht. Am leichtesten finden wir das heraus, wenn wir spontan reagieren.

Kürzlich kam ich in einem Kaufhaus gerade dazu, wie eine Frau ohnmächtig auf den Boden sank. Ich lief nicht sofort auf sie zu, um sie aufzuheben oder zumindest zu berühren, sondern hatte den spontanen Impuls, »oben« um Hilfe zu bitten

! Glaube und Wirkung

Das, woran wir glauben und was uns im tiefsten Innersten entspricht, hat immer die größte Kraft. Wenn Sie an die Selbstheilungskräfte glauben, werden sie deutlich besser wirken. Meine langjährige Arbeit mit Bach-Blüten und Homöopathie hat mir gezeigt, dass diese feinstofflichen Essenzen auch dann wirken, wenn die Patienten ihre Zweifel sehr deutlich geäußert hatten. So ist es auch bei den Selbstheilungskräften. Auch sie sind da und reagieren auf positive Gedanken. Selbst wenn wir das bezweifeln mögen oder nicht wahrhaben wollen.

und sie in Licht zu hüllen. Erst dann fasste ich immer noch zögerlich und vorsichtig ihren Puls, während eine andere Frau sehr behutsam sofort ihren Kopf auf einen Schal bettete und sie liebevoll berührte. Was wäre Ihr spontaner Impuls?

Der feste Glaube an etwas entwickelt die größte Energie. Er bündelt unsere Konzentration, unsere positive Erwartung. Der Glaube lässt uns – wenn auch oft vollkommen unbewusst – positive Affirmationen entwickeln, die unserem Gehirn immer wieder signalisieren, dass alles gut werden wird.

Nehmen Sie sich Zeit herauszufinden, welcher Heiltyp Sie sind, falls Sie das nicht spontan entschieden haben.

Die Beantwortung der folgenden Testfragen wird Ihnen die Entscheidung erleichtern. Natürlich können Sie auch die verschiedenen Heilmethoden miteinander kombinieren. Es spricht nichts dagegen, innere Bilder mit Farben aufleuchten zu lassen, Handauflegen mit Gebet und einer Selbstprogrammierung zu verbinden.

Heilen mit inneren Bildern

1. Können Sie sich eine blühende Sommerwiese relativ leicht vorstellen? Können Sie eine trübe Stimmung dadurch aufheitern?

2. Neigen Sie dazu, sich Situationen, die Ihnen bevorstehen,

! Die wirksamen Methoden

Heilen mit inneren Bildern

Heilen mit Licht und Farben

Heilen durch Gedanken und Selbstprogrammierung

Heilen mit den Händen

Heilen durch Meditation und Gebet

Heilen mit Musik

plastisch und bildhaft in Ihrem Inneren auszumalen? Wird Ihnen übel, wenn jemand eine Operation plastisch schildert?

3. Schauen Sie sich die Darstellung eines Organsystems genau an, schließen Sie dann die Augen und versuchen Sie, sich an das Bild zu erinnern. Gelingt es Ihnen relativ leicht?

4. Können Sie sich an Bilder aus dem letzten Urlaub oder auch an ein weniger schönes Erlebnis noch nach längerer Zeit erinnern?

5. Schließen Sie einen Moment die Augen und stellen Sie sich vor, wie Sie einen Baum malen würden? Können Sie den Baum sehen?

Heilen mit Licht und Farben

1. Schließen Sie die Augen und stellen Sie sich einen Regenbogen vor. Können Sie sich eine Farbe auswählen?

2. Wählen Sie die Farbe Ihrer Kleidung oder Ihrer Wohnungsdekoration nach Ihrer Stimmung aus?

3. Wie ist das Grün eines Laubbaums im Frühling? Ist es anders als das Grün des gleichen Baums im Spätsommer? Haben Sie die Farbe vor Augen?

4. Können Sie sich vorstellen, Ihren Magen mit warmer, leuchtend gelber Farbe einzuhüllen?

5. Ist Licht für Ihr Leben besonders wichtig?

Heilen durch Gedanken und Selbstprogrammierung

1. »Ich bin mutig und selbstbewusst« – wirkt dieser Satz mutmachend auf Sie, und könnten Sie sich vorstellen, ihn mehrmals am Tag zu wiederholen?

! Geniale Fähigkeiten

Jeder Mensch hat ein großes Potenzial an schöpferischen Fähigkeiten. Der Unterschied zwischen einem Genie und einem normalen Menschen ist, dass das Genie seine geistigen Kapazitäten in besonderer Weise ausnützt.

---

2. Sind Sie jemand, der alles erst verstehen möchte, bevor er es für sich anwendet?
3. Behalten Sie den Überblick und denken Sie zuerst darüber nach, was als Wichtigstes zu tun ist, wenn Sie an eine Unfallstelle kommen?
4. Können Sie sich aus einer emotionalen Unruhe mit Hilfe vernünftiger, analysierender Gedanken befreien?
5. Könnten Sie sich vorstellen, mit Ihrem Knie zu »sprechen«?

Heilen mit den Händen

1. Lieben Sie es, berührt zu werden? Was löst Berührung bei Ihnen aus?
2. Streicheln Sie gerne andere Menschen oder Tiere?
3. Haben Sie das Gefühl, dass Sie über Hände wichtige Informationen bekommen, zum Beispiel über Materialien wie Stoffe oder Gegenstände aus der Natur, die Sie berühren?
4. Schließen Sie die Augen und stellen Sie sich vor, wie sich ein Stück Holz anfühlt, wie ein Stück Samt oder Seide. Fällt es Ihnen leicht, die Struktur zu erspüren?
5. Ist Ihr spontaner Impuls, hilfreich zuzugreifen, wenn Sie Zeuge eines Unfalls werden, anstatt sich auf Organisatorisches wie Hilfeholen zu beschränken?

Heilen durch Meditation und Gebet

1. Haben Sie bereits Erfahrungen mit der heilenden Wirkung von Meditation gemacht?
2. Können Sie sich vorstellen, dass Sie einen Engel zu Hilfe rufen, wenn jemand in Not ist oder Sie selbst Hilfe brauchen?
3. Gibt es ein oder mehrere Gebete, die Ihnen in einer schwierigen Situation in den Sinn kämen?
4. Glauben Sie an eine Kraft, die größer ist als Sie und der Sie sich bedingungslos anvertrauen würden?
5. Haben Sie eine oder mehrere Erfahrungen in Ihrem Leben gemacht, in denen Sie sich von einer höheren Macht beschützt gefühlt haben?

Heilen mit Musik

1. Lieben Sie Musik? Haben Sie Favoriten, die Ihnen spontan einfallen?
2. Stellen Sie sich eine Situation vor, in der Sie Trost brauchen. Gibt es ein Musikstück, das Sie dafür auswählen würden?
3. Gibt es ein Musikstück, das Sie jemandem empfehlen würden, der krank zu Hause bleiben muss?
4. Können Sie sich vorstellen, dass Musik auch auf Ihre Körperzellen wirkt?
5. Gibt es ein Lieblingsmusikstück, das Sie in allen Lebenslagen gern hören?

Vielleicht haben Sie bei einer der vorgestellten Methoden alle Fragen mit Ja beantwortet. Damit ist sichergestellt, dass diese genau die richtige für Sie ist. In diesem Fall würde ich Ihnen empfehlen, sich mit dem Thema noch tiefer auseinander zu setzen. Denn möglicherweise schlummern hier Fähigkeiten und Talente, deren Sie sich bisher noch nicht bewusst waren. Sollten Sie bei jeder Methode ein oder zwei Fragen mit Ja be-

! Zweifel

Sie sind zulässig und teilweise sogar erwünscht, denn sie regen uns zum Nachdenken an. Noch gehört die Arbeit mit inneren Bildern, das Heilen durch Gedankenenergie und Gebet nicht zum Alltäglichen in unserem Leben. Unsere Urgroßmütter hätten sicher angesichts einer Mondfähre ebenso ungläubig gestaunt. Immer mehr Wissenschaftler, Ärzte, Neurologen und auch Physiker beschäftigen sich mit der Wirkung geistiger Kräfte und innerer Bilder. Im Literaturverzeichnis finden Sie einige Bücher, die es vor allem Ihrem Kopf erleichtern werden, Ihre Selbstheilungskräfte auf die beschriebene Weise einzusetzen. Lassen Sie sich weder von Zweifeln noch von scheinbar ausbleibenden Erfolgen entmutigen! Eine fremde Sprache lernen Sie nicht in kurzer Zeit – die Sprache der Intuition, die Sprache der Seele zu verstehen und zu sprechen erfordert Liebe und Geduld.

antwortet haben, empfiehlt es sich, mehrere Heilmethoden zu kombinieren. Mit zunehmender Übung kristallisiert sich dann meist heraus, dass Sie sich zu einer der vorgestellten Methoden sehr viel mehr hingezogen fühlen.

Entwickeln Sie Vertrauen in Ihre inneren Heilkräfte und nützen Sie jede Gelegenheit in Ihrem Familien- und Freundeskreis, diese Fähigkeiten einzusetzen. Der Erfolg wird Ihnen Recht geben.

Praktisches Vorgehen

Wie Sie Ihren Geist auf Heilung einstellen

Wie würden Sie sich auf ein Abendessen mit einem geliebten Menschen vorbereiten? Sicherlich wählen Sie nicht nur eine passende Kleidung, sondern erscheinen zu diesem Treffen eher gut gelaunt und mit einem freundlichen Lächeln. So ähnlich sollten Sie sich vorbereiten, wenn Sie ihre(n) »innere(n) Heiler/Heilerin« treffen möchten.

Die gleiche Liebe, die Sie einem geliebten Menschen zuwenden, sollten Sie jetzt für sich fühlen. Dieses Gefühl stärkt ihre Heilungskräfte und öffnet Sie für das Fließen dieser besonderen Energie, die ja letztlich nichts anderes als Liebe ist. Wenden Sie sich ihr mit einem inneren Lächeln zu. Wenn Ihnen das aus echter Überzeugung gelingt, lassen Sie Ihr Gesicht den Ausdruck des Lächelns nachahmen.

Übung des inneren Lächelns

Durch das innere Lächeln wird die Kraft der Liebe und das goldene, heilende Licht entwickelt. Lächeln Sie sich selbst mit Ihrem liebevollsten und freundlichsten Lächeln zu. Damit können Sie die körpereigenen Selbstheilungskräfte anregen und negative Energien, die sich noch in Ihrem gesamten Energiesystem befinden, umwandeln. Dieses Lächeln heilt alte Wunden und lässt Sie Ihre Panzer ablegen, die über verschüt-

»

Ich rate allen, leben Sie Ihr eigenes Leben.
Lassen Sie diese wunderbare innere Intelligenz durch Sie sprechen.
Der Schlüssel zu Ihrem Wesen liegt in Ihnen.

Dr. Bernie Siegel

Übung

Schritt-für-Schritt – ein Überblick

- Augen schließen und den Körper von den Füßen bis zum Kopf entspannen.
- Die Zahlen 3, 2, 1 vor dem inneren Auge erscheinen lassen.
- Von 10 bis 1 zählen, sich dabei noch tiefer entspannen, dabei eine imaginäre Treppe nach unten gehen.
- Den idealen Entspannungsort visualisieren und dort ein paar Minuten verweilen.
- Die Heilprogrammierung durchführen.
- Von 1 bis 10 zählen und wieder nach »oben« gehen.
- Von 1 bis 3 zählen und die Augen öffnen, hellwach und klar sein

teten Traumata liegen. Mit seiner Kraft kann man jede Zelle des Körpers reinigen und stärken sowie Emotionen ausgleichen.

Eintritt in die Alpha-Sphäre

Schauen Sie sich die Bilder von dem Organ oder dem Körperteil an, mit dem Sie jetzt arbeiten wollen. Wenn Sie diese Übung als tägliches Ritual zur Gesunderhaltung durchführen wollen, werfen Sie einen Blick auf die Gesamtdarstellung des Körpers. Auf Seite 34ff. finden Sie Informationen, mit welchem feinstofflichen Energiezentrum, welchen Chakras die jeweiligen Organe verbunden sind. Beginnen Sie jede Art von

! Der Entspannungsplatz

Die Vorstellung des idealen Entspannungsplatzes sollte möglichst immer beibehalten werden – die innere Arbeit wird durch den Wohlfühleffekt erleichtert.

Heilprogrammierung oder Energielenkung mit einer tiefen Entspannung. Die körperliche und auch seelische Entspannung ist die Voraussetzung dafür, dass das Gehirn die Alpha-Ebene erreicht.

Selbstheilungskräfte lenken

Lassen Sie vor Ihren inneren Augen das gewünschte Organ oder den Teil Ihres Körpers auftauchen, mit dem Sie in Kontakt treten wollen. Wahrscheinlich brauchen Sie etwas Zeit und Geduld, bis sich das gewünschte Bild einstellt. Manchmal tauchen auch innere Wahrnehmungen auf, die bereits einen Hinweis auf das vorliegende Problem geben. So erschien z. B. bei einer Patientin, die unter chronischen Magenproblemen litt, eine Schnecke, die sich in ihr Haus zurückgezogen hatte. Sie konnte dieses Bild als Hinweis auf mehr Schutzbedürfnis deuten. In diesem Fall verbindet man die eigenen Heilkräfte mit der Vorstellung, dass sie nicht nur den Magen, sondern auch der Psyche den gewünschten Schutz geben. Manche Menschen bekommen auch verbale Botschaften, in denen ein Organ um Hilfe schreit. Sie können also jedem Organ eine Stimme geben, um eine Nachricht zu bekommen. Auch wenn keine Botschaft aus ihrem Inneren auftaucht, beginnen Sie jetzt mit der Heilanwendung (siehe Seite 42ff.), die Ihnen am meisten liegt.

Nehmen Sie sich mindestens 15 Minuten Zeit (im Notfall kürzer, aber dafür öfter am Tag), bevor Sie, wie auf Seite 99 beschrieben, die Alpha-Ebene wieder verlassen.

! Wichtiger Hinweis

»In die Alpha-Ebene eintreten«, »Auf der Alpha-Ebene arbeiten« und »Die Alpha-Ebene verlassen« gilt für alle in diesem Buch beschriebenen Übungen.

Übung

In die Alphaebene eintreten

- Setzen Sie sich aufrecht und entspannt hin und konzentrieren Sie sich ein paar Minuten auf Ihren Atem. Schließen Sie die Augen und nehmen Sie zuerst wahr, wie Ihre Füße auf dem Boden stehen. Entspannen Sie mit dem Ausatmen Ihre Füße, Ihre Unterschenkel und Oberschenkel. Ihre Füße, Unterschenkel und Oberschenkel sind entspannt.
- Nehmen Sie wahr, wie Sie auf der Unterlage sitzen und entspannen Sie mit dem Ausatmen Gesäßmuskeln, Becken und Bauch. Gesäßmuskeln, Becken und Bauch sind entspannt.
- Entspannen Sie den ganzen Rumpf, die Schultern, Arme und Händ. Der Rumpf, Schultern, Arme und Hände sind entspannt.
- Jetzt sind Nacken, Hals und Kopf dran. Nacken, Hals und Kopf sind entspannt. Nehmen Sie sich Zeit, Ihre Stirne, den Bereich hinter der Stirn, Augen, Kiefergelenke, Mund und Zunge zu entspannen. Stirn, Augen, Kiefergelenke Mund und Zunge sind entspannt.
- Nun sind Sie auf einer tieferen Bewusstseinsebene. Damit Sie sich noch tiefer entspannen können, stellen Sie sich vor Ihrem inneren Augen die Zahl 3 vor, dann die Zahl 2 und schließlich die Zahl 1.
- Zählen Sie jetzt langsam von 10 bis 1 und entspannen Sie sich dabei noch tiefer. Sie können sich dabei eine Treppe vorstellen, die Sie langsam Stufe für Stufe nach unten gehen. Sie sind jetzt auf einer noch tieferen, entspannteren und gesünderen Bewusstseinsebene angelangt, tiefer und entspannter als vorher.
- Stellen Sie sich jetzt einen idealen Entspannungsplatz vor – einen Platz, den Sie kennen oder der nur in Ihrer Phantasie existiert – und verweilen Sie ein paar Minuten an diesem Platz. Sie sollten diesen Entspannungsplatz möglichst bei allen Übungen beibehalten.

Übung

Die Alpha-Ebene verlassen

- Wenn Sie die Aktivierung Ihrer Selbstheilungskräfte beenden möchten, bedanken Sie sich zuerst für die Energie, die Ihnen zugeflossen ist. Bedanken Sie sich bei Ihren Körperzellen für ihre unermüdliche Arbeit.
- Schließen Sie das oder die Chakras, die Sie geöffnet hatten, und kommen Sie zuerst kurz zu Ihrem Entspannungsplatz zurück.
- Von hier aus begeben Sie sich wieder nach oben, indem Sie langsam von 1 bis 10 zählen und Ihre imaginäre Treppe wieder nach oben gehen. Danach zählen Sie von 1 bis 3, öffnen die Augen und strecken sich.
- Nehmen Sie sich unbedingt noch einen Moment Zeit, um nachzuspüren, ein Bild zu malen oder Ihre Erfahrungen und Botschaften aufzuschreiben.

Wenn der Energiefluss gestört ist

Wir unterscheiden in unserem Körper zwei grundsätzliche energetische Störungen:

- Energiestau, Überfunktion oder Entzündung, gekennzeichnet durch Schwellung, Rötung, Hitze, akuten, heftigen Schmerz. Zum Ausgleich brauchen wir kühlende Energie, die Farben Blau oder Grün, Bilder wie fließendes Wasser, kühlenden Wind, ein Ventil, das wir öffnen, damit der Stau sich lösen kann usw. Die Konzentration wird hierbei auf Abfließen und Beruhigen gelegt.
- Energiemangel oder Unterfunktion, gekennzeichnet durch Blässe, Kraftlosigkeit, Blutarmut, chronischen Schmerz. Zum Ausgleich brauchen wir Wärme, die Farben Rot, Orange und Gelb.

Bilder wie die Sonne, ein wärmendes Feuer, eine wohltuende Bewegung, damit Energie aufgebaut werden kann. Die Konzentration wird hier auf Geben, Anregen und Aufbau von Energie gelenkt.

Dauer der Aktivierung

Unsere Selbstheilungskräfte arbeiten ständig daran, die Harmonie zwischen Unter- und Überfunktion aufrechtzuerhalten bzw. wiederherzustellen. Wie lange und wie oft Sie die Übungen durchführen, hängt davon ab, was Sie erreichen wollen. Zur Aufrechterhaltung der inneren und äußeren Harmonie sollten die Übungen ein- bis zweimal wöchentlich durchgeführt werden. Es sollten keine längeren Pausen entstehen, denn je regelmäßiger Sie »behandeln«, umso leichter werden die heilenden Schwingungen auf ihre Zellen übergehen. Außerdem gelingt es Ihnen mit viel Übung wesentlich leichter, mit den inneren Heilern in Kontakt zu kommen.

Auch ein stecken gebliebenes Auto müssen Sie durch rhythmisches Hin- und Herschieben erst einmal in Bewegung versetzen, damit es wieder rollen kann. Das gilt auch für unsere Arbeit: Wenn es sich um einen akuten Schmerz handelt, brauchen Sie die Selbstheilungskräfte in diesem Bereich nur so lange zu aktivieren, bis der Schmerz verschwunden ist.

Besondere Herausforderung Operation

Jeder Gedanke ist eine Energie – ein Satz, den man gar nicht oft genug wiederholen kann –, bekommt eine besondere Bedeutung, zum Beispiel, wenn Sie eine Operation vor sich haben.

! Alles braucht seine Zeit

Akute und heftige Probleme brauchen einen intensiven Einsatz der Selbstheilungskräfte über kurze Zeit, chronische Beschwerden müssen regelmäßig und mit viel Geduld und über einen längeren Zeitraum behandelt werden.

Übung

Auf der Alpha-Ebene arbeiten

- Begrüßen Sie dieses Organ mit einem freundlichen Lächeln. Nehmen Sie wahr, wie es aussieht, wie es auf Sie wirkt. Lassen Sie sich Zeit, alle Details wahrzunehmen. Formulieren Sie, was Sie sich wünschen, wohin Sie die Heilenergie lenken wollen. Nehmen Sie jetzt auch Kontakt mit dem entsprechenden Chakra auf, dazu bietet sich die dazugehörige Farbe an (siehe Seite 37ff.). Stellen Sie sich vor, dass es sich öffnet wie eine Blüte am Morgen und seine Energie in das entsprechende Organ oder Körperteil fließen lässt.
- Wenn es um eine allgemeine Energetisierung des Körpers geht, gehen Sie langsam Ihre Chakras durch und stellen Sie sich vor, jedes Chakra leuchtet in seiner spezifischen Farbe und arbeitet optimal mit den Körperzellen zusammen.
- Begrüßen Sie Ihren Körper bzw. Ihr Körperorgan, das Ihnen Sorge bereitet und versuchen Sie zunächst herauszufinden, ob es sich bei dem erkrankten Organ um eine Über- oder eine Unterfunktion handelt. (Auch wenn zum Beispiel die Diagnose »Entzündung« bereits feststeht, sollten Sie auf alle Fälle noch einmal nachfragen).
- Richten Sie dann die Bitte an das Organ oder an den Körperteil, Ihnen eine Botschaft zu geben, was es im Moment braucht. Formulieren Sie Ihr Anliegen so präzise wir möglich.

Jeder negative Gedanke voller Zweifel und Angst setzt Energie in Ihrem Körper in Bewegung. Unruhigen Schlaf, ein Übermaß an ausgeschütteten Stresshormonen, Veränderung des Blutdrucks und der Herzaktivität, all das muss Ihr Organismus verkraften. Eigentlich bräuchte er gerade jetzt Ruhe und Muße, um sich auf die Herausforderung, die auf ihn zukommt, vorzubereiten. Gerade jetzt wären gesunde Ernährung, wohltuende menschliche Kontakte, ausreichender Schlaf vonnöten.

! Die Operation begleiten

- Mit den Organen sprechen und sie auf den Eingriff vorbereiten.
- Sich mit der eigenen Angst ehrlich auseinander setzen und das Vertrauen stärken.
- Durch eine ausführliche Entspannung (Seite 96) am Vorabend und am Morgen des Operationstages auf die Operation vorbereiten.
- Nach dem Aufwachen aus der Narkose den Körper mental reinigen, von allen belastenden Stoffen befreien und mit der Lenkung der Selbstheilungskräfte beginnen.
- Mehrere Wochen Heilung durch Selbstprogrammierung unterstützen.

Zur Vorbereitung auf eine Operation sollten Sie möglichst oft mit Ihrem Körper sprechen, Ihren Zellen erklären, was auf sie zukommt. Wir unterschätzen die Intelligenz unserer Zellen. Sie sind ansprechbarer, als wir glauben. In meiner Praxis habe ich viele außerordentlich positive Erfahrungen gemacht, wie gut Operationen verlaufen, wenn man sich in dieser Weise darauf vorbereitet. Sogar dem Operateur sollte man schon Tage vorher gute Gedanken schicken, damit zwischen der Person, die Sie operiert, und Ihnen Harmonie und Einklang herrschen. Vergessen Sie vor allem nicht, sich schon vorher bei ihm im Geist zu bedanken für das, was er für Sie tut. Nach der Operation können Sie das vielleicht ja persönlich tun.

Experimentieren Sie mit den beschriebenen Heilmethoden und Heilprogrammierungen und finden Sie heraus, welche Ihnen am meisten gut tut. Sie können die Stelle, an der der Eingriff vorgenommen wird, auch schon Wochen vorher behandeln, die Hände auflegen oder Licht und Energie dorthin schicken. Finden Sie Musik, die Sie entspannt, und stellen Sie sich vor, wie dadurch in Ihrem Körper Harmonie entsteht. Nach meiner Erfahrung hat sich Musik von Mozart, Bach und auch Haydn besonders bewährt. Sie können natürlich auch Ihre persönliche Lieblingsmusik dafür auswählen.

In ähnlicher Weise behandeln Sie Ihren Körper nach einer Operation. Jetzt ist heilende Energie besonders nötig. Auch in dieser Phase empfehle ich Ihnen, so oft wie möglich »heilende« Musik zu hören. Sie leistet wertvolle Dienste für die Anregung des Immunsystems und die Regeneration ihrer Zellen. Ruhe und Stille sind jetzt für Ihren Körper besonders wichtig, damit die innere Ordnung, die durch jeden noch so kleinen Eingriff gestört wurde, wiederhergestellt werden kann.

Wie Sie Kindern helfen

Kinder von drei bis sechs Jahren befinden sich sehr oft auf einer tieferen Bewusstseinsebene. Sie leben noch mehr in der Welt der rechten Gehirnhälfte, der spielerischen, kreativen, intuitiven Seite. Die Figuren aus den Märchen können zum Leben erweckt und beseelt werden, sogar das Holzauto oder die Tigerente. Auch noch in den ersten Schuljahren führen Bär und Puppe für die Kinder ein Eigenleben. Sie können Fragen beantworten oder Ratschläge geben. Ich erinnere mich, dass ich in meinen Kinderjahren in enger Verbindung mit Zwergen und Elfen stand und Weihnachten selbstverständlich die Engel sehen konnte.

Bei jedem noch so kleinen Problem produziert der Körper Abwehrzellen wie am laufenden Band und stellt seine Verteidigungsarmee auf.

Die Phantasie der Kinder nutzen

Der amerikanische Arzt Dr. Bernie Siegel, der im Laufe seiner Berufsjahre tausende von Kindern mit meist schweren Erkrankungen behandelte, wusste diese Fähigkeit der Kinder zu nutzen. Er lehrte sie, ihr Immunsystem bei der Heilung auf jede erdenkliche Weise zu unterstützen. Zunächst unter seiner und dann unter Anleitung ihrer Eltern entwickelten die Kinder Abwehrszenarien, bei denen ihrer Phantasie keine Grenzen gesetzt wurden. Die einen wussten aus den Kinderbüchern, wie mittelalterliche Burgen verteidigt wurden, und entwickelten daraus ihre eigenen Abwehrstrategien. Andere stellten sich ein Heer von hilfreichen Zwergen vor, die Tag und Nacht schuften, um den Körper nach kleinsten Erregern abzusuchen, die sie dann mit ihren kleinen Schaufeln und Schubkarren abtransportierten. Ein kleines Mädchen wurde von einer Fee bewacht, deren Zauberstab die magische Fähigkeit hatte, alles außer Kraft zu setzen, was ihm schaden könnte. Helfer und Beschützer sind für Kinder besonders wichtig, wenn sie erkrankt sind. Der geliebte Bär kann im Krankenhaus lebenswichtig werden, er kann in Momenten größter Einsamkeit das Gefühl von Nähe und Wärme geben und damit das Immunsystem stabilisieren. Helfen Sie Ihrem Kind dabei, innere Beschützer zu entwickeln, die Tag und

Die Fresszellen (Phagozyten) stürzen sich mit Begeisterung auf die eingedrungenen Erreger.

Nacht wachsam sind. Eine solche Aufgabe kann auch ein Krafttier übernehmen, das mit besonderen magischen Kräften ausgestattet ist und jederzeit gerufen werden kann. Machen Sie gemeinsam mit Ihrem Kind die »Reise zum inneren Krafttier«, wie sie im Abschnitt »Heilen mit inneren Bildern« (siehe Seite 43 ff.) beschrieben ist. Ermuntern Sie das Kind, dem Tier einen Namen zu geben, es wenn möglich zu berühren, zu streicheln und mit ihm zu sprechen.

Gefräßige Kugeln mit scharfen Zähnen

Beschreiben Sie mit Ihren Worten so einfach wie möglich die Aufgaben des Immunsystems und entwickeln Sie gemeinsam Bilder für die wichtigsten Funktionen. Malen Sie die Fresszellen als kleine gefräßige Kugeln mit scharfen Zähnen, die Abwehrkörper bildenden B-Zellen als Arbeiter mit Hammer und Meißel oder als Bäcker gekleidet, die auf langen Brettern neue Abwehrkörper vorbereiten, die in den Ofen geschoben und gebacken werden. Je plastischer Sie die Figuren ausschmücken, umso mehr sind sie im Bewusstsein der Kinder. Sie sollten vor allem Freude und auch Spaß dabei haben. Malen gehört zu den wichtigen kreativen Tätigkeiten, die unser Immunsystem stärken. In der anthroposophischen Medizin finden Sie wunderbare Anregungen, wie durch Malen und Gestalten die eigenen heilenden Kräfte angeregt werden.

Schlagen Sie Ihrem Kind vor, sich selbst darzustellen, einen Baum, Blumen oder Tiere. In allem kommt ein eigener Anteil zutage, wird aus dem Unbewussten ins Bewusstsein gehoben. Achten Sie darauf, welche Farben sie verwenden, ob sie sich selbst als groß und stark oder klein und hilflos darstellen. Versuchen Sie in diesem Fall liebevoll und unterstützend das Selbstbewusstsein des Kindes aufzubauen.

Singen und Lachen stärken das Selbstbewusstsein

Gemeinsames Singen macht nicht nur Spaß – es stärkt auch das Selbstbewusstsein und kann die Abwehr unterstützen. »Hänschen klein ging allein in die weite Welt hinein, Stock und Hut steh'n ihm gut, ist ganz wohlgemut« – statt dem »aber Mutter weinet sehr...« könnten Sie weiterfahren »und das Hänschen, das ist schlau, es ist stark und weiß genau, ich hab Mut, das tut gut, nun geh ich nach Haus.« Die Texte können durchaus albern sein. Sie wissen ja, Lachen stärkt das Immunsystem und damit unsere Abwehrkräfte.

Sie können die Abwehrkräfte Ihres Kindes aktivieren, indem Sie die Hände auf schmerzende Stellen, im Fall einer schweren Krankheit auf die Thymusdrüse oder auf den Scheitel legen, um die Hypophyse zu aktivieren. Auch alle anderen Heilmethoden wie Heilen mit Licht und Farben, heilende Gedankenprogrammierung oder Heilen mit Gebet können Sie bei Kindern einsetzen. Lesen Sie dazu das Kapitel: »So finden Sie Ihre Heilmethode«, Seite 89ff.

Eine Reise durch den Körper

Bevor Sie Ihre Reise beginnen, einige Hinweise:

Organvisualisierungen
Schauen Sie sich, bevor Sie mit der Visualisierungsübung beginnen, das jeweilige Organ genau an. Versuchen Sie dann, es sich mit geschlossenen Augen vorzustellen, und überprüfen Sie Ihre Vorstellung anhand der Illustration. Suchen Sie jetzt das Organ in Ihrem Körper und nehmen Sie Kontakt mit ihm auf.

Lesen Sie die Anweisung für die Visualisierung genau durch oder sprechen Sie den Text auf ein Tonband. Schließen Sie Ihre Augen und beginnen Sie mit der Übung.

Empfehlungen aus der Naturheilkunde
Die Empfehlungen homöopathischer Mittel ausschließlich nach Symptomen sowie Dosierungs- und Potenzangaben sind schwierig. Länger andauernde oder chronische Erkrankungen müssen grundsätzlich konstitutionell behandelt werden. Die hier empfohlenen Mittel haben sich meist in meiner Praxis als Erste-Hilfe-Mittel bewährt.

! Energiestau oder Energiemangel?

Bevor Sie Ihre Heilenergie einem Organ oder Ihrem ganzen Körper zukommen lassen, überprüfen Sie: Handelt es sich bei der vorliegenden Störung um einen Energiestau, eine Überfunktion, eine Entzündung oder um einen Energiemangel, eine Unterfunktion oder eine Schwäche?
Im Fall der Überfunktion sollten Sie sich auf Energie-abfließen-Lassen, auf Beruhigen, Verteilen und Nehmen konzentrieren, bei einer Unterfunktion auf Anregen, Aufbauen und Geben.

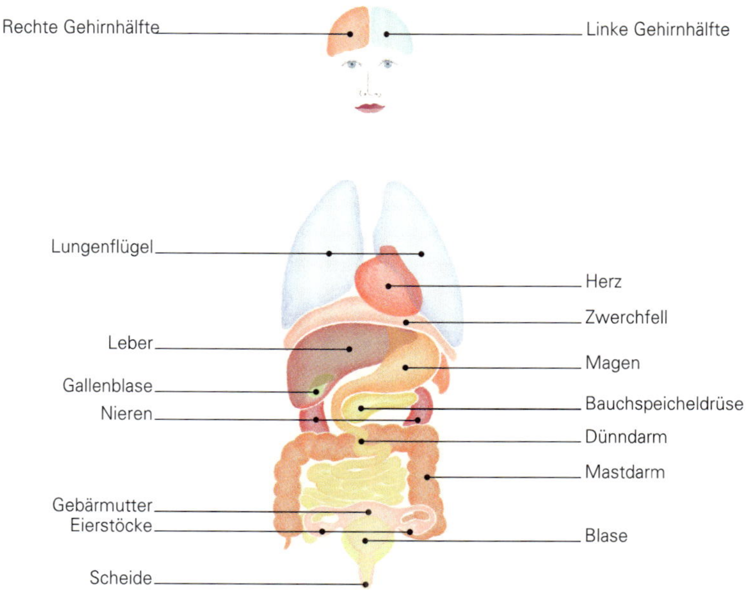

Für die Reise durch den Körper und die Visualisierungen ist es wichtig, die Lage der Organe im Körper zu kennen und sich deren Aufbau und Funktion vorstellen zu können.

Der Einfachheit halber wurde jedes Mittel in D 6 angegeben. In Tablettenform empfiehlt es sich, in der Regel 3 x 1 Tablette, in Tropfenform 3 x 5 bis 10 Tropfen oder als Globuli 3 x 5 Globuli einzunehmen.

Die Schüßler-Salze sind biochemische Salze, die nur in Tablettenform in D 6 oder D 12 erhältlich sind. Von jedem nachfolgend angegebenen Mittel sollten in der D 6, wenn nicht anders angegeben, mindestens 2 x 2 Tabletten täglich genommen werden.

Alle sparygischen Produkte sind von der Firma Soluna und über die Apotheke zu beziehen.

Immun- und Lymphsystem, Drüsen

Aufbau und Funktion

Das Immunsystem ist eines der am stärksten vernetzten Organsysteme des Menschen. Genau aufeinander abgestimmt müssen Gehirn und Drüsen, Haut und Knochenmark, viele Hormone und andere Botenstoffe mit einer riesigen Armee von weißen Blutkörperchen kooperieren, um Feinde zu orten, zu bekämpfen und meistens auch zu vernichten. Voraussetzung dafür ist, diese zu erkennen. Dazu wird der Körper streng bewacht von einem System hoch spezialisierter Zellen. Jede körpereigene Zelle hat eine Art Ausweis, eine bestimmte Struktur auf der Außenmembran der Zelle. So erkennen die Wächter, dass die Zelle zur eigenen Mannschaft gehört. Jede fremde Zelle, die in den Körper eindringt, hat ein fremdes Muster – dann ist Vorsicht und im Zweifelsfall sogar höchste Alarmbereitschaft angesagt. Die Antikörper des Immunsystems – pro Kubikzentimeter Blut haben wir bis zu einer Billion dieser spezialisierten Abwehrtruppe – können etwa zehn Millionen verschiedener Eindringlinge erkennen.

Groß angelegte Verteidigungsaktion

Ist ein Feind erkannt, heften sich Antikörper an ihn. Das ist ein Signal für den ersten Stoßtrupp der Abwehr, die Fresszellen, ihn zu vernichten. Fresszellen oder Phagozyten werden im Knochenmark gebildet und machen rund zwei Drittel der weißen Blutkörperchen aus. Man unterscheidet zwei Typen: die kleinen beweglichen Granulozyten, die neben Eindringlingen auch totes Zellmaterial beseitigen, und die etwas größeren Makrophagen. Diese Zellen verschlingen mit Hilfe von Enzymen die Erreger.

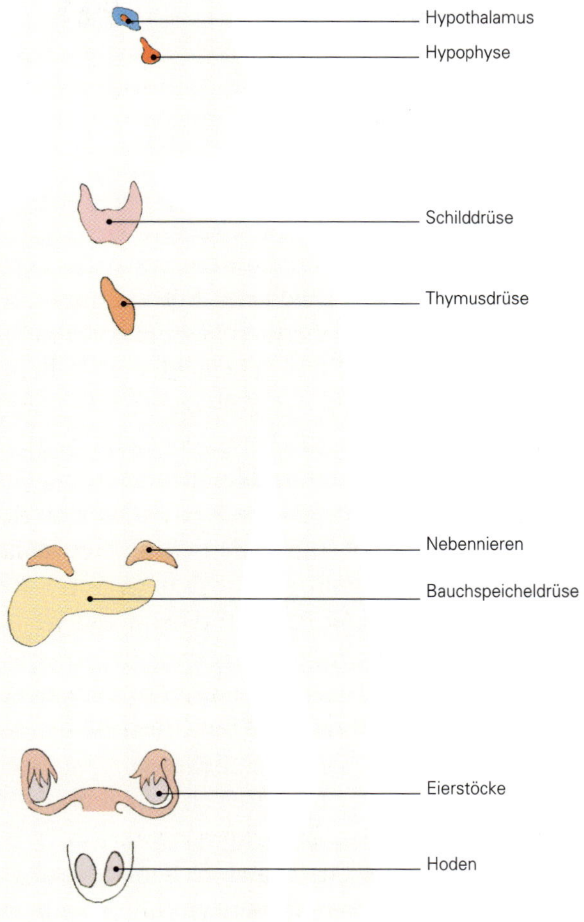

Das ganze Immunsystem ist ausgerichtet auf die Abwehr von allem Kranken und Fremden. Es ist eines der am stärksten vernetzten Organsysteme des Menschen.

»

Das größte Hindernis in unserem Leben ist die Angst. Angst lähmt die organischen Funktionen. Vertrauen schenkt uns Kraft. Wer die Angst vertreibt, hat schon den größten Teil seines Krankheitsleidens beseitigt.

Coué

Die T-Lymphozyten sind die ersten am Ort des Geschehens. Sie vermehren sich pro Stunde etwa 120 000-mal und können so zu einem riesigen Heer anwachsen. Außerdem differenzieren sie sich zu verschiedenen Zelltypen mit unterschiedlichen Aufgaben: T-Killerzellen erkennen und zerstören Tumorzellen sowie von Viren befallene Körperzellen. T-Helferzellen unterstützen und koordinieren die Verteidigung, indem sie über Botenstoffe andere Zellen aktivieren.

Die B-Lymphozyten bilden die Waffenschmiede des Körpers. Sie produzieren große Mengen von spezifischen Antikörpern, die zu dem Antigen passen, das sie herausgefordert hat. Von einer einzigen solchen Plasmazelle können pro Sekunde bis zu 10 000 Antikörper produziert werden, dennoch kann ein einfacher Abwehrkampf bei einer Grippeerkrankung Tage in Anspruch nehmen.

Sind die Erreger unschädlich gemacht, wird das Abwehrgeschehen beendet, die Unterdrücker- oder Supressorzellen werden aktiv. Das Ende einer Verteidigungsaktion heißt natürlich nicht, dass das Immunsystem sich zur Ruhe begeben kann. Ständig auf der Hut, wacht es über unsere Gesundheit und den störungsfreien Ablauf der inneren Prozesse.

Die Drüsen

Als endokrines System bezeichnet man alle Hormondrüsen und ihr Zusammenwirken. Nachfolgend finden Sie die Beschreibungen der einzelnen Drüsen und ihre enge Verbindung zum Immunsystem.

Der Hypothalamus

Diese kleine wichtige etwa kirschkerngroße Hirnregion im unteren Teil des Zwischenhirns ist die Schaltzentrale für das Hormonsystem des Körpers. Der Hypothalamus schüttet so genannte Releasinghormone – Freisetzungshormone – aus, die wiederum die Hypophyse zur Tätigkeit anregen. Der Hypothalamus ist Teil des limbischen Systems, das für die Verarbeitung von Gefühlen zuständig ist. Durch diese enge Beziehung zwischen limbischem System und Hypothalamus ist zum Beispiel erklärbar, warum die Ausschüttung von Sexualhormonen mit Lustgefühlen verbunden ist.

Der Hypothalamus sorgt für die Aufrechterhaltung des inneren Millieus. Hier wird die Körpertemperatur geregelt und dafür gesorgt, dass die Blutwärme, die in Richtung Körperoberfläche abnimmt, aufrechterhalten bleibt. So werden die Gefäße verengt, um die Wärmeabgabe zu drosseln. Das Auslösen von Fieber, mit dessen Hilfe wärmeempfindliche Bakterien abgetötet werden, gehört ebenfalls zu seiner Aufgabe.

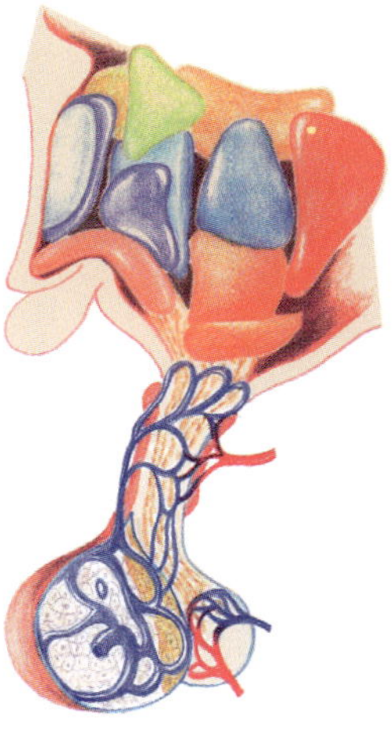

Der Hypothalamus (oben) ist Teil des limbischen Systems und gibt Anweisungen an die Hypophyse (unten), Hormone zu bilden, die alle anderen Hormondrüsen in ihrer Tätigkeit anregen oder reduzieren.

Die Hypophyse

In der kaum erbsengroßen Drüse an der Unterseite des Großhirns werden nach Anweisung des Hypothalamus Hormone gebildet, die alle anderen Hormondrüsen in ihrer Tätigkeit anregen oder bremsen. Nach einem genauen Fahrplan überwacht die Hypophyse auch die Lebensphasen. Im richtigen Moment gibt sie Anweisungen an die untergeordneten Drüsen, um das Wachstum zu steuern, die Pubertät, eine Schwangerschaft oder die Wechseljahre auszulösen.

Die Schilddrüse

Die Schilddrüse, ungefähr 25 bis 30 Gramm schwer, sitzt schmetterlingsförmig mit zwei Lappen auf der Luft- und Speiseröhre sowie seitlich rechts und links auf dem Kehlkopf. Sie ist die größte reine Hormondrüse des Körpers und dient als Jodspeicher. Sie bildet die Hormone T1 bis T4, wobei T3 und T4 in den Energiestoffwechsel, in den Auf- und Abbau von Eiweiß, Fett und Kohlenhydraten sowie in den gesamten Hormonkreislauf regulierend eingreifen. Die Ausschüttung der Schilddrüsenhormone wird in Zusammenarbeit zwischen Hypophyse, Hypothalamus und Schilddrüse gesteuert.

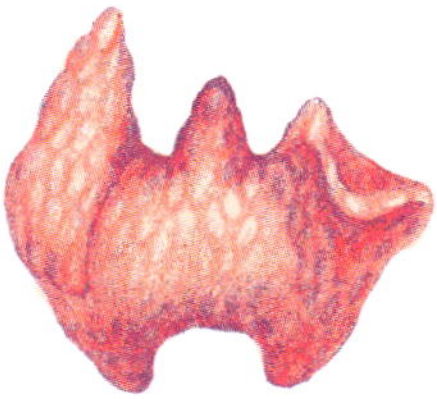

Die größte reine Hormondrüse des Körpers ist die Schilddrüse. Sie bildet zwei jodhaltige Hormone, die den gesamten Stoffwechsel beeinflussen und steuern.

Die Thymusdrüse

Dieses Organ, das der Medizin auch heute noch Rätsel aufgibt, liegt hinter dem Brustbein. Beim Neugeborenen wiegt sie etwa 12 Gramm. Bis zur Pubertät wächst sie und entwickelt eine rege Tätigkeit. Sie produziert zum Beispiel Lymphozy-

Die Thymusdrüse bildet die für die Abwehrfunktion wichtigen Lymphozyten.

ten, die eine wichtige Abwehrfunktion haben. Ab dem 14. Lebensjahr beginnt sie unter dem Einfluss der Geschlechtshormone zu schrumpfen. Nach dem 45. Lebensjahr nimmt ihre Funktionsfähigkeit rasch ab, der Mensch wird anfälliger für Infektionen und Autoimmunerkrankungen.

Die Nebennieren

In der Rinde der Nebennieren wird bei Stimulation durch ein spezielles Hypophysenhormon Cortisol ins Blut abgegeben, das eine Reihe von Funktionen hat: Es mobilisiert Energiereserven, indem es den Blutzuckerspiegel erhöht, Eiweiß abbaut und Fettsäuren aus dem Fettgewebe freisetzt. Entzündungen, aber auch die Immunabwehr werden gehemmt, gleichzeitig wird das sympathische Nervensystem aktiviert.

Dessen Impulse führen wiederum zu einer verstärkten Freisetzung der Stresshormone Adrenalin und Noradrenalin aus dem Nebennierenmark, die im ganzen Körper verteilt werden und zu den typischen Stressreaktionen führen.

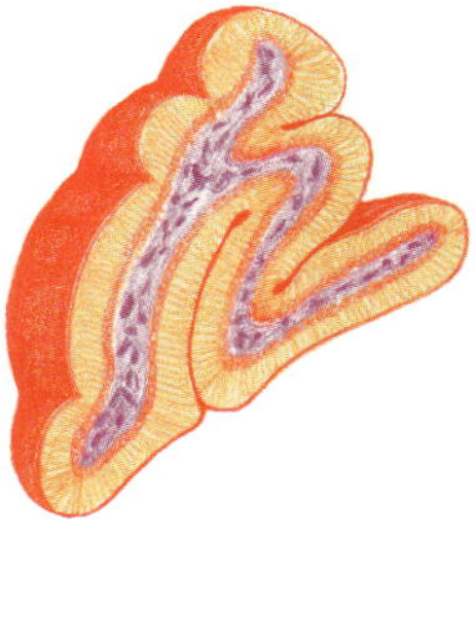

Die Nebennieren sind von den Nieren völlig unabhängig arbeitende Hormondrüsen. Außer den Androgenen dienen alle Hormone der Nebennieren dem Schutz des Körpers in Alarmsituationen.

Die Bauchspeicheldrüse

Die Bauchspeicheldrüse wird in ihrer Funktion für die Verdauung im Kapitel »Die Verdauungsorgane« auf Seite 190 ff. beschrieben. Neben der Bildung von Verdauungsenzymen hat sie die Aufgabe, zwei wichtige Hormone – Insulin und Glukagon – direkt in die Blutbahn abzugeben.

Insulin wirkt wie ein Schlüssel, mit dessen Hilfe der lebensnotwendige Zucker in die Zelle gelangt. Hört die Bauchspeicheldrüse von einem Moment zum anderen auf, Insulin zu produzieren, wie es beim so genannten juvenilen Diabetes mellitus geschieht, muss dieses Hormon künstlich zugeführt werden.

Die Keimdrüsen – Eierstöcke und Hoden

In speziellen Zellen der Keimdrüsen werden unter der Regie des Hypothalamus die Geschlechtshormone gebildet. Diese sind für die Ausbildung der geschlechtsspezifischen Merkmale, für das Wachstum der Geschlechtsorgane und für die Ei- und Samenreifung verantwortlich. Im weiblichen Organismus regeln sie den Monatszyklus, schaffen optimale Bedingungen für Befruchtung, Schwangerschaft und Milchbildung. Aufgrund dieser vielfältigen Aufgaben werden die Keimdrüsen im Kapitel »Die Geschlechtsorgane« auf Seite 220 behandelt.

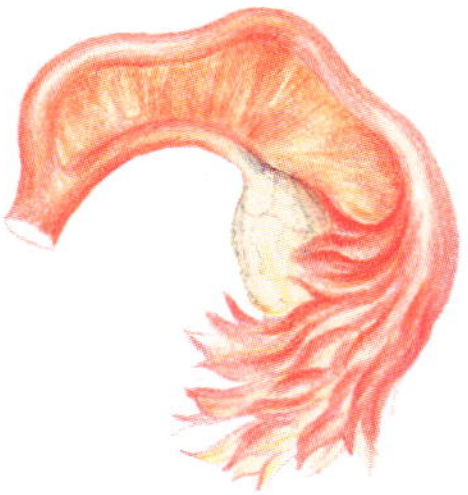

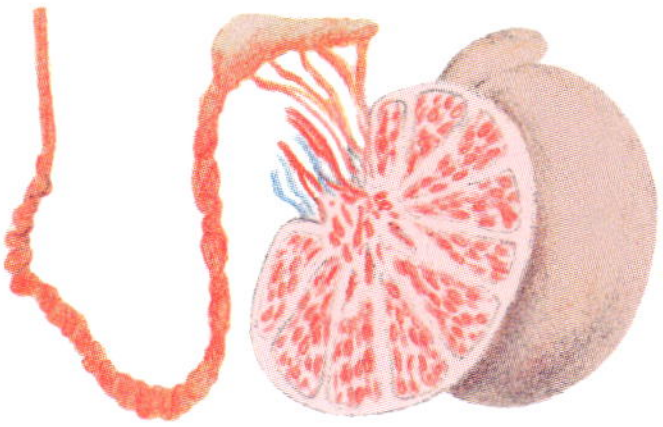

Geschlechtshormone und Ei- bzw. Samenzellen werden von den Keimdrüsen (Eierstöcke links, Hoden rechts) gebildet.

Das lymphatische System

Neben den Arterien und Venen existiert noch ein weiteres Röhrensystem, in dem Gewebsflüssigkeit im Körper zirkuliert. Ihre milchartige Substanz hat sie in erster Linie von dem darin enthaltenen hohen Fettanteil. In einem weit verzweigten Netz nehmen die zum Teil haarfeinen Lymphgefäße die Flüssigkeit auf, um sie in immer größer werdenden Röhren zum Brustmilchgang (an der Hinterseite der Brusthöhle) und schließlich zu einer großen Vene in der Halsgegend zu transportieren.

Die Lymphknoten, die über den ganzen Körper verteilt sind – besonders viele sind im Darm – wirken als Filterstationen. Wir nehmen sie leider meist erst dann wahr, wenn sie dick angeschwollen sind von all den Erregern, Schadstoffen und abgestorbenen Körperzellen, die den Filter verstopft haben.

Das Lymphsystem hat nicht nur für die Reinigung des Körpers eine wichtige Funktion, sondern auch für das Immunsystem. In den Lymphknoten findet ähnlich wie in der Milz, die ebenfalls zu diesem System gehört, die Bildung von Lymphozyten statt.

Häufige Störungen und Erkrankungen

Infektanfälligkeit, Allergien und Autoimmunerkrankungen, Krebsleiden, Viruserkrankungen (HIV-, Eppstein-Barr-, Herpes-Virus)

Die Ursache dieser Störungen im Immunsystem sind vielfältig. Unentdeckte Infektionsherde gehören genauso dazu wie zunehmende Umweltverschmutzung, Strahlenbelastung, Bewegungsarmut und falsche Ernährung.

Immer mehr Gifte und Schadstoffe werden in Nahrung,

! Allergien immer häufiger

Reagiert der Körper besonders empfindlich auf bestimmte Stoffe, spricht man von einer Allergie. Immer häufiger werde Hausstaub-, Tierhaar- und Pollenallergien vor allem bei Kindern festgestellt. Ebenfalls ansteigend sind die so genannten Autoimmunerkrankungen, bei denen sich das Immunsystem gegen eigene Körperzellen richtet.

Luft und Wasser abgelagert und geraten damit in den biologischen Kreislauf des menschlichen Körpers. Wie bereits beschrieben, wird unser Immunsystem aber auch durch ungesunden Stress, psychosoziale Belastungen, Konflikte und Ängste, Verlusterlebnisse und Aggressionshemmung gestört. Bei einem tiefgreifend gestörten Immunsystem ist immer eine ganzheitliche Therapie notwendig. Hinweise auf eine spezielle Immuntherapie, die sich eines speziellen Messverfahrens bedient, mit dessen Hilfe frühzeitig Immundefizite aufgedeckt werden können, finden Sie im Anhang dieses Buches.

Empfehlungen aus der Naturheilkunde zur Stärkung des Immunsystems

Pflanzenheilkunde: Schwarzkümmelöl-Kapseln »Immerfit« 2 bis 3 x 2 täglich bei allen allergischen Erkrankungen wie Heuschnupfen, Neurodermitis oder allergischem Asthma.

Echinacin-Tropfen als Vorbeugung zur Vermehrung der Phagozyten (Fresszellen) 1 x täglich 15 Tropfen über einen längeren Zeitraum.

Abgekochtes Ingwer-Wasser trinken, Royal-Gelee-Ampullen täglich 1 x trinken, Ginseng-Saft oder -Kapseln, ausreichende Versorgung mit Mineralien und Vitaminen sicherstellen.

Spagyrik: Azinat 2 x 15 Tropfen täglich, Lymphatik N 2 x 10 Tropfen täglich.

Was Sie auf der seelischen Ebene beachten sollten

Ein so komplexes System wie das Immunsystem, das in vielfältiger Weise mit Organen und Drüsen verbunden ist, kann nicht einfach auf eine Botschaft reduziert werden. Dennoch scheinen Begriffe wie Harmonie und Ordnung eine große Bedeutung zu haben. In der Psychoneuroimmunologie geht man davon aus, dass für ein gut funktionierendes Immunsystem eine geistig-seelische Ordnung notwendig ist. Es gibt viele Untersuchungen, die zeigen, dass Menschen, die tief gläubig sind, eine sinnvolle Lebensaufgabe haben oder in einer tragfähigen und ehrlichen Partnerschaft leben, häufig ein stabileres Immunsystem haben oder im Falle einer schweren Krankheit schneller genesen. Betrachtet man sich das Abwehrgeschehen oder die Hormonkaskade, die genau geregelt von oben nach unten in Gang gesetzt wird, kann man davon ausgehen, dass jede Irritation der inneren Klarheit, jedes unentschiedene Vor und Zurück, vor allem wenn es auf einer unbewussten Ebene abläuft, jeder verdrängte Konflikt, das Immunsystem schwächt.

Allergien und vor allem Autoimmunerkrankungen, bei denen sich die eigenen Immunzellen sehr aggressiv gegen harmlose Substanzen wie Tierhaare richten oder gar gegen eigene Körperzellen, können ein schwaches Ich zeigen, das sich mit massivsten Mitteln gegen das Außen zur Wehr setzt.

Fehlende Selbstakzeptanz und Selbstliebe, aber auch mangelnde Konfliktfähigkeit können zu selbstzerstörerischen Tendenzen führen, bei denen eigene Zellen angegriffen werden.

! Verantwortung für Ihre Wächter

Sein Immunsystem zu pflegen heißt in erster Linie, Verantwortung für sich zu übernehmen, für seine Ernährung, seine Lebensgewohnheiten, seine Gefühle und Gedanken, um mit den Herausforderungen des Lebens angemessen umgehen zu können.

Analog zum Abwehrgeschehen können wir davon ausgehen, dass es auch in unserer Seele viele hilfreiche Mechanismen gibt, die uns unterstützen und die innere Ordnung wiederherstellen. Das ist auch Anliegen einer ganzheitlich orientierten Immuntherapie.

Hilfreiche Bach-Blüten
Centaury, Heather, Holly, Olive, Oak, Mustard, Clematis, Heather, Elm, Larch.

Die Bach-Blüte Centaury (Tausendgüldenkraut)

Körper- und Seelenhygiene

Aktivieren Sie Ihre Selbstheilungskräfte zur Stärkung des Immunsystems regelmäßig, möglichst am frühen Morgen oder abends vor dem Zubettgehen. Störungen und Krankheiten zu verhindern ist leichter, als sie zu behandeln.

Konzentrieren Sie sich liebevoll auf Ihr Immunsystem. Stellen Sie sich vor, wie Sie Ihre Abwehrzellen bei ihrem täglichen Kontrollgang durch den ganzen Körper unterstützen. Alle Eindringlinge und alle eigenen entarteten Körperzellen werden dabei unschädlich gemacht. Beschäftigen Sie sich auch mit den Gedanken oder Gefühlen, die Sie an diesem Tag niedergedrückt haben. Betreiben Sie nicht nur Körper-, sondern auch Seelenhygiene, indem Sie solche Gedanken und

Heilende Affirmation

»Ich bin stark und vertraue meiner Abwehrkraft.«

»Ich bin in Einklang mit mir und den anderen.«

»Ich bin mir selbst treu.«

Visualisierung

Setzen oder legen Sie sich entspannt hin und gehen Sie wie auf Seite 96 beschrieben, in einen tiefen Entspannungszustand.

- Konzentrieren Sie sich jetzt auf Ihren Körper, auf das Innere des Kopfes, auf die Steuerungsdrüsen Hypothalamus und Hypophyse.
- Stellen Sie sich vor, wie diese beiden kirsch- bzw. erbsengroßen Organe arbeiten – ähnlich wie die Mikrochips eines Computers –, sehr präzise und verlässlich.
- Begleiten Sie eine Fresszelle auf dem Weg in die Außenbezirke des Körpers und erleben Sie, wie aufmerksam, wie exakt diese Zelle auf alles achtet, was Ihren Körper beeinflusst und schaden könnte. Beobachten Sie, wie eine andere Zelle Abwehrkörper nach einem genauen Bauplan herstellt, oder beobachten Sie anteilnehmend, wie eine Fresszelle sich selbst opfert, um einen Eindringling unschädlich zu machen, weil sie nicht allein für ihr Wohl, sondern für das Wohl des ganzen Organismus sorgt.
- Finden Sie eigene Bilder, um Ihr Immunsystem zu stärken, oder lassen Sie sich Informationen geben, was es benötigt, um gut funktionieren zu können. Schließen Sie jede Übung mit einem Dank an Ihre Körperzellen ab, bevor Sie sich verabschieden und langsam aus der tiefen Entspannung herauskommen.

Gefühle loslassen, abwaschen oder ausspülen. Konzentrieren Sie sich auf das, was Sie in Ihrem Inneren sind: auf Liebe und Licht, auf Ihren unverletzlichen inneren Kern, auf Ihr Inneres Selbst. Beauftragen Sie das Innere Selbst, »Releasinghormone«, wie sie im Körper produziert werden, um die Abwehr zu stimulieren, auch im seelischen Bereich freizusetzen. Bitten Sie Ihre Schutzengel um Hilfe und hüllen Sie sich mindestens einmal täglich in das Licht der violetten Flamme, die Unvollkommenes in Vollkommenheit wandelt. Sprechen Sie heilende Affirmationen oder entwickeln Sie selbst Gedanken, mit denen Sie das Immunsystem stärken.

Betrachten Sie, bevor Sie die Visualisierungsübung auf Seite 121 beginnen, die Darstellungen der Drüsen und auch der Immunzellen genau, um sie sich einprägen zu können.

Wenn Sie unter einer Allergie leiden wie zum Beispiel unter Heuschnupfen, sollten Sie mit dieser Visualisierung vor allem beruhigend auf Ihr Immunsystem einwirken (siehe Abschnitt »Allergische Hauterkrankungen, Neurodermitits oder Kontaktallergien«, Seite 129 ff.). Das Immunsystem bedarf einer ordnenden Kraft, um wieder ins Lot zu kommen. Aggressive Impulse – auch auf der Seelenebene – müssen als solche wahrgenommen und angenommen, aber auch gebremst werden. Stärken Sie Ihr Gefühl von Unverletzbarkeit.

Vertrauen aufbauen

Bei schweren Erkrankungen wie zum Beispiel Krebs, Multipler Sklerose oder Aids empfehle ich Ihnen, über einen längeren Zeitraum zweimal täglich Ihre Selbstheilungskräfte zu aktivieren und sich dafür mindestens eine halbe Stunde Zeit zu nehmen.

Gerade bei schweren lebensbedrohlichen Erkrankungen kommt zum Schmerz die Angst, die das Immunsystem zusätzlich schwächt. Wie beschrieben, ist das limbische System, unsere Gefühlszentrale, eng mit dem Immunsystem verbunden. Meldet das limbische System das Gefühl »Angst«, so werden die entsprechenden Stresshormone ausgeschüttet, die eine Reihe von Aktivitäten im Körper nach sich ziehen, die den Heilungsprozess behindern. Stärken Sie Ihre Selbstheilungskräfte, indem Sie Vertrauen aufbauen – in Ihre eigene Heilkraft und in die Unterstützung, die Sie von der kosmischen Heilenergie oder der Christuskraft, die in Ihnen wirkt, bekommen. Geben Sie dieser Heilkraft ein Bild, das wie ein Anker wirkt, wenn die Angst Sie überfällt. Konzentrieren Sie sich auf die violette Flamme der Heilung, die jede Körperzelle durchdringt. Stellen

! Seien Sie ICH

Stärken Sie das Gefühl der eigenen Identität, die Ihnen erlaubt, sich ganz natürlich abzugrenzen. Erlauben Sie sich, Ihre eigenen Impulse zu leben. So verhindern Sie, dass sich Aggression, Wut und Groll aufstauen und sich im falschen Moment entladen.

Regelmäßige Entspannungsübungen oder Sportarten, die einen entspannenden Effekt haben, wie zum Beispiel Joggen, werden Ihnen sehr bei der Bewältigung einer allergischen Problematik helfen.

Sie sich vor, wie die Frequenz des Lichtes die Schwingungsfrequenz Ihrer Zellen verändert. Die Zellen können sich so aus ihrer Erstarrung und aus ihrem fehlgeleiteten Wachstum lösen, sich wieder einordnen und ihre Aufgabe erfüllen. Wenn Sie sich auf die Christuskraft in Ihnen konzentrieren, finden Sie ein Bild oder ein Symbol, das Sie vor Ihrem inneren Auge erscheinen lassen und das Sie sofort mit dieser Energie verbindet.

Formulieren Sie Affirmationen, die Ihren Glauben und Ihr Vertrauen stärken und die Sie täglich mehrmals wiederholen. Umgeben Sie sich – wenn Sie eine Untersuchung oder eine Operation vor sich haben – mit einem Mantel aus Licht, der nur das zu Ihnen durchdringen lässt, was für Ihre Heilung förderlich ist.

Erweitern Sie die beschriebene Visualisierungsübung (Seite 121), indem Sie sich konkret vorstellen, wie die einzelnen Abwehrzellen des Körpers die Krebszellen zerstören oder den entsprechenden Virus überwältigen.

Fragen Sie immer wieder, was Ihr Körper Ihnen mitteilen will. Gibt es etwas, was Sie lernen oder auch lassen sollen? Was stärkt Ihre Widerstandskraft, welche Gedanken, Bilder oder Tätigkeiten? Lassen Sie sich nicht entmutigen, wenn Sie scheinbar keine Antwort erhalten. Vielleicht fällt Ihnen »zufällig« ein Buch in die Hände, vielleicht bekommen Sie einen Tipp, der Ihnen wie eine Antwort aus dem Inneren scheint.

! Auf die innere Stimme hören

Versuchen Sie gerade im Fall einer schweren Erkrankung nicht, alle Therapien auszuprobieren und zu viele Meinungen zu hören. Prüfen Sie die angebotenen Möglichkeiten, fragen Sie Ihre innere Stimme und entscheiden Sie sich, welche Richtung Sie verfolgen wollen. Denken Sie daran, dass zu den immunschwächenden Faktoren die Überinformation und das Chaos im Inneren gehören. Die richtige Wegweisung kommt immer aus unserer Seele. Dazu ist es notwendig, mit ihr Kontakt aufzunehmen und sie zu hören.

Wenn Sie die Visualisierungsübungen regelmäßig durchführen, sich genügend Ruhe und Muße gönnen und der Versuchung widerstehen, die Angst durch Überaktivität zu verdrängen, wird Ihnen die Weisheit Ihres Körpers helfen, Ihren Weg zu finden. Fangen Sie schon bei kleineren Problemen an, auf dieser »inneren Ebene« zu arbeiten, damit Sie Erfahrungen sammeln. Wenn Sie die Verbindung erst einmal hergestellt haben, werden Sie sie nie wieder verlieren.

Die Haut

Aufbau und Funktion

Die Haut ist etwa drei bis vier Kilogramm schwer und mit einer Fläche von etwa zwei Quadratmetern das größte Organ unseres Körpers. Sie ist durchschnittlich sieben bis neun Millimeter dick und besteht aus den drei Schichten:

- Oberhaut (Epidermis)
- Lederhaut (Corium)
- Unterhaut (Subcutis)

Schutz gegen außen

Die Oberhaut ist etwa vier Millimeter dick und besteht wiederum aus drei Schichten. In der unteren und mittleren Schicht findet die Zellteilung statt. Die neuen Zellen werden durch die mittlere Schicht Richtung Hautoberfläche geschoben und dort abgestoßen. In diesem Runderneuerungsprozess werden täglich Millionen neuer Zellen gebildet und abgestoßen. 50 Tage beträgt in der Regel die Lebensdauer von Epidermiszellen. Die oberste, die so genannte Hornhautschicht, ist an verschiedenen Körperstellen besonders dick, so an den Fußsohlen und den Handflächen.

Die gesamte Oberhaut schirmt den Körper gegen physika-

»

Vielleicht ist jeder von uns eine kleine Welt, komplett mit Organismen und Umwelten.
Diese kleine Welt – jedes menschliche Wesen – ist eingebettet in die größere Umwelt des Seins.

Jean Houston

! Sinnesorgan Haut

Dieses größte Sinnesorgan ist einerseits robust und widerstandsfähig, reagiert andererseits aber sehr empfindlich und manchmal auch sehr schnell auf innere oder äußere Reize. Was die Haut »verstimmt«, ist allerdings nicht immer leicht zu erkennen und bedarf deshalb genauer Betrachtung und liebevoller Zuwendung.

lische und chemische Einflüsse ab, verhindert den Verlust von Körperflüssigkeit und unterbindet gleichzeitig, dass unerwünschte Bakterien oder Pilze in den Körper eindringen. Um diesen Schutz zu verstärken, besitzt die Hornhaut einen Säuremantel, der körpereigene Antibiotika enthält. Sie werden in tiefer liegenden Hautschichten produziert und mit Talg und Schweiß auf der Hautoberfläche verteilt (achten Sie deshalb bei Hautpflegemitteln darauf, dass sie einen neutralen pH-Wert haben, der diesen Säuremantel schützt). Somit spielt die Haut eine besonders wichtige Rolle für die Immunabwehr.

Wärmeregulierung, Reizaufnahme

Die mittlere Hautschicht, die Lederhaut, besteht hauptsächlich aus Bindegewebe und wird von Nerven durchzogen. Haarwurzeln und sie umgebende kleine Muskeln liegen in dieser Schicht. Gegen die Oberhaut wölbt sie sich noppenartig nach oben, in den Vertiefungen dieser Noppen befinden sich Blutgefäße, die die Oberhaut ernähren. Diese Papillarschicht ist auch die Grundlage für unseren Tastsinn.

Im unteren Bereich der mittleren Schicht liegen Schweißdrüsen, größere Gefäße und Nerven mit ihren speziellen Rezeptoren für Wärme, Kälte, Druck und Schmerz. Sie stellen die Verbindung des Gehirns mit der Außenwelt her, das heißt, über diese Rezeptoren erhält das Gehirn Informationen und kann entsprechend reagieren. Bekommt es zum Beispiel die

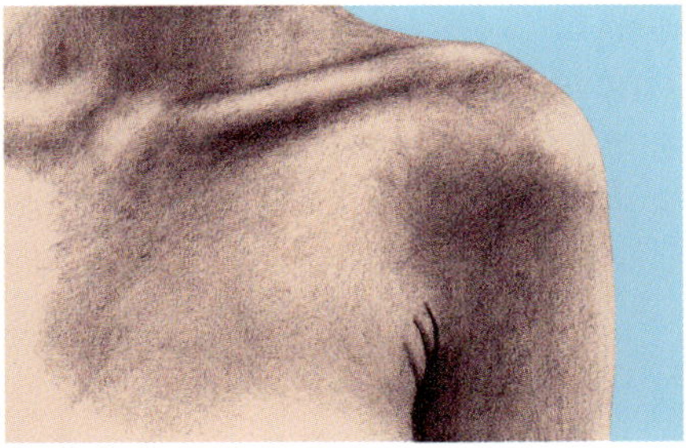

Im unteren Bereich der mittleren Hautschicht liegen die Schweißdrüsen mit ihren Rezeptoren u.a. für Wärme und Kälte.

Information »Kälte«, veranlasst es die Zusammenziehung von Muskeln und Gefäßen, um die Wärme im Inneren des Körpers konstant erhalten zu können.

Notfalls wird aufgrund des Signals »Kälte« vom Gehirn sogar ein Zittern und Schlottern veranlasst, um durch diese Bewegung neue Wärme zu erzeugen. Die Aufgaben der mittleren Hautschicht sind Regelung des Wärmehaushalts, Ausscheidung über die Schweißdrüsen sowie Hautatmung, Reizaufnahme über die Sinneszellen (z.B. bei mechanischem Druck auf die Haut).

Wärmeschutz, Energiespeicher

In der Unterhaut ist Fettgewebe eingebettet, ein zusätzlicher isolierender Wärmeschutz, Stoßdämpfer und Energiereservoir. Eingelagert sind Sensoren für die Tiefensensibilität.

! Die Haut als Spiegel der Seele

Gepflegte und gebräunte Haut wird uns von der Werbung als erstrebenswertes Schönheitsideal präsentiert. So aussehende Menschen wirken dynamisch und erfolgreich. Kein Wunder also, dass Hautprobleme das Selbstbewusstsein untergraben und zu seelischen Problemen führen. Lassen Sie sich aber nicht von der Oberfläche täuschen, sondern schauen Sie tiefer.

Für die Hautfarbe sind neben Dicke, Fettgehalt und Durchblutung der Haut vor allem die Melanozyten zuständig. Diese Zellen befinden sich in den tieferen Schichten der Oberhaut und den oberen Schichten der Lederhaut. Sie produzieren den Farbstoff Melanin.

Organsprache

Für jeden ist nachvollziehbar, was uns dazu bringt, »aus der Haut zu fahren« oder »sich nicht wohl zu fühlen in seiner Haut«. Ein »dickes Fell« verhindert, dass jemandem etwas zu sehr »unter die Haut« geht. Diese Ausdrücke zeigen die enge Verbindung zwischen unserem Gefühlsleben und unserer Haut. Die Haut ist ein Schutzorgan, aber auch Ausdrucksorgan unserer Befindlichkeit, z. B. wenn uns »die Haare zu Berge stehen« oder wir bei der Schilderung einer aufregenden Geschichte »Gänsehaut« bekommen. Betrifft die Geschichte uns selbst, sind wir froh, wenn wir »mit heiler Haut davonkommen«.

Botschaften der Haut

Die Haut zeigt Angst und Schrecken, wird blass oder rot. Ihre spezielle Funktion als Schutzorgan spiegelt sich auch im seelischen Bereich wider. So reagiert die Haut besonders, wenn es sich um Abgrenzungs- oder Nähe-Distanz-Probleme handelt. Besonders häufig reagiert die Haut »allergisch«, wenn der Mensch das Gefühl hat, sich nicht genügend wehren zu können, oder das Gefühl, sich ständig gegen alles und jeden wehren zu müssen.

Heftiger Juckreiz kann darauf hinweisen, dass ein berechtigter feindseliger Antrieb nicht nach außen, sondern infolge der damit verbundenen Schuldgefühle gegen sich selbst gerichtet wird. Sich blutig kratzen kann also bedeuten, dass man eigentlich das Bedürfnis hat, einen anderen heftig zu kratzen.

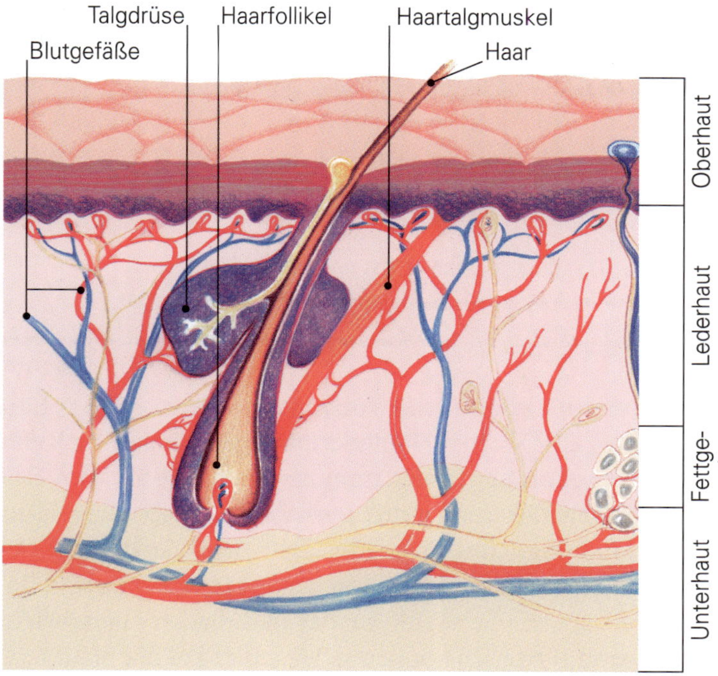

Die Haut – mit etwa zwei Quadratmetern das größte Organ unseres Körpers – schützt nach außen und innen, vermittelt Sinnesreize und reguliert den Wärmehaushalt des Körpers.

Häufige Störungen und Erkrankungen

Allergische Hauterkrankungen wie Neurodermitis oder Kontaktallergien

Die Aufgabe unseres Immunsystems ist, uns gegen fremde, für den Organismus schädliche Stoffe zu schützen. Es kann jedoch geschehen, dass es sich auch gegen völlig harmlose Stoffe wie Katzenhaare oder Blütenpollen und sogar gegen körpereigene Substanzen richtet. Umweltbelastungen wie Industrieabgase, falsche Ernährung, toxische Einflüsse aller Art wie chemische

Heilende Affirmation

»Ich bin ruhig und gelassen.«

»Ich lasse alle Empfindungen zu und
setze mich mit ihnen ehrlich auseinander.«

»Ich nehme mich selbst und den anderen wahr
und respektiere meine und seine Eigenständigkeit.«

Zusatzstoffe in Lebens- und Putzmitteln spielen bei der Entstehung von allergischen Hauterkrankungen eine große Rolle. Eine Dauerbelastung für das Immunsystem, wie sie zum Beispiel bei Pilzbefall des Darms vorliegt, kann ebenfalls allergische Hauterkrankungen begünstigen. Die Zerstörung des Säureschutzmantels der Haut durch aggressive Seifen und Badezusätze trägt zur Schwächung der natürlichen Hautabwehr bei. Pilze und Bakterien können sich leichter auf der Haut festsetzen und ebenfalls zu allergischen Reaktionen führen.

Immer häufiger sind auch Nahrungsunverträglichkeiten (Milch, Weizen, Nüsse usw.) die Ursachen. In diesem Fall muss über einen längeren Zeitraum auf dieses Lebensmittel verzichtet und die Immunabwehr parallel dazu gestärkt werden.

Empfehlungen aus der Naturheilkunde

Homöopathie: bei juckenden roten Flecken und brennendem Jucken Urtica uriens, viertelstündlich drei Globuli. Allergien müssen immer konstitutionell behandelt werden. Darmentgiftung und -sanierung ist empfehlenswert.
Pflanzenheilkunde: Schwarzkümmelöl Kapseln, Aloe-Vera-Gel äußerlich, Immerfit 2 x 2 Kapseln.
Schüßler-Salze: Silicea, Natrium phosphoricum.
Spagyrik: Dyskrasin N 2 x 5 Tropfen, Cerebretik 2 x 7 Tropfen, Lymphatik N 2 x 7 Tropfen.

Was Sie auf der seelischen Ebene beachten sollten

Finden Sie heraus, welche Lebenssituationen für Sie mit Angst, Abwehr oder sehr starker Verunsicherung Ihres Selbstwertgefühls verbunden sind. Da es viele seelische Hintergründe für die Allergie gibt, sollten Sie gegebenenfalls professionelle psychologische Hilfe suchen.

Visualisierung

- Entspannen Sie sich tief, und begeben Sie sich auf eine tiefere Bewusstseinsebene, wie in Kapitel »Praktisches Vorgehen«, Seite 95, beschrieben.
- Stellen Sie sich vor, Sie umgeben Ihre Haut mit einer schützenden Hülle aus Licht, oder streicheln Sie Ihre Haut sanft mit liebevollen Gedanken und Gefühlen. Bedanken Sie sich bei Ihrer Haut für die vielen Aufgaben, die sie seit vielen Jahren verlässlich erfüllt.
- Versuchen Sie jetzt, Ihrer Haut eine Stimme zu geben und sie zu fragen, was sie sich von Ihnen wünscht. Vielleicht möchte sie entlastet werden. Sie können zum Beispiel dafür sorgen, Konflikte verbal auszutragen, sich mit Schuldgefühlen auseinander zu setzen oder einfach einem anderen Menschen sagen, was in Ihrer Seele vor sich geht. Finden Sie Bilder dafür, wie Sie Ihre Haut entlasten und ihr Wohlergehen verbessern können.
- Wenden Sie die Heilmethoden an, zu denen Sie den besten Zugang haben: Legen Sie die Hände auf schmerzende Stellen, senden Sie Licht und Farben oder bitten Sie um Beistand aus der geistigen Welt.

Sie können mehrere Methoden miteinander verbinden, indem Sie sich vorstellen, wie Sie die heftig gerötete Haut mit mildem blauen Licht bestrahlen, positive Gedanken senden und gleichzeitig Ihre Engel um Hilfe und Unterstützung bitten.

- Bedanken Sie sich, bevor Sie langsam von 1 bis 10 wieder »nach oben« gehen. Zählen Sie von 1 bis 3, öffnen Sie die Augen, strecken und dehnen Sie sich.

Hilfreiche Bach-Blüten

Crab Apple, Heather, Centaury, Water violet, Larch.

Die Bach-Blüte Water violet (Sumpfwasserfeder)

Acne vulgaris

Diese zwar häufig harmlose, aber doch sehr belastende Hautproblematik tritt meistens während der Pubertät oder auch später noch einmal während der Wechseljahre auf. Die Ursache ist vor allem die vermehrte Bildung von Androgenen, also von männlichen Sexualhormonen, die die Drüsen der Oberhaut anregen, vermehrt Talg zu bilden. Dazu kommen als weitere mögliche Ursachen falsche Ernährung und eine damit verbundene Störung der Darmflora, zu fettes Essen oder eine mangelhafte Gallebildung und somit eine schlechte Fettverdauung. Ein zu hoher Süßigkeitenkonsum kann ebenfalls Auslöser von Akne sein.

Durch den überschüssigen Talg verstopfen die Poren, ein Mitesser entsteht. Entzündet er sich, wird daraus ein eitriger Pickel und später eine unschöne Narbe.

Heilende Affirmation

»Ich habe Vertrauen in meinen Körper und in mich.«

»Ich kann mich anderen Menschen zeigen,
auch wenn ich nicht perfekt bin.«

»Ich bin mehr als mein Körper – ich bin Körper, Seele und Geist.«

Visualisierung

- Bereiten Sie sich wie auf Seite 131 beschrieben auf diese Visualisierung vor. An Ihrem idealen Entspannungsplatz angekommen, finden Sie dort eine Quelle, die heilendes Wasser enthält. Waschen Sie Ihr Gesicht und Ihren ganzen Körper mit diesem Wasser, baden Sie darin und trinken Sie es langsam Schluck für Schluck.
- Nehmen Sie sich Zeit, mit Ihrer Haut Kontakt aufzunehmen, bedanken Sie sich bei Ihrer Haut und schicken Sie ihr Liebe. Geben Sie Ihrer Haut eine Stimme, damit sie nicht nur durch das Symptom, sondern direkt zu Ihnen sprechen kann. Möchte Ihre Haut mehr Nähe, mehr Berührung und Kontakt, den Sie sich selbst nicht eingestehen? Braucht sie mehr Licht und gute Nahrung? Lassen Sie alles zu, was in Ihrem Bewusstsein jetzt auftaucht, vielleicht sind es innere Bilder, vielleicht Symbole oder Farben.
- Stellen Sie sich, wenn Ihre Haut sehr entzündet ist, ein kühles blaues oder grünes Licht vor, legen Sie Ihre Hände auf die entzündeten Stellen oder stellen Sie sich so genau wie möglich vor, wie Sie sich Ihre Haut wünschen. Visualisieren Sie die zarte Haut eines Pfirsichs oder eines Apfels, stellen Sie sich die reine Haut eines Babys vor und formulieren Sie Gedanken wie: »Ich freue mich über jede Verbesserung meiner Haut, ich habe Geduld und vertraue darauf, dass meine Haut immer mehr meinem inneren Bild gleichen wird.«
- Bedanken und verabschieden Sie sich und kommen Sie langsam aus der tiefen Entspannung heraus, indem Sie von 1 bis 10 zählen, dann von 1 bis 3 und sich strecken und dehnen.

Empfehlungen aus der Naturheilkunde

Homöopathie: Juglans regia, Kalium bromatum, Hepar sulf., Sulfur (Vorsicht, Erstverschlimmerung).

Darmentgiftung und Darmsanierung empfehlenswert, Nahrungsumstellung auf möglichst vegetarische Kost, evtl. Allergien ausschließen.

Ausreichende Versorgung mit Vitamin A (täglich frischen Karottensaft), Zink und Selen, Haut mit verdünntem Teebaumöl abtupfen.

Schüßler-Salze: Ferrum phosphoricum, Natrium phosphoricum.

Spagyrik: Dyskrasin 2 x 5 Tropfen (Erstverschlimmerung möglich), Lymphatik 2 x 7 Tropfen.

Was Sie auf der seelischen Ebene beachten sollten

Da sich die Akne meist im Gesicht oder auf der Brust und am oberen Rücken zeigt, wird sie von anderen sofort wahrgenommen. Der Jugendliche, der sich gerade auf die Welt, auf andere Menschen zubewegen will, fühlt sich durch seine unreine Haut im gleichen Maße auch wieder gehemmt. Psychischer Stress begünstigt die Bildung von Pickeln, und so entsteht ein unheilvoller Kreislauf, der zu einem verstärkten Rückzug in sich selbst und zum intensiven Beschäftigen mit der eigenen Haut (jeder kleinste neue Pickel wird meist argwöhnisch beobachtet) führt.

Es kann deshalb sehr hilfreich sein, sich konstruktiv mit diesem Problem auseinander zu setzen: neue Ernährungsweisen ausprobieren, mit anderen über die eigene Hemmung sprechen und sein Selbstwertgefühl stärken.

Hilfreiche Bach-Blüten

Crab Apple, Olive (beide Blüten aus der Vorratsflasche auch ins Waschwasser geben), Water violet, Cherry Plum.

Auch die Einnahmen der Bach-Blüten können Sie mit Ihrer Vorstellungskraft unterstützen. So senden Sie zum Beispiel mit der Blüte Crab Apple reinigende und klärende Bilder, mit der Blüte Olive visualisieren Sie einen schützenden Mantel um Ihren ganzen Körper.

Die Bach-Blüten Crab Apple (Holzapfel, links) und Water violet (Sumpfwasserfeder, rechts)

Skelett- und Muskelsystem, Gelenke

Aufbau und Funktion

Unser Knochengerüst wird aus über 200 Knochen gebildet und beträgt ein Siebentel des Körpergewichts. Die Knochen sind porös und so intelligent konstruiert, dass sie selbst zwar nicht schwer, aber trotzdem extrem belastbar sind. Sie halten ein Mehrfaches ihres eigenen Gewichts aus. Der Hauptanteil der organischen Grundmasse sind spezielle Eiweißstoffe in Form gebündelter Collagenfasern. 60 Prozent der Knochensubstanz besteht aus Calcium- und Phosphatverbindungen.

Genial konstruiert

Das Knochengewebe gehört zu den härtesten und widerstandsfähigsten Geweben unseres Körpers und ist extrem belastbar. Es kann nachwachsen und passt sich in seinem Wachstum den Belastungen an, die auf das Knochengerüst einwirken. Bei verstärkter körperlicher Aktivität legt der Knochen zum Beispiel an Masse zu, bei Bewegungsmangel baut er ab. Knochenbrüche können ohne Narbenbildung wieder zusammenwachsen.

»

Keine Heilung geschieht ohne Mitgefühl.
Mitgefühl motiviert den Körper von innen
heraus und weckt den Wunsch zu genesen.
Jede Zelle spürt die Bedürfnisse aller anderen Zellen und reagiert unmittelbar auf sie.

Deepak Chopra

Der Knochen besteht aus drei Schichten: der dünnen äußeren Hülle oder Knochenhaut, die äußerst nervenreich und damit schmerzempfindlich ist, der Knochenrinde und dem Innenraum aus Knochenbälkchen.

Was den Körper bewegt

Musculus – Mäuschen – nannten die Römer das, was sich unter der Haut hin- und herbewegt.

639 solcher Muskeln befinden sich in unserem Körper: dicke wie der Gesäßmuskel, großflächige wie der Kapuzenmuskel, der von unseren Schultern wie eine Kapuze spitz nach unten verläuft, oder kleine wie die Muskeln, die unsere Gehörknöchelchen oder unsere Augenlider bewegen, was übrigens bis zu 100 000-mal am Tag geschieht.

Wir unterscheiden quer gestreifte, glatte und Herzmuskelfasern. Die quer gestreiften Skelettmuskeln unterliegen unserem bewussten Willen. Mit ihrer Hilfe bewegen wir uns.

Nicht direkt willentlich beeinflussbar ist die glatte Muskulatur der Blutgefäße und der Hohlorgane, die einer automatischen Steuerung unterliegen. Ebenfalls autonom, also dem direkten Willen nicht zugänglich, ist die Herzmuskulatur. Heute weiß man allerdings, dass es durchaus möglich ist, diese so genannten autonomen Funktionen zu beeinflussen. Tiefe Meditation, tranceartige Versenkung, bei der unser Gehirn Alpha- und Theta-Wellen produziert, machen dieses Phänomen möglich.

Das hochkomplexe quer gestreifte Muskelsystem der Skelettmuskulatur bewegt sich nur, wenn das Gehirn den Befehl dazu gibt. Die Signale, die dann letztlich zur Bewegung des kleinen Fingers führen, rasen mit einer unglaublichen Geschwindigkeit von der Großhirnrinde über die Nervenbahnen bis zum letzten Spalt zwischen Nervenzelle und Muskelfaser. Millionen solcher Impulse werden übrigens in jeder Sekunde übertragen. Dort setzen sie einen Übertragungsstoff frei, der diesen Spalt überwindet und die Muskelfaser reizt, bis sie sich zusammenzieht.

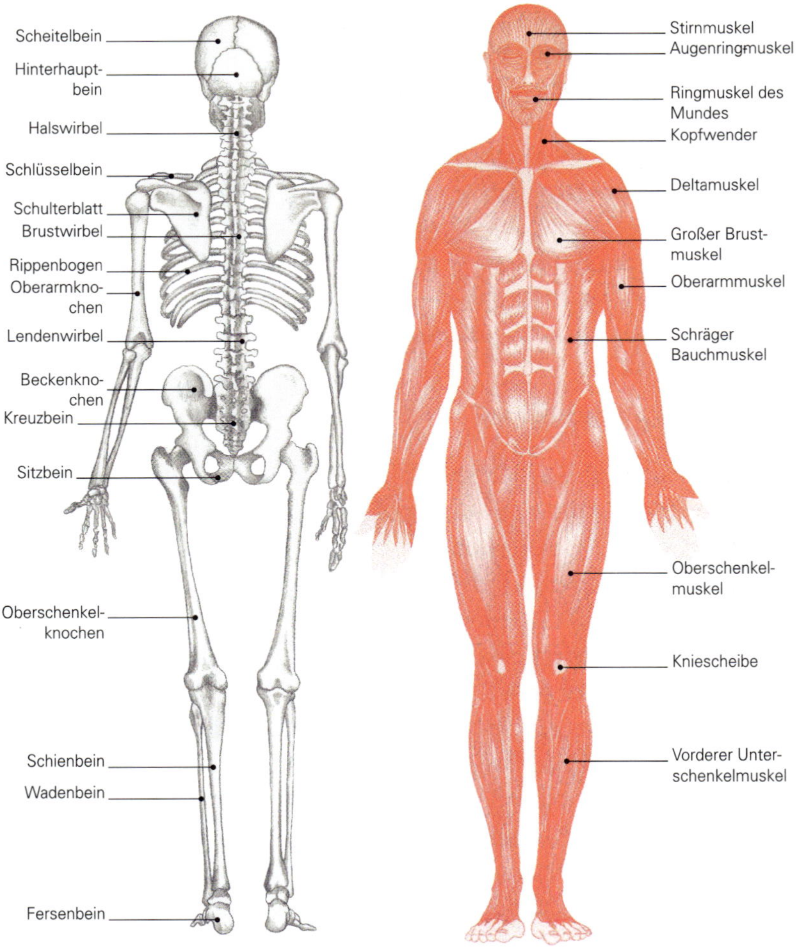

Wunderwerk Mensch – das Skelett gibt dem Menschen nicht nur seine stabile Form, sondern schützt seine Organe, das Gehirn und Rückenmark und bildet zusammen mit der Muskulatur den Bewegungsapparat des Menschen.

! Lebenswichtige Funktionen

Viele Knocheninnenräume sind gefüllt mit Knochenmark. Dieses geleeartige rote Gewebe ist äußerst lebendig. Es bildet Blutplättchen zur Blutgerinnung und jede Minute Millionen von lebenswichtigen roten und weißen Blutkörperchen.
Das Skelettsystem hält den Körper aufrecht und schützt die wichtigen inneren Organe. Die Wirbelsäule ist die zentrale Achse. Sie besteht aus 24 Wirbeln, die durch Bandscheiben als Puffer miteinander verbunden sind. In ihrem Inneren – gut geschützt von den starken Wirbelkörpern und einer speziellen Hülle – verläuft der zentrale Rückenmarkskanal, aus dem die Nerven für den Körper austreten.

Gelenke verbinden

Dem Auftrag des Gehirns, den kleinen Finger zu krümmen, kommen viele quer gestreifte Muskelzellen nach. Aber: Damit er sich wirklich krümmen kann, ist ein Gelenk, das zwei Knochen miteinander verbindet, notwendig.

Mehr als 100 Gelenke gibt es im menschlichen Körper. Die Ränder der Gelenkspalten sind mit Schleimbeuteln gepolstert. Sie sitzen überall da, wo das Gelenk besonders strapaziert wird. Am Kniegelenk befinden sich zum Beispiel zwölf von diesen wasserkissenartigen Säckchen. In manchen Gelenkspalten sitzen außerdem scheiben- oder halbmondförmige Knorpel, die Menisken. Sie wirken wie Stoßdämpfer, die zum Beispiel das Knie puffern, indem sie beim Gehen einen Teil der Stoßenergie schlucken. Zusätzlichen Halt geben Bänder und Sehnen, die gleichzeitig auch extreme Bewegungen und Überdehnungen verhindern.

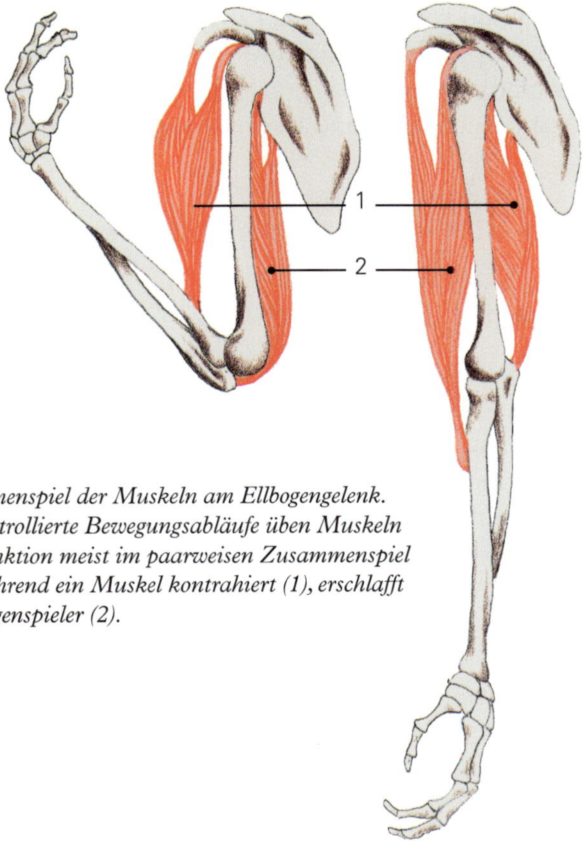

Zusammenspiel der Muskeln am Ellbogengelenk. Für kontrollierte Bewegungsabläufe üben Muskeln ihre Funktion meist im paarweisen Zusammenspiel aus. Während ein Muskel kontrahiert (1), erschlafft sein Gegenspieler (2).

Organsprache

Skelett- und Muskelsystem bestimmen die äußere Erscheinung des Menschen, seine Aufrichtung, Haltung und Bewegung. Es ist speziell die Wirbelsäule, die eine aufrechte Haltung ermöglicht. Sie macht einen Menschen »aufrecht« und beweglich, gibt ihm Halt und Flexibilität, so wie es das Wort »Wirbel-Säule« bereits ausdrückt. Der dynamische Aspekt des Wirbels verbindet sich mit der Statik der Säule, die in der Lage ist, schwerste Lasten zu tragen. Da sich innere und äußere Haltung entsprechen, wie es in vielen Analogien deutlich wird

– aufrichtig und geradlinig sein, katzbuckeln oder kriechen –, zeigt vor allem die Wirbelsäule, wie wir im Leben stehen. Sie macht deutlich, wo wir uns verbiegen oder verhärten, wo Abnutzungserscheinungen und Überlastungen auftreten.

Häufige Störungen und Erkrankungen

Probleme mit der Bandscheibe

Die Bandscheiben liegen zwischen den einzelnen Wirbelkörpern. Sie sind dafür zuständig, Stöße und Belastungen abzufedern und vor allem den Abstand zwischen den einzelnen Wirbelkörpern aufrechtzuerhalten. Dort, also zwischen den einzelnen Wirbeln, treten die Nerven aus dem Rückenmarkskanal aus. Eine Verkleinerung des Zwischenraums durch eine schmaler gewordene Bandscheibe kann zu Nervenreizen und teilweise heftigen Schmerzen führen.

Die Bandscheibe selbst besteht aus einem Faserring und einem gallertartigen Kern. Wird der Faserring brüchig oder rissig, kann der Kern heraustreten und die Bandscheibe seitwärts oder im schlimmsten Fall rückenwärts verschieben.

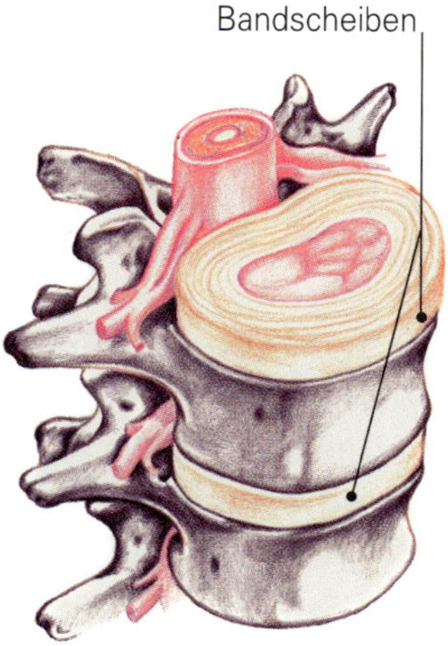

Wie Puffer fangen unsere Bandscheiben Stöße und Belastungen der Wirbelsäule ab.

Heilende Affirmation

»Ich stehe fest auf dem Boden.«

»Ich übernehme nur so viele Pflichten, wie ich auch tragen möchte.«

»Ich erlaube mir, das Leben zu genießen.«

Ein solcher Bandscheibenvorfall zur Seite führt zu heftigsten Schmerzen und Unbeweglichkeit, ein Vorfall in Richtung des Rückenmarkskanals kann sogar zur Lähmung führen. Vorbeugen kann man einer solchen Problematik vor allem durch regelmäßige Stärkung der Bauch- und Rückenmuskulatur, durch ausreichende Bewegung und gesunde Ernährung mit Vital- und Mineralstoffen.

Wichtig ist ausreichende Flüssigkeitszufuhr. Die Bandscheibe füllt sich vor allem nachts mit Wasser, so bleibt die Elastizität des Faserrings erhalten.

Empfehlungen aus der Naturheilkunde

Homöopathie: Rhus toxicodendron bei akuten Rückenschmerzen nach einer falschen Bewegung mit Lähmungs- und Taubheitsgefühl 7 x täglich, Arnica bei akuten Problemen 7 x täglich, Ruta, Hypericum.

Schüßler-Salze: Silicea, Magnesium phosphoricum, Calcium fluoratum.

Spagyrik: Azinat-Öl I, mehrmals täglich einreiben, Splenetik 3 x 7 Tropfen.

Was Sie auf der seelischen Ebene beachten sollten

»Rückgrat« beweisen, den eigenen Wert unter Beweis stellen oder zeigen, dass man etwas »durchstehen« kann – all das kann hinter den »Kreuzschmerzen« stecken und zu immer mehr Leistung antreiben, anstatt sich einfach einmal »gehen zu las-

Visualisierung

- Bereiten Sie sich wie auf Seite 96 beschrieben auf diese innere Reise vor. Wenn Sie an Ihrem idealen Entspannungsplatz angelangt sind, finden Sie dort vielleicht eine Hängematte oder einen bequemen Schaukelstuhl, von dem aus Sie jetzt ganz entspannt Ihre Umgebung betrachten. Finden Sie ein Bild, wie Sie allen Druck für diesen Moment loslassen können. Es kann ein Rucksack sein, den Sie einfach ablegen, oder ein Luftballon, in dem Sie alles, was Sie nicht mehr haben wollen, davonfliegen lassen. Sie können sich eine Pusteblume vorstellen und beobachten, wie leicht die kleinen Schirmchen davonschweben. Stellen Sie sich jetzt Ihre Wirbelsäule vor, die einzelnen Wirbelkörper und den Raum dazwischen, indem die Bandscheiben liegen. Vergrößern Sie in Ihrer Vorstellung diesen Raum, so dass die Bandscheiben entlastet sind. Entspannen Sie Ihren Rücken noch mehr, indem Sie sich vorstellen, dass Sie vom Scheitel aus von einer silbernen Schnur sanft nach oben gezogen werden. Der Rücken fühlt sich leicht und frei an und gleichzeitig sehr stabil.
- Schicken Sie jetzt an die schmerzende Stelle Licht und Energie, bitten Sie Ihre inneren Helfer um Unterstützung oder formulieren Sie heilende Affirmationen. Vergessen Sie nicht, Ihre Wirbelsäule zu fragen, ob sie eine Botschaft für Sie hat. Vielleicht braucht Ihr Körper mehr Wasser, vielleicht bestimmte Mineralien oder einfach nur eine bessere Matratze. Nehmen Sie alles an, was aus Ihrem Unterbewusstsein auftaucht.
- Bedanken und verabschieden Sie sich und kommen Sie langsam aus der tiefen Entspannung heraus, während Sie von 1 bis 10 zählen und dann von 1 bis 3. Strecken und dehnen Sie sich.

sen«. Nicht selten steckt auch eine Ambivalenz dahinter: zwischen dem Druck dauernder Verpflichtung und einem unbewussten Aufbegehren dagegen, zusätzlich verbunden mit dem Gefühl, dass einem alles zu viel ist. Nehmen Sie Rückenschmerzen als Sprache des Körpers unbedingt ernst und gönnen Sie sich Zeit für sich, Zeit zum Genießen, Zeit sich einfach mal »hängen zu lassen«.

Hilfreiche Bach-Blüten

Elm, Oak, Centaury, Willow, Rock Water, Larch.
Sie können jeweils einen Tropfen aus der Vorratsflasche (stockbottle) in ein Glas Wasser geben, das Sie schluckweise trinken oder sich aus den angegebenen Blüten eine Mischung herstellen lassen. Davon nehmen Sie täglich 2 x 10 Tropfen, bis Sie eine Besserung verspüren. Auch diese Blütenessenzen können Sie mit Ihrer Vorstellungskraft unterstützen. Die genauere Beschreibung der einzelnen Blüten finden Sie in den jeweiligen Bach-Blüten-Büchern.

Die Bach-Blüte Centaury (Tausendgüldenkraut)

Rheuma

Unter dem Begriff Rheuma (= fließender Schmerz) werden eine Reihe von Krankheitsbildern des Bewegungsapparats zusammengefasst, deren Herkunft meist unklar ist. Als mögliche Ursachen gelten Störungen der Immunfunktion, Entzündungsherde im Körper (z. B. Zähne) und Allergien.

Verbunden sind diese Beschwerden meist mit Steifigkeit und Spannungen in der Muskulatur, Kälteempfindlichkeit

Visualisierung

- Entspannen Sie sich, und gehen Sie wie auf Seite 96 beschrieben auf eine tiefere Bewusstseinsebene.
- An Ihrem Entspannungsplatz angekommen, stellen Sie sich Ihren Körper so genau wie möglich vor und hüllen ihn in violettes Licht. Dieses Licht wandelt alles um, was nicht vollkommen ist und Ihrem Leben nicht mehr dient. Lassen Sie das Licht bis in die kleinste Zelle dringen. Lassen Sie dieses Licht in Ihrer Vorstellung zurückfließen in Ihre Vergangenheit. Es wandelt auch dort, bei Ihrer Familie und bei Ihren weiter zurückliegenden Vorfahren, alles Unvollkommene in Vollkommenheit um. Alter Schmerz, Wut und Trauer, die sich in Ihrer Familiengeschichte von Generation zu Generation weitervererbt haben, werden positiv verwendet. Sie werden dadurch immer freier und leichter.
- Betrachten Sie jetzt Ihr Leben und spüren Sie nach, was Ihnen Freude macht. Lassen Sie Bilder dafür auftauchen und geben Sie diesen Bildern Energie.
- Fragen Sie Ihren Körper oder die schmerzende Körperstelle, ob es eine Botschaft für Sie gibt, lassen Sie sich Zeit, um wirklich richtig hinzuhören oder hinzuschauen. Wenden Sie die verschiedenen Heilmethoden an, wie sie auf Seite 89 ff. beschrieben sind.
- Bedanken und verabschieden Sie sich und kommen Sie langsam wieder aus der tiefen Entspannung heraus.
- Machen Sie sich noch einmal bewusst, welche Informationen und Botschaften Sie erhalten haben, bevor Sie die Augen öffnen und sich strecken und dehnen.

und oft mit innerer Anspannung. Man unterscheidet die entzündlich rheumatische Erkrankung, die heftige akute Schübe hat, vom degenerativen Weichteilrheuma. Bei der entzündlichen Form kommt es zu allen Entzündungszeichen wie Fieber, Rötung, Schwellung und Schmerz. Die chronische Form ist häufig mit allgemeiner Schwäche verbunden, mit Müdigkeit, Gewichtsverlust, Nervosität und auch mit Depression.

Heilende Affirmation

»Ich lasse negative Gefühle zu,
nur so kann ich sie in positive verwandeln.«

»Ich bin die strahlende Sonne meines Lebens.«

»Ich bin frei.«

Empfehlungen aus der Naturheilkunde

Homöopathie: Bryonia, Ledum, Berberis.
Schüßler-Salze: Magnesium phosphoricum, Natrium phosphoricum, Kalium phosphoricum, Calcium sulfuricum.
Spagyrik: Polypathik N 3 x 7 Tropfen, Renalin 2 x 10 Tropfen.

Was Sie auf der seelischen Ebene beachten sollten

Nicht selten beschreiben Patienten ihren Schmerz selbst als aggressiv und heftig, ja sie fühlen sich regelrecht tyrannisiert von diesem Schmerz. Auf der anderen Seite liegt sehr häufig eine depressive Stimmung vor.

Die Psychosomatik beschreibt die dahinter liegende Problematik deshalb unter anderem als eine Mischung aus Herrschsucht und Selbstaufopferung. Konflikte, die daraus entstehen, werden nicht zum Ausdruck gebracht, weil es den Menschen schwer fällt, zu den eigenen Ansprüchen zu stehen und sie nach außen zu vertreten. Daraus resultieren Wut und Ärger, die nach innen verdrängt werden. Wichtig ist also, die eigene Überanpassung und die damit verbundenen negativen Gefühle wahrzunehmen, zuzulassen und zu lernen, richtig damit umzugehen.

Hilfreiche Bach-Blüten

Willow, Chicory, Larch, Centaury, Rock Water, Olive.

Die Bach-Blüte Chicory (Wegewarte)

Edward Bach empfahl die Einnahme der von ihm entdeckten Blüten immer dann, wenn Körper und Seele aus dem Gleichgewicht geraten sind.

Um die Wiederherstellung der inneren Ordnung zu erleichtern, können Sie mit der Blüte Willow Gedanken der Liebe und des Verzeihens senden.

Mit der Blüte Chicory können Sie Erwartungen an andere Menschen reduzieren und Enttäuschungen über Undankbarkeit abmildern.

Mit der Blüte Larch stärken Sie auch mental Ihr Selbstbewusstsein, während Ihnen Centaury dabei hilft, im richtigen Moment »Nein« zu sagen.

Verspannungen und Verkrampfungen der Muskulatur

Muskelverspannungen treten vor allem bei Fehlhaltungen und Überlastungen auf. Schlaff hängende Schultern und ein nach vorn gebeugter Kopf führen immer zu Verkrampfungen im Nacken und im oberen Schulterbereich. Eine Fußfehlstellung kann zu schmerzhaften Verspannungen im Hüftbereich und auf Dauer auch zu Abnutzungserscheinungen wie Arthrose führen. Erschlaffung der Bauchmuskulatur führt zu Überlastung und Verspannung der Muskeln im Bereich der Lendenwirbelsäule.

Eine weitere Ursache für schmerzhafte Verspannungen, die

Heilende Affirmation

»Ich lasse los und entspanne mich.«

»Ich bin fröhlich wie ein Kind.«

»Ich bin kraftvoll und beweglich.«

Visualisierung

- Bereiten Sie sich wie auf Seite 96 beschrieben auf die innere Reise vor.
- Konzentrieren Sie sich auf das Gebiet um Ihren Bauchnabel, füllen Sie diesen Bereich mit warmem gelben Licht.
Hier ist Ihre innere Mitte, das Zentrum der entspannten Ruhe und Gelassenheit. Spüren Sie die Energie in Ihrem Solarplexus. Hier hat die innere Sonne ihren Platz.
- Lassen Sie Licht und Wärme in den ganzen Körper strahlen. Jede Zelle wird aufgeladen mit Wärme und Licht. Ihr Körper, Ihre Muskeln entspannen sich dabei immer mehr.
- Wählen Sie jetzt Ihre Heilmethode aus und senden Sie Licht und Farben. Legen Sie die Hände auf oder entwickeln Sie innere Bilder, die Ihnen helfen, sich immer tiefer zu entspannen. Geben Sie der schmerzenden Stelle eine Stimme. Hören Sie genau hin, fragen Sie nach. Vielleicht gibt es eine Botschaft für Sie, einen hilfreichen Ratschlag.
- Bedanken und verabschieden Sie sich, und kommen Sie langsam »nach oben«, während Sie von 1 bis 10 zählen. Bei den Zahlen 1 bis 3 fangen Sie an, sich zu strecken, zu dehnen und die Augen zu öffnen.

alle direkt unter der Haut befindlichen Muskeln betreffen, ist eine Mangeldurchblutung.

Ausgelöst durch Kälte oder auch durch Abschnürung einzelner Muskelgruppen, kommt es zur Verkrampfung und Nervenreizung. Besonders häufig befallen sind die Halsmuskeln, wenn der Hals ungeschützt der Außentemperatur ausgesetzt ist.

Empfehlungen aus der Naturheilkunde

Homöopathie: Rhus toxicodendron (wenn Verspannung durch Unterkühlung ausgelöst ist), Bellis perennis.
Schüßler-Salze: »Die Heiße 7« – 10 Tabletten Magnesium phosphoricum D 6 in einem Glas heißem Wasser auflösen und

alle 2 bis 5 Minuten einen Schluck trinken; häufig umrühren, da Magnesium phosphoricum schwer löslich ist.
Spagyrik: Cerebretik 3 x 7 Tropfen, Polypathik N 3 x 10 Tropfen.

Was Sie auf der seelischen Ebene beachten sollten

Wird ein Muskel unterkühlt oder unterversorgt, verkrampft er sich. Wir sprechen auch auf der seelischen Ebene von Verkrampfung, innerer Anspannung oder von einem »In-sich-Zurückziehen«. Vor allem in einer emotional kalten Umgebung verschließen wir uns leicht, ziehen uns zurück und verkrampfen dabei. Ein starker seelischer oder arbeitsmäßiger Druck führt ebenfalls zu innerer und äußerer Verspannung. Da unsere frühen Vorfahren in einer Gefahrensituation vor allem mit dem Flucht- oder Angriffsreflex reagierten, löst noch heute Stress auf der unbewussten Ebene dieses Muster aus. Unsere Muskeln werden verstärkt mit Blut versorgt, das dann nicht benötigt wird, weil wir in einer Gefahrensituation nicht mehr weglaufen oder gar auf den anderen losgehen, sondern höchstens »den Kopf einziehen« oder unsere Wut gegen uns selbst richten. Tägliche Entspannungsübungen helfen Ihnen nicht nur, Ihre Muskulatur zu entspannen, sondern auch Ihr altes Reaktionsmuster zu verändern.

Hilfreiche Bach-Blüten

Elm, Olive, Oak, Rock Water, White Chestnut, Holly.
Bach-Blüten wirken ähnlich wie Farben, Musik oder Gedanken auf der Schwingungsebene. Sie können also jede Blüte durch Affirmationen oder positive Gedanken unterstützen: Oak, indem Sie sich auf Ihre Kräfte besinnen, und Rock Water, indem Sie sich darauf besinnen, dass Sie mit Leichtigkeit und Freude alle Probleme leichter lösen.

Die Bach-Blüte Holly (Stechpalme)

Gehirn und Nervensystem, Sinnesorgane

Aufbau und Funktion des Gehirns

Um sämtliche Lebensfunktionen optimal steuern zu können, müssen Gehirn und Nervensystem eng zusammenarbeiten. Das Gehirn mit seinen rund 1,5 Kilogramm ist die Steuerungszentrale, der Sitz des menschlichen Geistes und des Bewusstseins.

Beginnen wir mit dem Großhirn, das aus zwei symmetrischen Hälften, den Hemisphären, besteht. Ein dickes Faserbündel, der Balken, verbindet beide Teile miteinander. Von hier aus führen weitere Faserbündel, die Pyramidenbahnen, zum Rückenmark oder kommen von dort her. Umgeben wird das Gehirn von der Gehirnrinde, die sich aus mehreren Schichten »kleiner grauer Zellen« zusammensetzt. In diesem entwicklungsgeschichtlich jüngsten Teil findet die bewusste Verarbeitung von Sinneseindrücken statt. Es wird gedacht, verarbeitet, gespeichert und abgerufen, viele kreative Ideen werden hier ständig geboren.

Kultur, Kunst, Wissenschaften haben hier ihren Ursprung. Fähigkeiten, die vor allem dem Menschen vorbehalten sind, obwohl sie auf den Errungenschaften hoch entwickelter Tiere aufbauen, die ebenfalls über ein gewisses Maß an Lern- und Merkfähigkeit und über kreatives Potenzial verfügen.

»

Es gibt keine echte Heilung ohne eine Veränderung in der Lebenseinstellung, des Seelenfriedens und des inneren Glücksgefühls

Edward Bach

Unter der Hirnrinde befindet sich das Mark, das fast ausschließlich aus Nervenfasern besteht und mit allen Hirnbereichen Verbindung hält. Ein wichtiger Teil des Großhirns ist das limbische System, der Sitz unserer Gefühle. Wir kennen es sehr gut, bringt es doch mit seinen oft unerwarteten und unkontrollierbaren Gefühlsimpulsen unser Denken sehr durcheinander oder schaltet das Bewusstsein nahezu aus.

Gerechte Arbeitsteilung oder Dominanz von links oder rechts

Der Grund für die Unterteilung des Großhirns in zwei anatomisch sorgfältig voneinander getrennte und doch funktionsmäßig miteinander verbundene Teile scheint entwicklungsgeschichtlich die Notwendigkeit einer Arbeitsteilung gewesen zu sein. Pyramidenbahnen, die vom Gehirn über das Rückenmark in den übrigen Körper führen, kreuzen sich, so dass die rechte Gehirnhälfte die linke Körperseite kontrolliert, die linke Gehirnhälfte die rechte Seite.

Die jeweiligen Seiten spezialisieren sich etwa ab dem siebenten Lebensjahr, obwohl sie weiterhin gewisse Aufgaben der anderen übernehmen können. Die linke Gehirnhälfte ist dominant zuständig für Sprechen, logisches analytisches Denken, mathematische Fähigkeiten und für unser Zeitempfinden. In der rechten Seite findet vernetztes ganzheitliches Denken statt. Musikalische und künstlerische Begabungen,

! Auf rechts konzentrieren

Für die Aktivierung unserer Heilkräfte konzentrieren wir uns auf die rechte Gehirnhälfte. Ihre Fähigkeiten zu ganzheitlichem, emotionalem Denken und Handeln, ihre Kreativität und Intuition benötigen wir nicht nur, um die wahren Hintergründe einer Krankheit ganzheitlich erfassen, sondern um uns in die Heilenergien des Lebens »einklinken« und Körperzellen beeinflussen zu können.

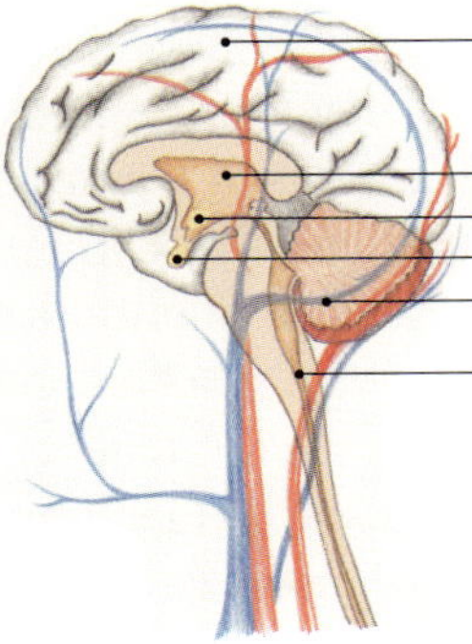

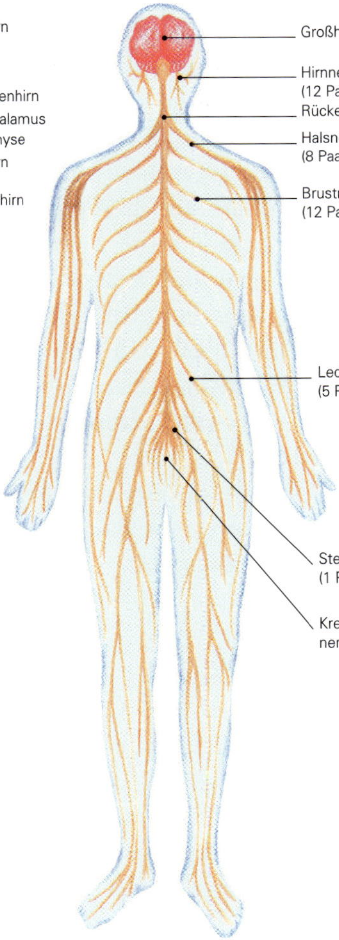

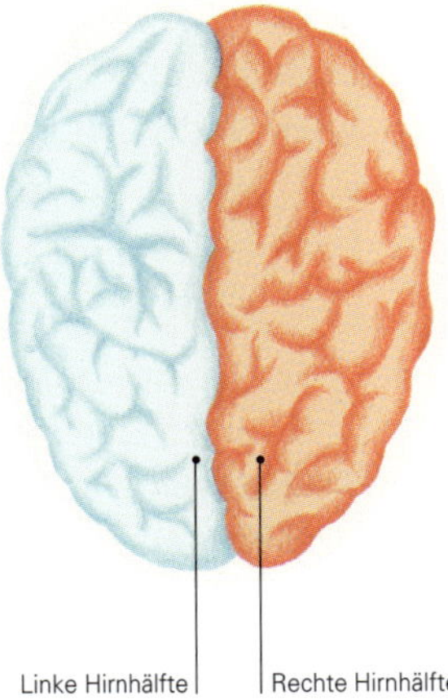

Das Großhirn besteht aus zwei symmetrischen Hälften, den Hemisphären. Verbunden werden sie durch einen dicken Nervenstrang, den Balken. Weitere Nervenfaserbündel führen zum Rückenmark oder kommen von dort. Gehirn und Rückenmark sind über die peripheren Nerven mit allen Körperteilen verbunden.

Phantasie und Kreativität sowie räumliche Wahrnehmung sind hier zu Hause. Die beiden Hirnhälften sind lebenslang aufeinander angewiesen, obwohl meist die eine Seite Dominanz für sich beansprucht. Um wirklich effektiv arbeiten zu können, muss aber die eine auf die Erfahrungen und auf das Wissen der anderen zurückgreifen. Wie immer im gesamten Organismus ist also Ausgleich und Zusammenarbeit gefragt.

Entwicklungsgeschichtlich am ältesten ist das Stammhirn, dessen unterster Teil das Verbindungsstück zum Rückenmark darstellt. Vorgänge, die nicht unserer bewussten Steuerung unterliegen, wie zum Beispiel die Atmung oder die Herztätigkeit, haben hier ihren Sitz. Im oberen Teil, dem so genannten Zwischenhirn, befinden sich Thalamus und Hypothalamus, wichtige Koordinationszentren des autonomen Nervensystems (siehe Kapitel »Immun- und Lymphsystem, Drüsen«, Seite 110ff.).

Das Kleinhirn liegt unter dem Hinterhauptlappen des Großhirns und ist vor allem für die Koordination der Muskelaktivität verantwortlich.

Organsprache

Unser Gehirn steht in erster Linie für bewusstes Wahrnehmen und Handeln; es steht dafür, wie wir uns der Welt präsentieren und selbst die Welt wahrnehmen. Der Volksmund spricht von einem »Kopfmenschen«, um auszudrücken, dass jemand sein Leben vom Verstand her gestaltet, »das Leben im Griff« hat und selten die Kontrolle verliert. »Seinen Kopf durchsetzen« meint in erster Linie die eigenen Meinungen und Vorstellungen durchzusetzen und dabei durchaus »dickköpfig« und »starrsinnig« zu sein.

Obwohl auch das Gefühlserleben seinen Sitz im Gehirn hat, steht der Kopf in der Organsprache in erster Linie für die analytische, intellektuelle, kontrollierende Seite des Men-

! Unbewusstes Wissen

Wesentliche seelische Ursachen von Krankheiten sind im Bereich des Unbewussten zu suchen. Das »Meer des Unbewussten« ist unvorstellbar riesig, nicht nur persönliche Erinnerungen und – häufig verdrängte – Erfahrungen schlummern dort, sondern auch kollektives Wissen, das über Generationen zurückgehen kann. Diese Informationen steuern unser Leben wesentlich mehr, als wir wahrhaben wollen.

schen, die in der linken Gehirnhälfte lokalisiert ist. Vor allem in unserer Kultur hat diese rationale wissenschaftsgläubige Seite ein Übergewicht bekommen und bedarf dringend der Balance durch Intuition, kreative Fähigkeiten, Glaube und Vertrauen in das Nichtsichtbare. Auf die Notwendigkeit, diese Seiten in sich zu integrieren, weisen Symptome und Krankheiten im Zusammenhang mit dem Gehirn meistens hin.

Je flexibler und offener wir auf allen Ebenen, auf körperlicher, seelischer und geistiger Ebene sind, umso mehr wird die Gehirnaktivität angeregt und umso besser sind wir geschützt vor Altersdemenz und Erstarrung.

Auf die Darstellung einzelner Erkrankungen wird hier ganz bewusst verzichtet, da es sich um viel zu komplexe und diffizile Vorgänge handelt, um sie auf diesen Seiten zu beschreiben.

Die nachfolgende Visualisierungsübung empfiehlt sich bei alle Erkrankungen, die mit dem Gehirn und seinen außerordentlich vielfältige Funktionen zusammenhängen. Dazu gehören Multiple Sklerose, Morbus Parkinson oder Alzheimer, um nur ganz wenige zu nennen. Schauen Sie sich die Darstellung des Gehirns sehr genau an und versuchen Sie, sich das Bild so gut wie möglich einzuprägen.

Visualisierung

- Schließen Sie die Augen, atmen Sie tief aus und ein. Begeben Sie sich wie auf Seite 96 beschrieben in einen tieferen Entspannungszustand.
- Wenn Sie am idealen Entspannungsort angelangt sind, lenken Sie Ihre Aufmerksamkeit in den Kopf. Entspannen Sie Stirn, Augen, Kiefergelenke, Mund und Zunge.
- Stellen Sie sich vor, wie sich Ihr Gehirn entspannt. Sie können dazu unterstützend eine beruhigende Farbe wählen oder einen angenehmen Ton summen. Nehmen Sie die Verbindung des Gehirns über das Rückenmark zum ganzen Körper wahr, bevor Sie sich den beiden Großhirnlappen zuwenden. Sie können zwei unterschiedliche Farben oder einen hellen und einen dunklen Grauton wählen, um die Vorstellung zu erleichtern.
- Erscheint eine der beiden Seiten dominanter oder größer, benötigt eine Seite Ihre Aufmerksamkeit mehr als die andere? Fragen Sie die beiden Gehirnhälften, wie ihr Verhältnis zueinander ist, ob sie harmonieren? Gibt es daran etwas zu verbessern?
- Stellen Sie sich jetzt den Balken vor, der beide Teile verbindet. Hier wandern Informationen von einer Seite zur anderen und wieder zurück. Spüren Sie nach, ob diese Verbindung intakt ist oder ob die Verbindung freigelegt und aktiviert werden müsste.
- Gehen Sie in ähnlicher Weise mit Stammhirn und Kleinhirn vor. Visualisieren Sie die Gehirnteile in unterschiedlichen Farben, beruhigen oder regen Sie sie an, je nachdem, was Sie dort wahrnehmen. Gehen Sie mit Ihrer Vorstellung dann vom Stammhirn ins Rückenmark und achten Sie darauf, ob diese Verbindung sich lebendig anfühlt oder ob sie an einer Stelle blockiert ist. Wenn Sie eine solche Blockade vorfinden, seien Sie kreativ und finden Sie eine Lösung, wie die Energie wieder in Fluss kommt.
- Stellen Sie sich dann im Inneren Ihres Gehirns einen See oder die Oberfläche des Meeres vor oder entwickeln Sie ein persönliches Bild, das die Trennung zwischen unbewussten und bewussten Anteilen Ihres Gehirns zeigt. Ermuntern Sie Ihr Gehirn, die Bil-

Visualisierung

der und Erinnerungen aus der Tiefe des Wassers aufsteigen zu lassen, die für Sie jetzt hilfreich und wichtig sind.

- Erlauben Sie sich selbst, Verdrängtes wahrzunehmen, soweit es jetzt für Sie gut ist und soweit es verarbeitet werden kann. Nehmen Sie alles, was aufsteigt, dankbar an, nehmen Sie es wahr und speichern Sie es, um es, wenn notwendig, später bearbeiten zu können.
- Schicken Sie abschließend in alle Gehirnteile Licht und Liebe, bedanken Sie sich und stellen Sie sich vor, wie sich Ihr Gehirn, all Ihr Wissen und Ihre Weisheit verbindet mit der kosmischen oder göttlichen Weisheit dieser Welt. Stellen Sie sich vor, wie Sie vernetzt sind mit allem, was auf diesem Planeten und außerhalb lebt.
- Schließen Sie die Übung ab mit der Affirmation: »Ich bin, die ich bin« oder »Ich bin, der ich bin«.
- Kommen Sie dann wie beschrieben langsam aus Ihrer tiefen Entspannung heraus und nehmen Sie sich Zeit, wenn nötig Ihre Erfahrungen aufzuschreiben oder sie mit jemandem zu besprechen.

Die Harmonisierung zwischen linker und rechter Gehirnhälfte sollten Sie so oft wie möglich durchführen. Entwickeln Sie dafür eigene Bilder, die trotz ihrer Getrenntheit eine Einheit darstellen, wie zum Beispiel das Symbol von Yin und Yang oder die Einheit von Sonne und Mond.

Aufbau und Funktion des Nervensystems

Das Nervensystem besteht aus einem zentralen Teil und einem peripheren Teil, den im Körper verlaufenden Nerven. Zum zentralen Nervensystem (ZNS) gehören Großhirn, Stammhirn, Kleinhirn und Rückenmark. Das periphere Nervensystem besteht aus zwölf Paar Hirnnerven, die vom Gehirn aus in die Peripherie ziehen. Dazu kommen 31 Paar Rückenmarksnerven, die den Wirbelkanal, in dem sich das Rückenmark befindet, durch kleine Öffnungen zwischen den Wirbeln verlassen. Sie besitzen Fasern, mit denen sie Signale von den Sinnesorganen, den Wärme-, Tast- und Bewegungsrezeptoren in der Haut, den Muskeln sowie von den inneren Organen aufnehmen und ans Gehirn weiterleiten können, außerdem Fasern, die Befehle von dort an die ausführenden Organe wie zum Beispiel an die Muskelzelle weitergeben können.

Alles ist vernetzt

Alle Impulse und Informationen laufen über das Nervensystem. Alle Organe werden durch das Nervensystem zu einer Einheit zusammengeschmiedet, jede Außenaktion, jede Reaktion auf die Umwelt erfolgt über das Nervensystem, kein Gedanke, kein Gefühl wäre ohne die Nervenzelle (Neuron) möglich, die als Basisstation fungiert. Im Vergleich zu ihr sind alle anderen Zellen im Körper einfach strukturiert. Sie besitzt viele kleine, stark verzweigte Ausläufer (Dendriten), mit deren Hilfe sie Informationen aufnimmt. Mit Hilfe des langen Fortsatzes (Neurit), der in der Regel von einer mehrschichtigen isolierenden Markscheide umgeben ist, gibt sie Informationen an andere Neuronen oder an die Zellen der ausführenden Organe wie Muskulatur oder Drüsen weiter. Daneben gibt es die so genannten Gliazellen, die wie eine Art Kleber zwischen den Nervenzellen wirken und diesen Halt und Festigkeit geben.

Eine weitere Unterteilung des Nervensystems erfolgt in willkürliches und autonomes Nervensystem. Das willkürliche Nervensystem umfasst alle Nerven, die der bewussten Steuerung unterliegen, wie die Nerven, von denen unsere Muskeln in Aktion versetzt werden. Das autonome Nervensystem unterliegt in der Regel nicht unseren Willensimpulsen. Es betrifft vor allem die inneren Organe, die wir nur in einem geringen Maße beeinflussen können. So können wir zwar durch bewusste Entspannung unseren Herzschlag oder die Atemfrequenz verändern, nicht aber die grundsätzliche Funktion dieser Organe beeinflussen.

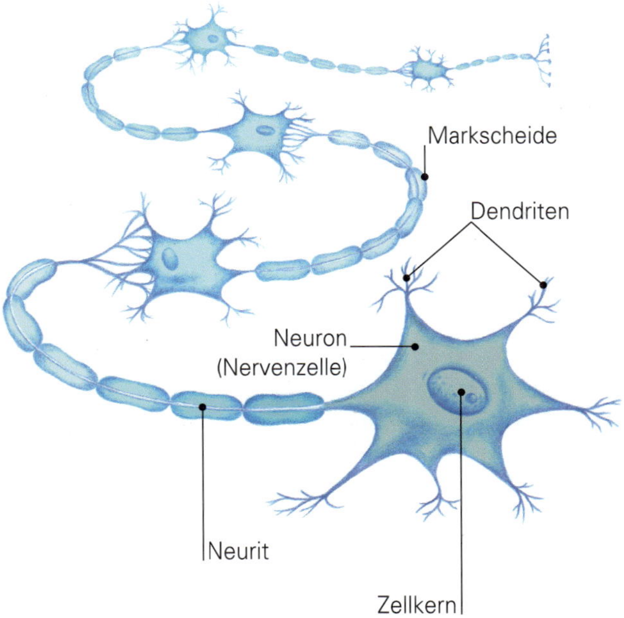

Durch das Nervensystem werden alle Organe zu einer Einheit verbunden. Als Basisstation fungiert die Nervenzelle.

Das vegetative oder autonome Nervensystem ist für die automatische Steuerung der Körperfunktionen verantwortlich. Zwei Gegenspieler, der Sympathikus und der Parasympathikus, regeln die Arbeit von Organen, Drüsen und Blutgefäßen. Aktiviert werden sie unter anderem durch zwei

! Balance

Zur Aufrechterhaltung der Gesundheit ist der Organismus dringend darauf angewiesen, dass der Energie verbrauchende Sympathikus sich mit dem Energie erhaltenden oder aufbauenden Parasympathikus, der im Schlaf, bei der Verdauung oder während der Entspannung dominiert, in Balance ist.

Hormone – Noradrenalin und Adrenalin. Kommt es zur Ausschüttung von Adrenalin, wird der Sympathikus in Gang gesetzt, der eine Kaskade von Aktivitäten wie zum Beispiel die Erhöhung der Herzfrequenz oder die Verengung der Blutgefäße im Bauchraum einleitet.

Organsprache

Das Nervensystem dient in erster Linie der Informationsübermittlung. Durch die Sinnesorgane aufgenommene Reize werden genauso weitergeleitet wie solche, die aus Gedanken oder Gefühlen kommen. Sieht unser Auge zum Beispiel einen Stock, der aufgrund einer bestehenden Angst vor Schlangen für eine solche gehalten wird, vermittelt das Nervensystem den Beinmuskeln sofort den Impuls wegzulaufen. Je unbewusster wir allen Impulsen von innen oder außen ausgesetzt sind, umso stärker wird unser Nervensystem gefordert und zum Teil überlastet. Ein hoher Leistungsdruck, dessen wir uns oft nicht wirklich bewusst sind, kann zu einer durch das Nervensystem vermittelten Daueranspannung der Muskulatur führen. Probleme im Bereich des Nervensystems stellen immer Fragen an uns, wie wir mit den vielfältigen Informationen umgehen, wie vielen Reizen wir uns aussetzen und wie wir mit Belastungen wie unterdrückten Gefühlen oder inneren Antrieben umgehen möchten.

! Fragen, was ein Schmerz uns sagt

Schmerz ist eine notwendige Warnung unseres Organismus, die auf eine dahinter liegende Störung hinweist. Diese »Warnlampe« nur einfach auszuschalten würde bedeuten, dass wir eine notwendige Botschaft, die uns vor möglichen schwereren Problemen bewahrt, überhören.

Körperliche Probleme, die das Nervensystem betreffen

Akute und chronische Schmerzen

Der Schmerz, der mit fast allen körperlichen Störungen und Krankheiten verbunden ist, dringt wie kaum ein anderer körperlicher Prozess in unser Bewusstsein. Er kann schneidend, bohrend, stechend, tief oder oberflächlich sein. So unangenehm oder sogar unerträglich wir ihn empfinden, er ist ein lebensnotwendiges Warnsystem unseres Organismus. Würden wir sonst davon ablassen, die Hand auf eine heiße Herdplatte zu legen? Etwa drei Millionen dieser winzigen Schmerzrezeptoren sind in unterschiedlicher Dichte über den Körper verteilt, der größte Teil davon in der Haut, der Rest in Muskeln, Bändern, Knochen und Organen. Auf Reize verschiedenster Art, mechanische, thermische, chemische oder statische, reagieren sie mit einer Weiterleitung des Signals.

Aber nicht jeder Schmerzimpuls gelangt ins Gehirn. Manche werden sofort reflexartig beantwortet, etwa durch das schnelle Wegziehen der Finger. Andere passieren die Schmerzschleuse gar nicht erst und werden vorzeitig abgefangen, kommen nicht wirklich ins Bewusstsein. Auch hat bei weitem nicht jeder Schmerz eine solch positive Reaktion zur Folge, wie es das Erbrechen nach Aufnahme von verdorbener Nahrung bedeutet. Menschen, die unter chronischen Schmerzen leiden, wissen, wie sehr der Schmerz vom Warnsignal zum beinahe lebensbestimmenden grausamen Tyrannen wird.

Was Sie auf der seelischen Ebene beachten sollten

Körperlicher und seelischer Schmerz sind meist eng miteinander verbunden, auch wenn diese Verbindung nicht unbedingt sichtbar ist. Auch im seelischen Bereich will Schmerz aufmerksam machen: auf nicht erfüllte Bedürfnisse, Ängste oder Gefühle und Gedanken, die wir verdrängen und die sich

Heilende Affirmation

»Ich bin reines Bewusstsein, unverletzlich und unsterblich.«

»Ruhe in meinen Gedanken, Ruhe in meinen Gefühlen,
Ruhe in meinen Körperzellen.«

»Meine Selbstheilungskräfte wirken stärker von Moment zu Moment.«

bemerkbar machen wollen. Nicht selten scheinen diese somatisierten seelischen Schmerzen leichter erträglich zu sein, als sich mit den wirklichen Ursachen auseinander zu setzen. Über den Schmerz kann emotionale Anerkennung und Aufmerksamkeit eingefordert werden, ohne dass man den anderen mit diesem Wunsch ehrlich konfrontiert und möglicherweise eine klare Ablehnung hinnehmen muss. Auch Aggressionen gegen andere und gegen sich werden auf dem Weg körperlicher Schmerzen gelebt. Die Fassade einer heilen Welt kann scheinbar aufrechterhalten werden, wenn man sich heimlich selbst verletzt und Schmerzen zufügt, anstatt einen Konflikt aushält. Auch verdrängte Ängste können zu chronischen Schmerzen führen, denn man weiß, dass sich zum Beispiel das Schmerzempfinden verändert, wenn man die Ursache einer Erkrankung kennt oder auf ihre Heilung hoffen kann. Eine verstärkte Aktivität des Sympathikus, die zu Stress und übermäßiger Anspannung der Muskulatur führt, erhöht ebenfalls das Schmerzempfinden, Entspannung und positive, aufbauende Gedanken vermindern es.

Hilfreiche Bach-Blüten

Cherry Plum, Sweet Chestnut, Star of Betlehem, Wild Rose.

Die Bach-Blüte Wild Rose (Heckenrose)

Musik bei Schmerzen

Gerade bei der Bewältigung von Schmerz können die Selbstheilungskräfte sehr viel bewirken. Eine besondere Stellung nimmt neben den beruhigenden inneren Bildern und Gedanken die Musik ein, die selbst chronische Schmerzen zumindest für eine gewisse Zeit ganz verschwinden lässt. Sie brauchen allerdings viel Geduld, denn wenn wir Schmerzen haben, sind wir entweder unruhig, in höchster Anspannung und im Widerstand oder völlig apathisch, kraftlos und scheinbar auf nichts ansprechbar.

Einen besonders beruhigenden Effekt auf das Nervensystem hat die Musik von Mozart, zum Beispiel die Violin- oder Klavierkonzerte. Aber auch das Adagio in g-Moll von T. Albinoni, die Lautensuiten von Johann Sebastian Bach, die Hebriden-Ouvertüre von Felix Mendelssohn-Bartholdy oder das Adagio for Strings von S. Barber wirken nach meiner Erfahrung schmerzlindernd. Die sanften Töne einer Zen-Flöte oder ein gregorianischer Choral haben eine ähnliche Wirkung.

Finden Sie Ihre eigene Musik, wenn irgend möglich in schmerzfreiem Zustand, die auf Sie besonders harmonisierend und beruhigend wirkt, die Ihnen gut tut oder Sie mit der Harmonie der Sphären, mit der Welt der Engel und Geistwesen in Verbindung bringt. Je mehr Sie im Einsatz Ihrer Selbstheilungskräfte geübt sind, umso leichter gelingt es Ihnen, auch in einer Notsituation zumindest eine einfache Visualisierungsübung durchzuführen und vor allem das Vertrauen in die Selbstheilungskräfte Ihres Organismus nicht zu verlieren.

! Empfehlungen

Bei innerer Anspannung und Schmerzen sollten Sie Musik mit einem langsamen Rhythmus und einer wiederholenden Melodienfolge wie einem Wiegenlied hören. Vielleicht erinnern Sie sich auch an ein Kinderlied, das Sie besänftigt und beruhigt hat.

Visualisierung

- Begeben Sie sich wie auf Seite 96 beschrieben auf eine tiefere und entspanntere Bewusstseinsebene. Atmen Sie tief und gleichmäßig und vertiefen Sie dabei mehr und mehr das Ausatmen. Stellen Sie sich jetzt das weit verzweigte System der Nervenzellen vor, die alle untereinander und mit den Organen verbunden sind. Stellen Sie sich vor, wie der Informationsfluss im ganzen Körper zirkuliert, spüren Sie nach, wo sich Energie staut und wo sie möglicherweise fehlt, und finden Sie ein Bild, wie Sie den Ausgleich herstellen können. Vielleicht ist es eine Farbe oder die Vorstellung von Wasser, das alle Systeme und Nervenzellen wieder miteinander in Verbindung bringt.
- Finden Sie ein Bild oder ein Symbol für den Sympathikus und den Parasympathikus, stellen Sie sich den einen aktiv und rot, den anderen passiv, weich, entspannt und blau oder grün vor. Ermutigen Sie jetzt den blauen oder grünen Teil, mehr im Gebiet des Schmerzes zu wirken, und den roten, sich etwas mehr zurückzuziehen. Geben Sie dem Schmerz eine Stimme und fragen Sie, was er Ihnen zu sagen hat, bevor Sie dann Ihre Heilmethode wählen – die inneren Bilder, Gedanken oder Gebete, Musik oder Farben, um Ihr Nervensystem zu beruhigen und den Schmerz zu lindern. Lassen Sie ihn bewusst los, abfließen in die Erde, die ihn aufnimmt und auflöst. Versuchen Sie es mehrmals, wenn es Ihnen nicht sofort gelingt, und spüren Sie, wie nach und nach immer mehr Ruhe in den Körper einkehrt. Ruhe in den Gedanken, Ruhe in den Gefühlen, Ruhe im Körper, die Ruhe selbst sein.
- Lösen Sie sich langsam aus der tiefen Entspannung und kommen Sie langsam wieder zurück, strecken und dehnen Sie sich und spüren Sie der Übung noch eine Weile nach.

Die Sinnesorgane

Das Auge

Nur in Zusammenspiel mit dem Gehirn liefert das Auge unsere »Weltsicht«. Die wahrgenommenen Bilder treffen auf unser Auge, durch die Hornhaut, die den vorderen Teil des Auges überzieht, und durchqueren dann die Augenkammer. Von hier aus fallen die Bilder auf die Pupille, das Sehloch in der Regenbogenhaut, das sich je nach Lichteinfall verengt oder erweitert. Die dahinter liegende Augenlinse ist vor allem für die Bildschärfe verantwortlich. Je näher das Objekt ist, umso stärker muss sie das Licht bündeln und sich zusammenziehen, eine Arbeit, die ein kleiner Muskel leistet, der die Linse ringförmig umgibt.

Die Informationen des Auges werden durch den Sehnerv ans Gehirn weitervermittelt und dort verarbeitet. Kein Wunder also, dass die Überfülle von Bildern, denen wir heute ausgesetzt sind, unser Gehirn in starkem Maße beansprucht. Es ist deshalb sehr wichtig, den Augen die notwendige Ruhe und Entspannung zu gönnen oder im Laufe des Tages immer wieder einmal die Augen länger auf einem Objekt verweilen zu lassen.

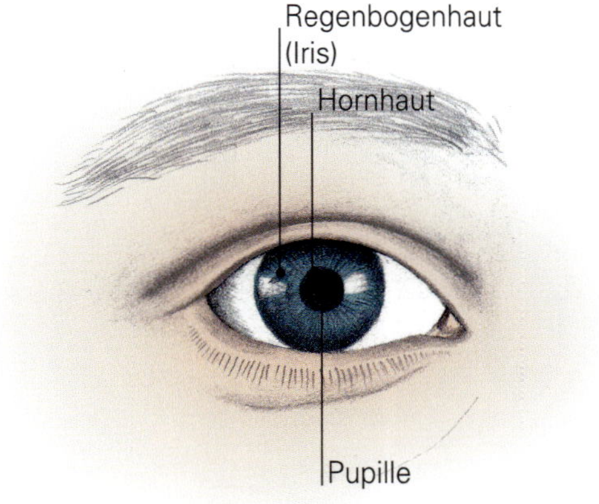

!

Reiben Sie Ihre Handflächen aneinander, bis sie heiß werden, schließen Sie die Augen und legen Sie beide Hände darauf, während Sie die Augen entspannen.

Das Ohr

Das Ohr, in dessen Inneren sich nicht nur das Hör-, sondern auch das Gleichtgewichtsorgan befindet, setzt sich aus äußerem Ohr, Mittelohr und Innenohr zusammen. Der Gehörgang leitet die Geräusche vom äußeren Ohr zum Mittelohr und muss dabei das Trommelfell passieren. Diese dünne Membran wird durch die Geräusche in Schwingungen versetzt, die wiederum an die Gehörknöchelchen in der Paukenhöhle des Mittelohrs und von hier aus zum Innenohr weitergeleitet werden. Das Ohrenschmalz, das von kleinen Drüsen produziert wird, hält das Trommelfell geschmeidig.

Das Mittelohr besteht aus verschiedenen Hohlräumen. Die Eustachische Röhre verbindet das Mittelohr mit dem Rachen und sorgt für Druckausgleich. Das Innenohr besteht ebenfalls

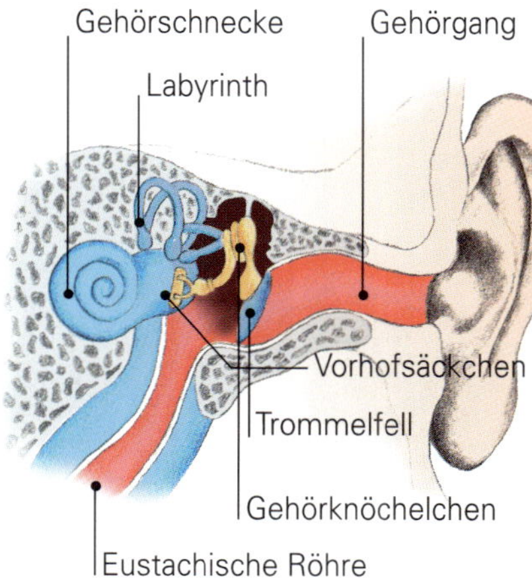

!

Verschließen Sie Ihre beiden Ohren fest mit beiden Mittelfingern, und summen oder singen Sie in verschiedenen Tonhöhen, so können Sie die Schwingung der Töne in Ihrem Kopf gut wahrnehmen.

aus einem System von Hohlräumen. Im Felsenbein, dem knöchernen Labyrinth, liegt das so genannte häutige Labyrinth mit seinen verschiedenen Teilen. Beide Labyrinthe enthalten Flüssigkeiten, die durch die aufgenommenen Töne ins Schwingen geraten und die Sinneszellen aktivieren, die dann ihre Informationen an das Gehirn melden.

Die Nase

Wenn wir tief einatmen, passiert die Luft zuerst die vordere Nasenöffnung, den äußeren Teil der Nase, der durch die Nasenscheidewand in zwei Nasenhöhlen unterteilt ist und der Nase damit die Form eines umgekehrten Herzens gibt. Jede Nasenhöhle ist mit Schleimhaut und Flimmerhärchen bedeckt, die Staub und Bakterien ausfiltern und die Luft anfeuchten. Die vielen feinen Blutgefäße wärmen die Luft vor, um sie für den Eintritt in die Lunge vorzubereiten. Am Dach der Nasenhöhle befinden sich die Geruchssinneszellen. Die Geruchsrezeptoren der kolbenartigen Riechzellen mit ihren feinen Härchen können rund 4000 Aromastoffe erschnup-

!

Geben Sie einen Tropfen Aromaöl auf eine Hand, verschließen Sie das rechte Nasenloch und atmen Sie durch das linke, dann durch das rechte und dann durch beide Nasenlöcher den Duft schnuppernd ein und aus.

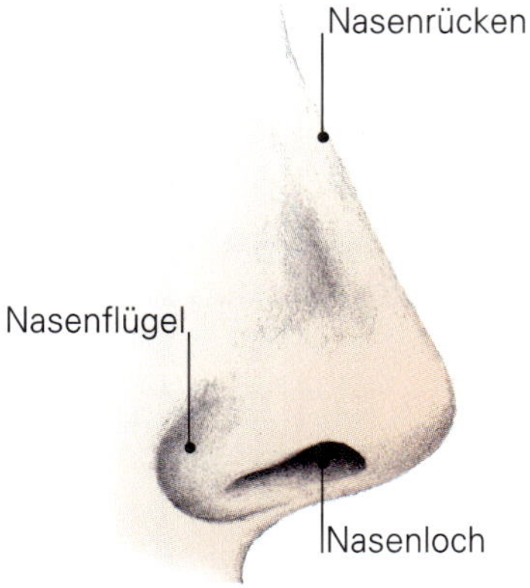

pern und unterscheiden. Die aufgenommenen Informationen werden vom Riechnerv zum Gehirn weitergeleitet. Im Laufe des Lebens lässt diese Fähigkeit allerdings drastisch nach, im Alter von 80 Jahren besitzen wir nur noch ein Viertel dieser Wahrnehmungsorgane.

Wir können diese Fähigkeit allerdings trainieren, indem wir achtsam mit Gerüchen umgehen. Achten Sie zum Beispiel beim Spazierengehen nicht nur darauf, was Sie sehen und hören, sondern auch darauf, was Sie riechen.

Die Zunge

Die Geschmackssinneszellen liegen in den so genannten Geschmacksknospen in der Schleimhaut der Zunge, des Rachens

!

Bereiten Sie drei Tellerchen mit Speisen verschiedener Geschmacksrichtungen vor, schließen Sie die Augen und probieren Sie alle nacheinander. Nehmen Sie die Unterschiede war.

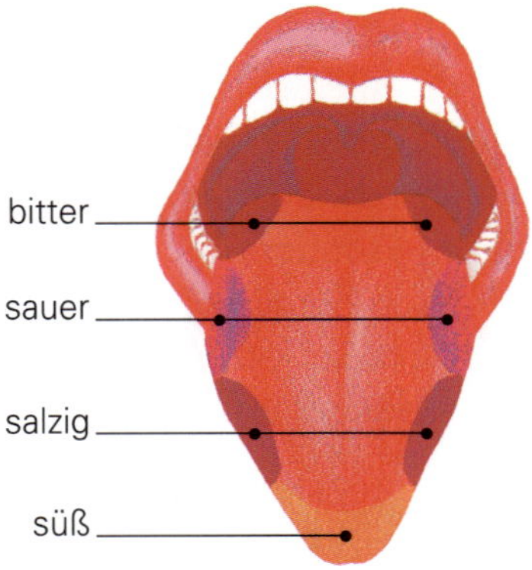

und des Gaumens. Die Geschmacksreize werden in Nervenimpulse umgewandelt und an bestimmte Gehirnzentren weitergeleitet.

Die Geschmacksempfindungen sind auf bestimmte Weise über die Zunge verteilt: süß an der Zungenspitze, salzig an den Rändern des vorderen Teils und bitter hinten auf der Zunge. Die Wahrnehmung der Geschmacksreize wird vom Geruchssinn unterstützt, weswegen uns ein Essen, das gut riecht, besser schmeckt. Die Zunge reinigt sich normalerweise selbst, dennoch sollte man sie in dieser Tätigkeit unterstützen, indem man morgens den Zungenbelag, der aus Speiseresten, Zellresten und Bakterien besteht, entweder mit einem entsprechenden Zungenreiniger oder einem Löffelstiel entfernt. Zu den Aufgaben der Zunge gehört u. a. der Transport der Nahrung. Der abgesonderte Speichel sorgt für eine bessere Gleitfähigkeit.

Die Haut

Das Sinnesorgan Haut, das größte Organ unseres Körpers, ist in einem eigenen Kapitel beschrieben (siehe Seite 125 ff.). Der Tastsinn liefert uns wichtige Informationen über die Umwelt. Die überaus empfindlichen Sinneszellen der Haut reagieren sofort auf äußere Reize wie Druck, Hitze und Kälte, die als Nervenimpulse an das Gehirn weitergeleitet werden. Wir spüren sie im wahrsten Sinn des Wortes hautnah. Die empfindlichsten Bereiche unseres Körpers wie Gesicht, Zunge, Hände und ganz besonders die Fingerspitzen weisen ein dichtes Netz von Sinneszellen auf. An den Fingerspitzen entsteht bereits ein Reiz, wenn die Haut nur wenige Tausendstelmillimeter eingedrückt wird.

Der schmerzhafte Berührungsreiz wird blitzartig an das Gehirn weitergeleitet und von dort mit der Reaktion »wegziehen« beantwortet.

!

Legen Sie verschiedene Gegenstände, die Sie berühren möchten, bereit. Schließen Sie die Augen und ertasten Sie alle nacheinander. Nehmen Sie die Unterschiede bewusst wahr.

Atmungsorgane – Lunge und Bronchien

Aufbau und Funktion

Das Atmungssystem besteht aus Mund, Nase und Rachenraum, aus Luftröhre, Bronchien und Lunge. Die Bronchien befinden sich innerhalb der beiden Lungenflügel. Der Weg der Atemluft verläuft durch Nase oder Mund über den Rachenraum in die Luftröhre, die sich am unteren Ende in zwei kurze dicke Stämme aufteilt, die Hauptbronchien. Sie sehen aus wie Bäume mit vielen Zweigen und Ästen, die jeweils einen Lungenflügel versorgen.

In den Bronchiolen, den kleinsten Verästelungen, werden noch einmal Keime und Staubteile abgefangen. Jede einzelne Bronchiole endet in einer Ansammlung von Lungenbläschen, den Alveolen, in denen der lebensnotwendige Gasaustausch stattfindet. Sauerstoff wird aufgenommen und Kohlendioxyd abgegeben. Der rechte Lungenflügel ist übrigens wesentlich größer, zwei schräg verlaufende Spalten unterteilen ihn in drei Lappen. Der linke Flügel mit zwei Lappen ist kleiner, um dem Herzen Raum zu geben. Geschützt werden die Lungenflügel von Rippen, Brustbein und Wirbelsäule.

Die beiden kegelförmigen Lungenflügel liegen, gut geschützt im Brustkorb, auf dem Zwerchfell, einer sehnigen,

»

Im Atemholen sind zweierlei Gnaden, die Luft einziehen, sich ihrer entladen, jenes bedrängt, dieses erfrischt, so wunderbar ist das Leben gemischt.

Goethe

! Der Atem als Lehrmeister

Wenn Sie Ihre Aufmerksamkeit auf den Atem lenken, werden Sie herausfinden, wie viel er Ihnen über Ihre Gefühle, Ihre Befindlichkeit erzählt. Das tiefe, befreiende Aufatmen, wenn ein Gespräch besser verlaufen ist, als Sie gedacht haben, die beklemmende Enge im Brustkorb oder das scheinbare Stillstehen des Atems in einer Gefahrensituation sprechen für sich.

starken Muskelplatte, die den Brustraum vom Bauchraum trennt. Die Lungenflügel sind durch eine Flüssigkeitsschicht an das Rippenfell »geklebt«, eine gute Verbindung, die dennoch eine Verschiebung nach allen Seiten ermöglicht.

Einatmen – Ausatmen

Zieht sich das Zwerchfell zusammen, heben sich die Rippen, und der Brustraum vergrößert sich. Beim Einatmen kommt es im Inneren der Lungenflügel zu einer Sogwirkung, die Luft in sie einströmen lässt. Der lebensnotwendige Sauerstoff wird dabei über winzig kleine Lungenbläschen in das Blut abgegeben. Von hier aus wird der Sauerstoff in die linke Herzkammer und weiter zu den Organen transportiert. Umgekehrt fließt sauerstoffarmes, kohlendioxydhaltiges Blut aus der rechten Herzkammer in die Lunge. Das Zwerchfell erschlafft, die Rippen senken sich, der Brustkorb flacht ab. Bei der damit verbundenen Ausatmung wird die mit Kohlendioxyd angereicherte Luft nach außen abgegeben. Dieser Atemvorgang wiederholt sich etwa 14-mal in der Minute: Verteilt auf ein Leben, ergeben sich durchschnittlich 600 Millionen Atemzüge. Bei jedem Atemzug wird durchschnittlich ein halber Liter Luft ein- und ausgeatmet. Manchmal ist es wichtig, sich diese Zahlen bewusst zu machen, um die enorme Leistung unseres Körpers schätzen zu lernen.

Die Atembewegungen laufen automatisch und normaler-

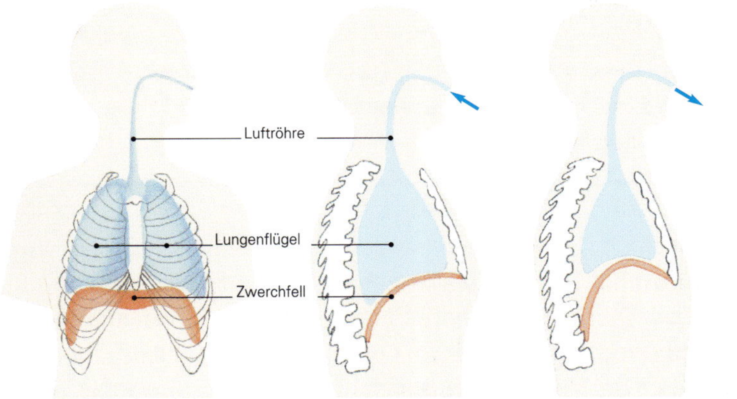

Atmung *in Ruhe*

Einatmung *Das Zwerchfell zieht sich zusammen, und der Brustraum vergrößert sich, Luft strömt in die Lungenflügel.*

Ausatmung *Das Zwerchfell erschlafft, und der Brustraum verkleinert sich, Luft wird aus den Lungenflügeln gepresst*

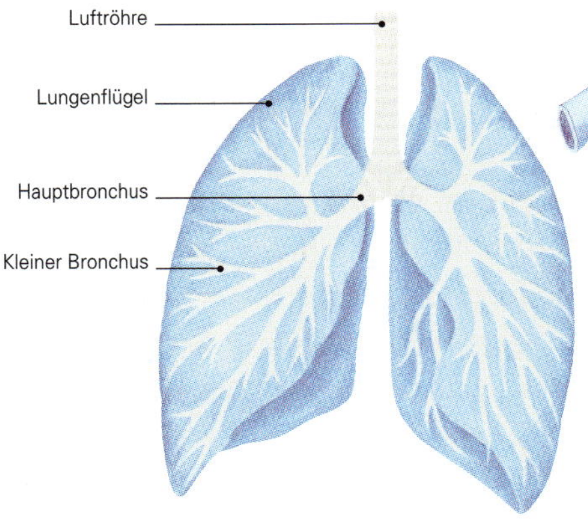

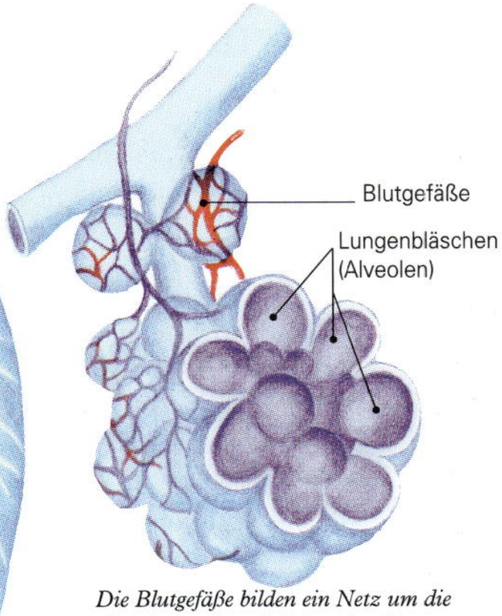

Die Blutgefäße bilden ein Netz um die Alveolen und ermöglichen den Gasaustausch mit den Lungenbläschen.

Zieht sich das Zwerchfell zusammen, heben sich die Rippen, und der Brustraum vergrößert sich (oben). Dabei kommt es zu einer Sogwirkung, die Luft in die Lungenflügel (unten links) einströmen lässt. In den Lungenbläschen (rechts unten) findet der Gasaustausch statt.

! Atmen – Sprache des Körpers

Achten Sie im Laufe des Tages immer wieder bewusst auf den Atem. Nehmen Sie wahr, wann der Atem frei und tief fließen kann und wann Sie den Atem anhalten oder Ein- und Ausatmen nicht in Balance sind. Finden Sie eine Form der Kommunikation, die Ihre Lunge und Bronchien entlastet.

weise auch unbewusst ab, außer wir entschließen uns, bewusst tief durchzuatmen oder eine Atemübung zu machen.

Das Atemzentrum befindet sich im Stammhirn, der Region im unteren Teil des Gehirns oberhalb des Rückenmarks. Hier werden die Atembewegungen durch Nervenimpulse an die beteiligte Muskulatur gesteuert.

Organsprache

Das zentrale Geschehen der Atmung ist ein Austauschprozess, der für die Polaritäten Nehmen und Geben, Festhalten und Loslassen steht.

Alle alten Sprachen verwenden für ›Atem‹ ein ähnliches Wort wie für Seele oder Geist. Mit dem ersten Atemzug beginnt unser Leben, mit dem letzten hauchen wir es aus. Der Atem ist die Verbindung zwischen Körper und Seele/Geist, zwischen Irdischem und Überirdischem, zwischen uns und der Umwelt. Alle Pflanzen, Tiere und Menschen atmen die gleiche Luft, erst in unserem Körper wird der Atem persönlich, wird zur Sprache, zum persönlichen Ausdruck. Probleme im Lunge-Bronchien-Bereich weisen darauf hin, dass die Kommunikation zwischen außen und innen, Ich und Du, Mensch und Gott problematisch geworden ist. Möglicherweise »nimmt uns jemand die Luft zum Atmen«, oder »wir brauchen den anderen wie die Luft zum Atmen«.

Können wir uns nicht anders bemerkbar machen, unseren Ärger oder unsere Trauer nicht ausdrücken, »husten wir ihm dann etwas«.

Häufige Störungen und Erkrankungen

Asthma bronchiale

Asthma bronchiale zählt zu den häufigsten psychosomatischen Erkrankungen im Kindesalter. Meist geht eine erhöhte Infektanfälligkeit, verbunden mit einer allergischen Disposition, voraus.

Umstellungen im Hormonsystem wie in der Pubertät oder in den Wechseljahren begünstigen die Entstehung von Asthma bronchiale. Dabei kommt es zu Verkrampfung und Behinderung der Luftpassage während des Ausatmens und einem damit verbundenen starken Engegefühl, das zusätzlich mit großer Erstickungsangst verbunden sein kann.

Außerdem entwickeln sich mit der Zeit eine überblähte Lunge und vermehrte Schleimsekretion. Die Behandlung muss immer ganzheitlich erfolgen. Allergene müssen vermindert oder ganz vermieden werden, Zahnherde saniert und die Ernährung so umgestellt werden, dass sie wenig tierische Eiweiße enthält und sehr pflanzenreich ist.

Yoga- und Atemübungen gehören genauso wie autogenes

Heilende Affirmation

»Ich überlasse mich dem Fluss des Lebens.«

»Indem ich loslasse, schaffe ich Raum für Neues in meinem Leben.«

»Ich lebe im Rhythmus.«

Visualisierung

- Begeben Sie sich wie im Kapitel« Praktisches Vorgehen« auf Seite 96 beschrieben auf eine tiefere Bewusstseinsebene.
- Begeben Sie sich zu Ihrem Entspannungsplatz, an dem Sie sich wohl und geborgen fühlen. Vielleicht gibt es Steine, Pflanzen oder Tiere, zu denen Sie sich hingezogen fühlen und die Ihnen außerdem Sicherheit vermitteln.
- Nehmen Sie Ihren Atem wahr. Wenn Ihnen das Ausatmen schwer fällt, stellen Sie sich vor, Ihr Körper hätte viele unsichtbare spezielle Poren wie kleine Fenster, die sich öffnen lassen. Über diese Poren lassen Sie jetzt den Druck los, den Sie in Ihrer Lunge oder in Ihrem Brustkorb empfinden. Sie können sich vorstellen, dass die Luft mit einem fast lautlosen Zischen entweicht oder in Form einer bestimmten Farbe. Ihre Schultern und Schlüsselbeine entspannen sich dadurch, mit jedem Ausatmen lassen Sie sich im Becken in Ihrer Mitte nieder. Hier sind Sie sicher und geborgen.
- Falls es Menschen gibt, von denen Sie sich unter Druck gesetzt oder kritisiert fühlen, die Ihnen Schuldgefühle vermitteln, lassen Sie diese Menschen auftauchen und weisen Sie ihnen einen Platz zu, der ihnen zukommt und richtig für sie ist. Wie viel Abstand wünschen Sie sich zu diesen Personen, was möchten Sie ihnen sagen?
- Bedanken und verabschieden Sie sich und kommen Sie langsam wieder aus der Entspannung heraus. Dehnen und strecken Sie sich.

Training zu den wichtigsten unterstützenden Heilverfahren. Mit ihrer Hilfe kann das richtige Verhältnis von Anspannung und Entspannung erfahren und eingeübt werden. Darüber hinaus sind Wasseranwendungen nach Kneipp besonders zu empfehlen.

Empfehlungen aus der Naturheilkunde

Homöopathie: Cuprum, Drosera.
Asthma erfordert in jedem Fall eine konstitutionelle Behandlung, meist Darmsanierung, Ausschaltung von Störherden wie toten Zähnen usw.
Schüßler-Salze: Magnesium phosphoricum, Kalium chloratum, Natrium sulfuricum.
Spagyrik: Pulmonik N 5 x 7 Tropfen, Cerebretik 5 bis 7 x 3 Tropfen, Polypathik N 2 x 10 Tropfen.

Was Sie auf der seelischen Ebene beachten sollten

Hinter einer asthmatischen Erkrankung können sich die verschiedensten seelischen Konflikte verbergen: das Sich-anvertrauen-Wollen und die gleichzeitige Angst davor. Asthma als unterdrücktes Weinen und damit als unterdrückte Trauer, eine dominante Mutter, die als überbehütend und gleichzeitig als unterdrückend aggressiv erlebt wurde.

Finden Sie heraus, was Sie mit der erschwerten Ausatmung festhalten, und entscheiden Sie bewusst, es loszulassen. Entwickeln Sie ein Gefühl von Geborgenheit, das weitgehend unabhängig ist von anderen Menschen und das Ihnen hilft, die Angst vor dem Verlassenwerden, aber auch gleichzeitig die Angst vor dem Vereinnahmtwerden zu verlieren.

Hilfreiche Bach-Blüten

Chicory, White Chestnut, Aspen, Mimulus, Cherry Plum, Rock Rose.

Geben Sie in einer akuten Situation die Bach-Blüten direkt aus der Vorratsflasche in ein Glas Wasser (pro Blüte einen Tropfen und möglichst nicht mehr als fünf Blüten gleichzeitig mischen) und trinken Sie es schluckweise. Bei chronischen Erkrankungen sollten Sie sich in der Apotheke eine Mischung der entsprechenden Blüten herstellen lassen und davon 2 x 10 Tropfen täglich einnehmen.

Die wichtigste Blüte für die Behandlung des Asthma bron-

Heilende Affirmation

»Meine Widerstandskraft wächst von Moment zu Moment.«

»Mein Immunsystem ist stark und verlässlich.«

»Ich bin in der Lage, dem anderen meinen Standpunkt mitzuteilen – ohne Angst und ohne Schuldgefühle.«

---

chiale ist Chicory. Sie hilft Ihnen dabei loszulassen, um dann wieder befreiter atmen zu können.

Akute und chronische Bronchitis

Die akute Bronchitis ist eine häufige Begleiterscheinung der grippalen Infekte. Ausgelöst von Bakterien und Viren, kommt es zu Entzündungen im Bereich der Bronchien. Durch heftiges Husten und die damit verbundenen Kontraktionen will sich der Körper der Störenfriede entledigen und sie durch ruckartiges Zusammenziehen der Muskeln wieder nach oben und nach außen befördern. Mit dem Schleim, den wir abhusten, entledigen wir uns auch des Eiters, diesem Endprodukt eines Abwehrkampfs zwischen Immunzellen und Bakterien.

Wird eine akute Bronchitis unvollständig ausgeheilt oder

! Schleimhautpflege für die Bronchien

Unsere Bronchien brauchen viel frische Luft und Feuchtigkeit. Bewegen Sie sich oft draußen und trinken Sie mindestens zwei Liter am Tag. Atmen Sie tief ein und aus. Je tiefer Sie atmen, umso besser werden Lunge und Bronchien durchblutet und umso besser können die Immunzellen, die ja auch auf dem Blutweg transportiert werden, tätig sein. Vermeiden Sie zu rauchen und essen Sie viel Obst und Gemüse.

Visualisierung

- Begeben Sie sich wie auf Seite 96 beschrieben auf eine tiefere Bewusstseinsebene. Atmen Sie ruhig und gleichmäßig und verlängern Sie nach und nach das Ausatmen. An Ihrem Entspannungsplatz angekommen, sehen Sie sich um, ob es Pflanzen oder Heilkräuter gibt, die für Sie jetzt gerade wichtig wären. Vielleicht gibt es auch hilfreiche Tiere, die gerne mit Ihnen Kontakt aufnehmen würden.
- Wenden Sie sich Ihrem Körper zu, stellen Sie sich die Lunge und Bronchien genau vor. Vielleicht können Sie sogar in Ihre Lunge hineingehen und sie genauer untersuchen. Sind sie rot und gereizt oder blass und energielos? Gibt es etwas, was Lunge und Bronchien sich von Ihnen wünschen, oder möchten Sie Ihren Organen etwas mitteilen? Lassen Sie sich Zeit, bis Sie das Gefühl einer guten Verbindung haben.
- Setzen Sie dann die ausgewählte Heilmethode ein oder kombinieren Sie mehrere miteinander. Legen Sie die Hände auf den Brustkorb und senden Sie Heilenergie an Ihre Lunge, schicken Sie Licht und Farbe, Töne, gute Gedanken oder finden Sie Bilder, wie Sie sich den Lunge-Bronchien-Bereich wünschen. Rufen Sie Ihren persönlichen Engel zu Hilfe oder bitten Sie die geistige Welt um Unterstützung. Stellen Sie sich vor, wie sich die Symptome vermindern und Sie gleichzeitig die Botschaft verstanden haben, die Ihnen Ihr Körper mitteilen will.
- Bedanken und verabschieden Sie sich und kommen Sie langsam aus der tiefen Entspannung heraus.

unterdrückt, bevor der Körper seinen Abwehrkampf wirklich beendet hat, kann es zu einer chronischen Reizung des gesamten Atemsystems kommen. Auch giftige Substanzen wie Asbest oder Teerpartikel oder regelmäßiges Rauchen können zu einer chronischen Bronchitis führen.

Empfehlungen aus der Naturheilkunde

Homöopathie: Bryonia, Cuprum, Drosera, Kalium jodatum.
Schüßler-Salze: Kalium chloratum, Ferrum phosphoricum, Magnesium phosphoricum.
Spagyrik: Azinat 3 x 10 Tropfen, Pulmonik N 2 x 10 Tropfen.

Was Sie auf der seelischen Ebene beachten sollten

Einem Infekt ist immer ein Konflikt vorausgegangen – zwischen eindringenden Erregern und dem körpereigenen Immunsystem. Konflikte finden natürlich auch auf der zwischenmenschlichen Ebene statt – wie innen, so außen. Unterdrücken wir sie dort, können sie sich im Körper abspielen.

Seelische und körperliche Erschöpfung bilden einen guten Nährboden für Infekte, wir sind nicht mehr in der Lage, Erreger frühzeitig – in diesem Fall bereits im Rachenraum – abzuwehren, sondern lassen sie zu tief in uns eindringen. Fragen Sie sich im Fall eines akuten oder auch chronischen Infekts, wogegen Sie sich scheinbar nicht wehren können, welche Menschen Sie vielleicht zu sehr an sich herankommen lassen, obwohl Sie es in Wirklichkeit gar nicht möchten.

Die Psychosomatik sieht hinter Problemen mit den Atmungsorganen vor allem einen gestörten Austausch auf jeder möglichen Ebene. Darüber hinaus kann es um Macht und Ohnmacht, um Anziehung und Abstoßung gehen. Der Husten kann zur sprachlosen Sprache werden, die Protest oder Aggression zum Ausdruck bringen möchte.

Hilfreiche Bach-Blüten

Crab Apple, Cherry Plum, Larch, Rock Rose, Willow.
Ein heftiger Hustenanfall kann im Extremfall sogar Erstickungsängste hervorrufen. Die Blüte Cherry Plum hilft in akuten Notsituationen, indem sie die Angst lindern und Ruhe in den Körper einkehren lässt.

Die Bach-Blüten Cherry Plum (Kirschblüte)

Herz, Kreislauf, Blut

Aufbau und Funktion

Herz, Kreislauf und Blut stehen in einem so engen Zusammenhang, dass sie hier zu einer Funktionseinheit zusammengefasst wurden.

Das Herz

Es ist etwa so groß wie die eigene Faust und liegt zu zwei Dritteln auf der linken Seite der Brustmittellinie; es ist vollständig von den Lungenflügeln eingefasst und ruht auf dem Zwerchfell. Eingebettet ist es in dem Herzbeutel, der am Brustbein und am Zwerchfell verankert ist. Linke und rechte Herzseite sind durch eine Scheidewand getrennt. Auf jeder Seite gibt es einen Vorhof als Empfangsstation für die Blutaufnahme und eine dahinter liegende Kammer. Aus der rechten Herzhälfte wird das Blut zur Lunge transportiert, wo es mit frischem Sauerstoff angereichert wird, bevor es in die linke Herzhälfte zurückkehrt. Von hier aus wird das mit Nährstoffen und Sauerstoff beladene Blut im ganzen Körper verteilt. Das verbrauchte Blut wird dann zur rechten Herzhälfte zurücktransportiert.

Der Herzschlag entsteht durch das abrupte Zusammenziehen der Herzkammermuskulatur, wodurch das Blut aus

»

Unser Blut fließt genauso salzig wie die See, wir sind selbst Planeten für Milliarden kleiner Lebewesen, Mikroorganismen und wer weiß für wen sonst noch.

Jean Houston

dem Herz herausgepresst wird. Vier starke und strapazierfähige Herzklappen zwischen Vorhöfen und Kammern sowie zwischen den Kammern und den großen Schlagadern sorgen dafür, dass das Blut in die richtige Richtung transportiert wird.

Das Herz besteht aus einem Netz von Blutgefäßen, die, aneinander gehängt, etwa 90 000 Kilometer lang sind. Die Gefäße versorgen jede Körperzelle mit Sauerstoff, Hormonen, mit den der Körperabwehr dienenden Substanzen und Bausteinen der Nahrung. So werden auch Stoffwechselschlacken und Kohlendioxyd abtransportiert.

Sauerstoffreiches Blut wird vom Herzen in die Arterien gepumpt, zuerst in die Hauptschlagader, die Aorta, dann in die größeren Arterien bis in die kleinsten Arteriolen. Diese spalten sich auf in haarfeine Gefäße, die Kapillaren, die jede Zelle erreichen. Da die Arterien dem enormen Druck standhalten müssen, mit dem das Blut aus dem Herzen gepumpt wird, sind sie von einer verhältnismäßig dicken Muskelschicht umgeben. Zum Herz zurück fließt das Blut in den Venen. Sie haben selbst keine Muskulatur und sind auf die Unterstützung der sie umgebenden Muskeln angewiesen. Außerdem trägt der Sog, den der Rhythmus des Aus- und Einatmens im Brustraum entstehen lässt, zum Rückfluss des Blutes bei. Venenklappen verhindern den Rückfluss des Blutes.

Das Blut

Fünf bis sechs Liter Blut kreisen durchschnittlich in diesem inneren Straßennetz. Es besteht aus dem flüssigen, durchscheinenden Blutplasma und den festen Bestandteilen, den Blutkörperchen.

Jeder einzelne Tropfen Blut enthält etwa 250 Millionen Blutkörperchen. 90 Prozent davon sind die tellerförmigen Erythrozyten oder roten Blutkörperchen, die eine Lebenszeit von etwa 120 Tagen haben. Sie sind mit dem Blutfarbstoff Hämoglobin

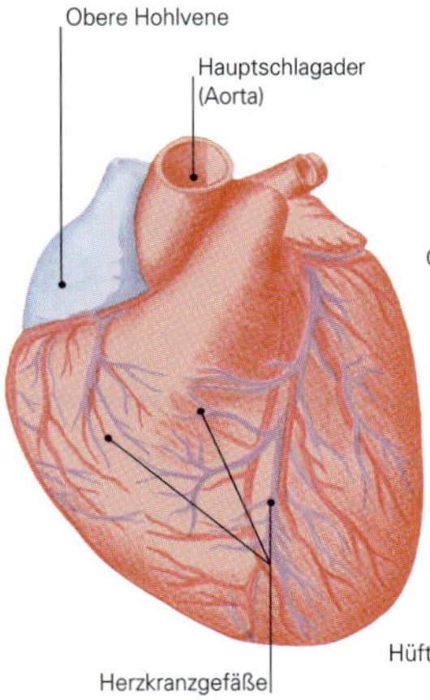

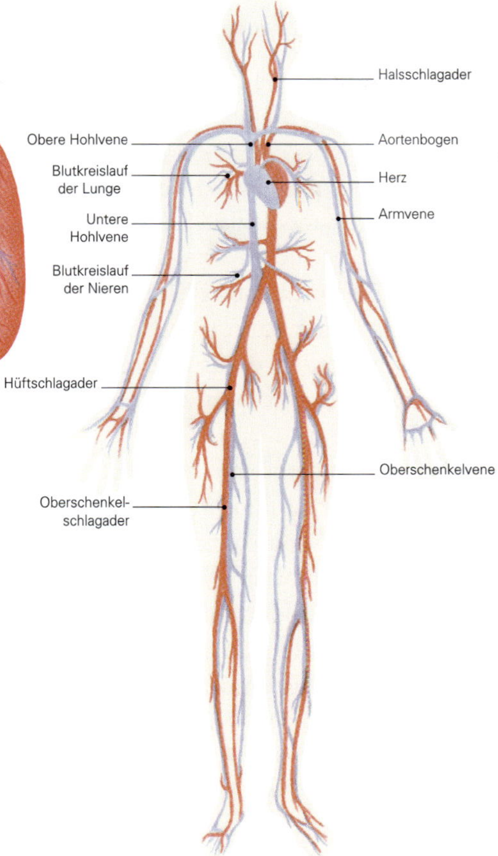

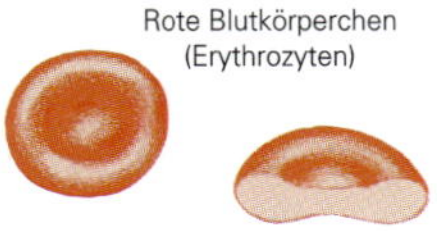

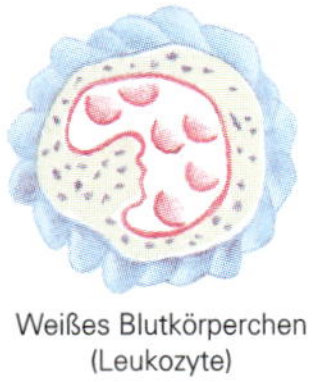

Alle Zellen und Organe des Menschen müssen ständig mit Sauerstoff und Nährstoffen versorgt werden. Außerdem müssen die Abfallprodukte des Stoffwechsels abtransportiert werden. Das weit verzweigte Kreislaufsystem erreicht jeden Ort des Organismus. Treibende Kraft ist das Herz (oben). Es schlägt im Lauf eines 70-jährigen Lebens fast dreimilliardenmal und pumpt dabei ununterbrochen Blut durch das Gefäßsystem. Rechts: Über die Arterien (rot gefärbt) wird sauerstoffreiches Blut aus der linken Herzkammer zu den Organen und Geweben befördert. Dort findet im Kapillarsystem der Stoffaustausch statt. Das verbrauchte, mit Abbauprodukten des Stoffwechsels beladene Blut wird durch die Venen (blau gefärbt) in den rechten Vorhof des Herzens zurückbefördert, gelangt dann von der rechten Herzkammer in die Lunge, wo der Gasaustausch stattfindet. Von der Lunge fließt es zum linken Vorhof zurück. Unten links: rote (Erythrozyten) und weiße (Leukozyten) Blutkörperchen.

! Blut ist ein ganz besonderer Saft

Mephisto wollte seinen Vertrag, den er mit Faust geschlossen hat, mit Blut besiegeln. Die Anthroposophen sehen das Blut als Träger des Ich, als Träger der Persönlichkeit. In jedem Fall spielt das Blut auf körperlicher und seelischer Ebene eine Hauptrolle im menschlichen Leben.

bepackt, von ihm hat das Blut seine rote Farbe. Am Eisenkern der Erythrozyten kann sich Sauerstoff binden und damit die lebenswichtigen Atemgase befördern. Ein weiterer Bestandteil sind die Thrombozyten oder Blutplättchen, die zur Blutstillung beitragen.

Die Leukozyten, die in wesentlich geringerer Anzahl im Blut vorhanden sind, unterteilen sich in Granulozyten, Lymphozyten und Monozyten. Sie dienen alle der Körperabwehr. Ihre Lebensdauer beträgt wenige Stunden bis zu einigen hundert Tagen. Sie bilden gemeinsam eine schlagkräftige Abwehr gegen Viren, Bakterien, Pilze und Parasiten und bekämpfen auch körpereigene entartete Zellen.

Organsprache

Das Herz ist nicht nur in unserem Körper ein zentrales Organ. In Märchen, Mythen, Volksliedern, in Opern, Operetten, in Schlagern, überall spielt es eine wichtige Rolle. »Mit ganzem Herzen bei der Sache zu sein« oder jemand anderem »von ganzem Herzen« Glück zu wünschen meint, dass wir es aus ganzer Überzeugung tun und nicht »halbherzig«. Der »Herzschmerz«, das »gebrochene Herz« zeigen aber auch, wie verletzbar unser Herz ist. Herzprobleme haben nicht selten mit seelischen Verletzungen, mit Ablehnung, aber auch mit Angst und Enge, mit Druck und innerem Stress zu tun. Wenn wir dem Herzen als körperliches oder seelisches Zentrum

! Sinnbild des Lebens

Blut, als das einzige »flüssige Organ« des Körpers, erneuert sich ununterbrochen. Es ist das Transportsystem für alle Organe und wirkt gleichzeitig auch als Abwehrsystem.

nicht den ihm gebührenden Platz einräumen, wird es sich in irgendeiner Art bemerkbar machen.

Der Fluss des Blutkreislaufes darf nicht stagnieren. Abflusshindernisse wie Thromben (kleine Blutpfropfen) können zu einer lebensgefährlichen Bedrohung werden.

Das Blut wird in allen Kulturen mit Leben und Lebenskraft in Verbindung gebracht. Jeder Blutstropfen enthält alle Informationen über den Menschen – das Blut ist der Ausdruck der eigenen Individualität. Das Verhältnis der Blutkörperchen untereinander gibt damit auch Aufschluss über den Menschen. Die Anämie, bei der es im Blut an Eisen fehlt, kann ein Hinweis auf ein schwaches Ich sein, das Angst hat, sich durchzusetzen, und Konflikten frühzeitig aus dem Weg geht.

Häufige Störungen und Erkrankungen

Kreislaufstörungen, zu hoher oder zu niedriger Blutdruck

Der Blutdruck entspricht der Kraft, mit der der Herzschlag das Blut aus dem Herzmuskel heraus und in das Gefäßsystem treibt. Der Blutdruck wird meist an der Armschlagader gemessen, da hier ein größeres arterielles Geflecht dicht unter der Hautoberfläche liegt.
Den Maximalwert bezeichnet man als systolischen Druck, den Minimalwert als diastolischen.

! Risikofaktor Blut

Wird der niedrige Blutdruck meist als unangenehm empfunden, so gehört der dauerhaft erhöhte Blutdruck zu den Risikofaktoren für Herzerkrankungen, Herzinfarkt und Gehirnschlag.

Niedriger Blutdruck: Der systolische Druck liegt beim Mann dauernd unter 110, bei der Frau unter 100 mmHg. Durch die damit verbundene schwächere Durchblutung des ganzen Körpers kann es zu einer leichteren Ermüdbarkeit, zu Kältegefühl, Schwindel, aber auch zu Beklemmungsgefühl in der Herzgegend kommen.
Hoher Blutdruck: Der systolische Wert beträgt 160 mmHg und der diastolische 95 mmHg und höher. Die Ursachen dafür sind vielfältig, ebenso sollte die Behandlung des Bluthochdrucks immer ganzheitlich sein und in jedem Fall diätetische Maßnahmen sowie Reduzierung eines möglichen Übergewichts beinhalten. Eine hohe Erfolgsquote verbuchen spezielle Entspannungstechniken ebenso wie Meditation, die in vielen Fällen zu einer Blutdrucksenkung führt.

Empfehlungen aus der Naturheilkunde: Hoher Blutdruck

Homöopathie: Apocynum, Aurum jodatum, Viscum album.
Schüßler-Salze: Calcium fluoratum, Kalium phosphoricum, Magnesium phosphoricum.
Spagyrik: Polypathik N 2 x 15 Tropfen, Cerebretik 2 x 10 Tropfen, Renalin 2 x 10 Tropfen.

Empfehlungen aus der Naturheilkunde: Niedriger Blutdruck

Homöopathie: Veratrum album, Crataegus.
Schüßler-Salz: Ferrum phosphoricum.
Spagyrik: Cordiak 2 x 10 Tropfen, Sanguisol 2 x 10 Tropfen.

Heilende Affirmation

»Ich erlaube mir, mich zu spüren und wahrzunehmen, was mich bewegt.«

»Ich befreie mich von Druck und Angst.«

»Ich finde immer wieder meine innere Harmonie.«

Was Sie auf der seelischen Ebene beachten sollten

Die Balance zwischen Anspannung und Entspannung, die sich im Blutdruck widerspiegelt, steht auch auf der seelischen Ebene häufig im Vordergrund. Menschen, die zu Bluthochdruck neigen, sitzen häufig auf einem »inneren Pulverfass«. Sie befinden sich meist in einem Konflikt zwischen Anpassung und großem Liebesbedürfnis. Andererseits würden sie sich gern durchsetzen und verdrängte Aggressionen ausleben.

Der niedrige Blutdruck hängt nicht selten mit Rückzug und Depression zusammen, häufig verbunden mit Angst vor Verlust. Konflikte werden verdrängt.

Hyper- und Hypotoniker sollten eigene Impulse deutlich wahrnehmen und, so weit wie möglich, zum Ausdruck zu bringen. In beiden Fällen haben sich körperorientierte Therapieverfahren besonders bewährt.

Hilfreiche Bach-Blüten

Bei hohem Blutdruck: Cherry Plum, Vine, Willow.
Bei niedrigem Butdruck: Pine, Larch, Rock Water, Centaury.
Versuchen Sie, die hier empfohlenen Bach-Blüten kennen zu lernen, indem Sie die entsprechenden Bilder oder die Blüte in der Natur betrachten. Visualisieren Sie diese Bilder, während Sie die Blütenessenzen einnehmen, und verstärken Sie damit ihre Wirkung.

Die Bach-Blüte Centaury (Tausendgüldenkraut)

Visualisierung

- Setzen oder legen Sie sich bequem hin und entspannen Sie sich, indem Sie Ihre Atmung vertiefen und verlangsamen. Gehen Sie dann wie auf Seite 96 beschrieben auf eine tiefe Entspannungsebene.
- Stellen Sie sich Ihr Kreislaufsystem so gut wie möglich vor. Finden Sie Bilder, mit denen Sie ein harmonisches Zirkulieren des Blutes unterstützen können. Ein gleichmäßig dahinströmender Bach oder Fluss kann es ebenso sein wie ein Musikstück, das Ihnen sehr vertraut ist und das die Qualität des Dahinfließens widerspiegelt.
- Wenn Sie zu hohen Blutdruck haben, stellen Sie sich jetzt vor, dass Sie diesen Druck vermindern, indem Sie zum Beispiel eine kühlende, entspannende Farbe visualisieren oder die Hände auf Ihr Herz legen und über Ihre Hände Druck nach außen abfließen lassen.
- Bei zu niedrigem Druck stellen Sie sich vor, wie Sie mit einer anregenden Farbe (z.B. Rot, Orange oder auch Violett) den Druck erhöhen oder über Ihre Hände Energie in Ihr Herz fließen lassen.
- In beiden Fällen können Sie sich auch ein Glasröhrchen mit einer aufgezeichneten Skala vorstellen, auf der Ihr Blutdruck in der gewünschten Höhe erscheint.
- Lauschen Sie nach innen, ob es eine Information für Sie gibt, was Sie tun könnten, um Ihren Blutdruck zu normalisieren. Bedanken und verabschieden Sie sich, bevor Sie langsam wieder aus der Entspannung herauskommen.

Durchblutungsstörungen, Venenprobleme und Hämorrhoiden

Venenstauungen, wie sie oft bei anlagebedingten Krampfadern vorliegen, treten häufig an den Beinen auf. Zu den Ursachen gehören Schwäche der Venenklappen infolge langen Stehens oder Sitzens, Verstopfung, Übergewicht oder auch Schwangerschaft. Falsche, meist zu fleischhaltige Ernährung mit einem zu geringen Anteil an pflanzlichen Ballaststoffen zählt

Heilende Affirmation

»Ich vertraue den Kräften der Wandlung.«

»Ich lasse los und bleibe in Fluss.«

»Ich bin selbstbewusst und standhaft.«

---

ebenfalls zu den Ursachen solcher Venenstauungen, bei denen das Blut nicht mehr in den Kreislauf zurückgeführt wird, sondern in den Venen versackt und Ursache ist für das Schweregefühl in den Beinen und geschwollene Knöchel.

Neben einer Ernährungsumstellung sowie einer reichlichen Flüssigkeitsaufnahme bringen Bewegung, Kneipp-Güsse und Umkehrübungen aus dem Yoga oder das Hochlagern der Beine eine deutliche Verbesserung.

Empfehlungen aus der Naturheilkunde

Homöopathie: bei Durchblutungsstörungen: Carbo vegetabilis, Hamamelis.
Bei Venenstauungen: Hamamelis, Aesculus hippocastanum.
Bei Hämhorrhoiden: Aesculus hippocastanum, Hamamelis, Nux vomica.
Schüßler-Salze: Calcium fluoratum, Magnesium phosphoricum, Silicea.
Spagyrik: Hepatik 3 x 7 Tropfen, Sanguisol (bei niedrigem Blutdruck) 2 x 10 Tropfen.

Was Sie auf der seelischen Ebene beachten sollten

Stauungen im Körper zeigen immer, dass das Fließen behindert oder blockiert ist. Fließen setzt immer Loslassen und Geschehenlassen voraus, Fließen hat mit Wandlung und Beweglichkeit zu tun.

Das Verfestigen von Meinungen, Wertmaßstäben, moralischen Ansichten verhindert auch auf körperlicher Ebene ein freies Fließen.

Bei Krampfadern oder Hämorrhoiden kommt zu einem schwachen Blutfluss in den Venen noch ein schwaches Bindegewebe hinzu. Eine Schwäche dieses Stützgewebes, das alle Zellen miteinander verbindet, weist häufig auf einen Mangel an Halt, Selbstsicherheit, Standvermögen und innerer Spannkraft hin. Gestaute alte negative Gefühle, die im wahrsten Sinne nach unten gedrückt wurden, können auf der körperlichen Ebene zu Krampfadern und Hämorrhoiden führen.

Hilfreiche Bach-Blüten

Willow, Chicory, Larch, Centaury, Elm, Gorse.

Kurz bevor Edward Bach die Blüte Gorse entdeckte, befand er sich in einer ausweglosen Situation, für die es scheinbar keine Lösung gab. Er empfand dieses Gefühl wie ein inneres Blockiert- oder Gestautsein. Gorse, der Stechginster mit seinen überwältigenden kraftvollen gelben Blüten, unterstützte ihn dabei, diese Energien wieder in Fluss zu bringen und eine positive Lösung zu finden.

Die Bach-Blüte Chicory (Wegewarte)

Visualisierung

- Begeben Sie sich wie auf Seite 96 beschrieben in einen tiefen Entspannungszustand.
Von Ihrem Entspannungsplatz aus treten Sie eine Reise in Ihren Körper an. Stellen Sie sich vor, dass Sie durch Ihre Gefäße wie auf einer Kinderrutsche vom Herzen durch den ganzen Körper gleiten können. Sie nehmen dabei genau wahr, wo es leichter geht und wo sich mögliche Widerstände wie Ablagerungen oder Stauungen befinden.
- Schicken Sie Licht und Farbe an diese Stelle oder legen Sie die Hände auf. Bitten Sie um Heilenergie, die Ihnen dabei hilft, alles aufzulösen, was den Fluss des Blutes behindert. Spüren Sie, wie sich das Gewebe rund um die Gefäße anfühlt und wie dick oder dünn das Blut ist. Jetzt sind Sie am Endpunkt in der kleinen Zehe angelangt und müssen sich auf den Rückweg machen. Wie ist dieser Weg im Vergleich zum anderen, den Sie gekommen sind?
- Nehmen Sie wahr, wie Sie im Blutstrom von unten nach oben gespült werden. Wie fühlen sich die Gefäße hier an? Brauchen Sie etwas mehr Kraft? Gibt es eine Farbe, die den Energiefluss anregt? Sie können alle Heilmethoden einsetzen, um den Blutfluss anzuregen oder die Venen zu kräftigen.
- Wieder im Herzen angekommen, fragen Sie, ob es eine Botschaft für Sie gibt. Wieder können Bilder, Symbole, Gedanken oder Worte auftauchen, die Sie mitnehmen, wenn Sie jetzt die tiefe Entspannungsebene verlassen, indem Sie von 1 bis 10 und von 1 bis 3 zählen, bevor Sie die Augen öffnen.

Verdauungsorgane

Aufbau und Funktion

Ob flüssige oder feste Nahrung, sie muss einen langen Weg durch unseren Verdauungstrakt nehmen: vom Mund über die Speiseröhre in den Magen und von dort in den Dünn- und Dickdarm bis zum After.

Wenn wir uns nach einem guten Essen satt und zufrieden zurücklehnen, beginnt für den Körper eine stundenlange Arbeit. Er muss die Nahrung auf höchst kompliziertem Weg mechanisch und chemisch zerlegen und verdauen, um die einzelnen Bestandteile aufnehmen bzw. ausscheiden zu können.

Mund, Speiseröhre, Magen – mechanische und chemische Aufbereitung

Gutes Kauen und gründliches Einspeicheln ist bereits der Anfang einer gut funktionierenden Verdauung. Durch ausgiebiges Kauen wird die Nahrung optimal zerkleinert und das Enzym Amylase, das zur Kohlenhydratverdauung gebraucht wird, unter den Speisebrei gemischt. Er gelangt durch Rachen und Speiseröhre, die hinter der Luftröhre verläuft, in wenigen Sekunden in den Magen.

Der Magen liegt unterhalb des Zwerchfells, das Brust- und

»

Unsere Körper sind aus dem Stoff von Sternen und den Mineralien der Erde.
Unsere Zellen enthalten die Erinnerungen an alle vergangenen Dinge, die Geburt der Sterne und die Entstehung des Lebens ...

Jean Houston

! Wie viel Last verträgt Ihr Magen?

Ungezuckerter Kaffee oder Buttermilch bleiben nicht einmal eine Stunde im Magen, fettes Fleisch und Ölsardinen bis zu acht Stunden, bevor sie über den so genannten Magenpförtner portionsweise in den oberen Abschnitt des Dünndarms abgegeben werden.

Bauchraum trennt, auf der linken Körperseite. Der obere Teil des Magens dient als eine Art Vorratsbehälter, der die Nahrung aufnimmt und sie nach und nach in den unteren Teil weitergibt. Hier wird sie mechanisch wie ein Teig geknetet und mit dem Magensaft vermischt, der zum größten Teil aus Salzsäure und Verdauungsenzymen besteht. Nach einigen Stunden wird – ausgelöst durch bestimmte Gewebshormone in Zusammenspiel mit dem Nervensystem – die Entleerung des Magens veranlasst. Von hier wandert der Speisebrei in den Dünndarm.

Dünndarm, Leber, Bauchspeicheldrüse – chemischer Hochleistungstrakt

Bestimmte Hormone setzen jetzt die Tätigkeit der Gallenblase und der Bauchspeicheldrüse in Gang, die ihre Verdauungssäfte in den Dünndarm abgeben, um die Zersetzung des Nahrungsbreis zu unterstützen. Das basische Sekret der Bauchspeicheldrüse, die hinter dem Magen auf der linken Körperseite liegt, zerlegt Eiweiß in Aminosäuren und Kohlenhydrate in Glukose. Die Gallenflüssigkeit sorgt dafür, dass die wasserlöslichen Fette in kleinste Bausteine aufgespalten werden. Im rund dreieinhalb Meter langen und etwa drei Zentimeter dicken Dünndarm, der im Bauchraum liegt, wird die Hauptarbeit der Verdauung geleistet: Kohlenhydrate, Fette und Eiweiße, die Hauptbestandteile der Nahrung, werden hier in ihre kleinsten Bestandteile zerlegt. Dafür ist der Dünndarm, der aus etwa 600 Ringfalten besteht, mit tausenden von Schleimhautzotten ausgestattet. Diese sind mit Blutgefäßen durchzogen, durch die die Nahrungsbestandteile ins Blut wandern können. Fette werden in erster Linie von den Lymphbahnen resorbiert.

Dickdarm, Mastdarm, After – Flüssigkeitsregulierung und Ausscheidung

Noch ist der Verdauungsprozess nicht beendet, auch wenn es schon zehn Stunden her sein kann, dass wir die letzte Nahrung zu uns genommen haben. Der restliche Verdauungsbrei wird jetzt in den kürzeren Dickdarm befördert, zu dem Blinddarm mit Wurmfortsatz und Enddarm gehören, der schließlich im After endet. Das Innere des Dickdarms weist tiefe Einstülpungen auf, die mit vorwiegend schleimabsondernden Zellen ausgekleidet sind. Hier werden Wasser und Elektrolyte in den Kreislauf zurückgeführt. Der Darminhalt wird dadurch fester und gleitfähiger und enthält vor allem unverdauliche Nahrungsbestandteile wie pflanzliche Zellulosefasern, die man auch Ballaststoffe nennt. Aber es befinden sich noch wertvolle, meist schwer verdauliche Nahrungsbestandteile im Dickdarm. Hier ist das Arbeitsfeld der etwa 400 verschiedenen Darmbakterien, die in der Darmflora enthalten sind. Sie bauen diese Nahrungsbestandteile durch Gärungs- und Fäulnisprozesse weiter ab, damit sie der Körper verwerten kann. Es ist kaum vorstellbar, dass in einem Gramm Darminhalt etwa 50 Milliarden Darmbakterien am Werk sind, die zum Teil aus den Ballaststoffen Energie für ihren Stoffwechsel gewinnen. Die unverdaulichen Fasern dienen aber auch zur Reinigung des Dickdarms und sind so für eine gesunde Verdauung absolut unerlässlich.

Es kann 10 bis 12 Stunden dauern, bis der Dickdarm mit seiner Arbeit so weit fertig ist, dass er den Kot oder Stuhl an Mastdarm und Rektum weitergegeben hat. Mit der Stuhlent-

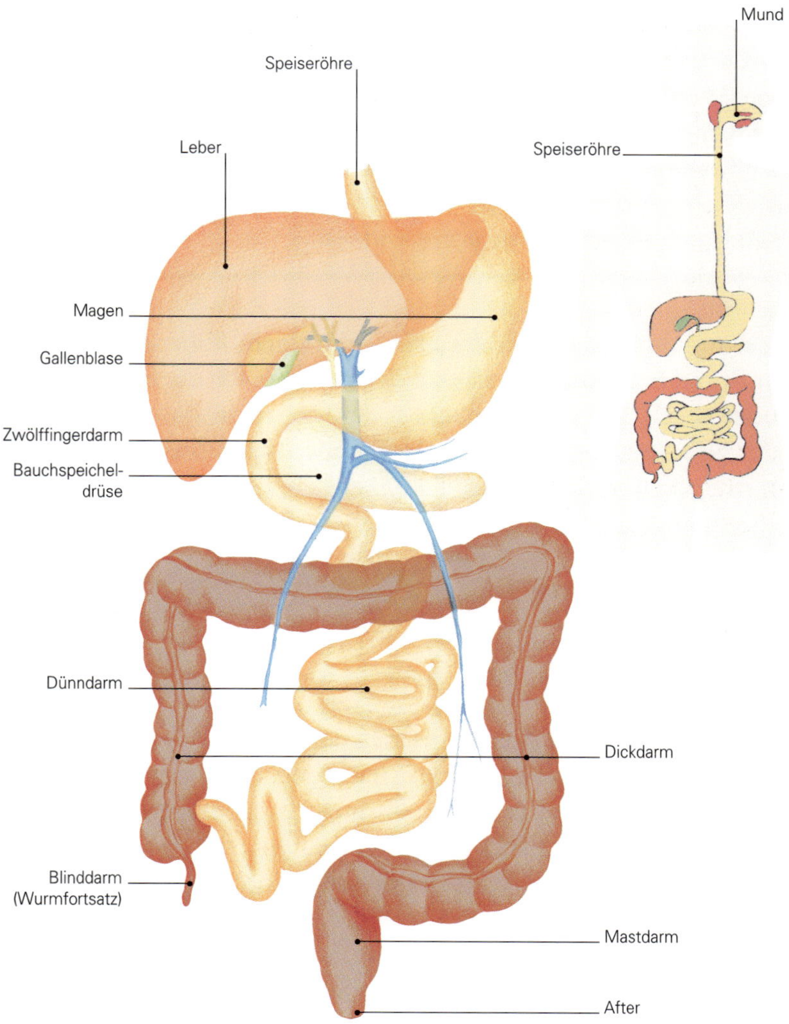

Einen langen Weg durchläuft unsere Nahrung vom Mund über die Speiseröhre in den Magen und von dort in den Dünn- und Dickdarm. Dabei wird die Nahrung mechanisch und chemisch zerlegt und verdaut, um die einzelnen Bestandteile aufnehmen bzw. ausscheiden zu können.

! Die Leber

Sie ist unser vielseitiges chemisches Labor, ist ebenfalls maßgeblich an der Verdauung beteiligt. Sie liegt auf der rechten Körperseite, wiegt rund eineinhalb Kilogramm und ist die Entgiftungszentrale unseres Organismus. Darüber hinaus kontrolliert sie unter anderem den Fettstoffwechsel, produziert Harnstoff, synthetisiert Eiweiß, fördert Fett- und Kohlenhydratspeicherung und produziert den gelbgrünen Gallensaft, der in der Gallenblase gespeichert wird.

leerung endet dieser langwierige, mit einem hohen Energieaufwand betriebene Prozess der Verdauung. Ob der Stuhl hart oder weich, hell oder dunkel ist, darüber entscheiden die Art der Nahrung (d.h. ballaststoffreich oder -arm) sowie die ausreichende Aufnahme von Flüssigkeit.

Organsprache

Der Magen

Zeitlebens steht für viele Menschen der Hunger in Verbindung mit der Suche nach Liebe oder nach der »Süße des Lebens«. Viele Sprichworte aus dem Volksmund beschäftigen sich mit dem Verdauungssystem und seinen seelischen Hintergründen. »Sich an etwas festbeißen« oder sich »durchbeißen« zeigen unterschiedliche Haltungen in einer Situation, genauso wie das »Etwas-nicht-schlucken-Können« oder »das Hinunterschlucken«, bevor es gesagt ist. Aufgenommen wird das Geschluckte vom Magen, der unter Umständen »verstimmt« darauf reagiert. Dann kann es passieren, dass nicht nur der Magen, sondern der ganze Mensch durch übermäßige Magensäureproduktion »sauer« wird. Hinuntergeschluckter Ärger oder Sorgen können bis zu einem Magengeschwür führen.

! Voller Bauch studiert nicht gern

Ein großer Teil der Energie, die wir durch die Nahrung aufnehmen, wird wieder für deren Verarbeitung benötigt. Nach einem schweren, fetten Mittagessen bleibt für die Energieversorgung des Gehirns also nicht mehr allzu viel übrig. Ein leichtes Menü erfordert dagegen ungleich weniger Verdauungskräfte.

Ein untersäuerter Magen, der sich über Druck und dumpfen Schmerz äußern kann, zeigt eher, dass einem aufgrund mangelnder Bereitschaft und Kraft, sich mit etwas Unangenehmem auseinander zu setzen, »etwas im Magen liegt«. Anders, wenn das Aufgenommene Freude macht und »Liebe durch den Magen« geht.

In der Traditionellen Chinesischen Medizin gehört der Magen-Meridian zum Element Erde. Die zum Erdelement gehörenden Emotionen sind Sympathie, aber auch Sorgen, Zweifel und Grübeln, die das Organ schwächen oder auf ein geschwächtes Organ hinweisen.

Zwischen 7.00 und 9.00 Uhr morgens wird der Magen-Meridian optimal mit Energie versorgt.

Die Bauchspeicheldrüse

Die Bauchspeicheldrüse liefert neben Verdauungsenzymen auch das Hormon Insulin, versorgt die Zellen mit Zucker, der seit jeher mit den süßen Gefühlen in Beziehung steht. Süßes gehört zur bevorzugten Nahrung von Säuglingen und Kleinkindern. Nur wer Süßes, Liebe, aufnehmen kann, ist in der Lage, sich selbst und andere zu lieben.

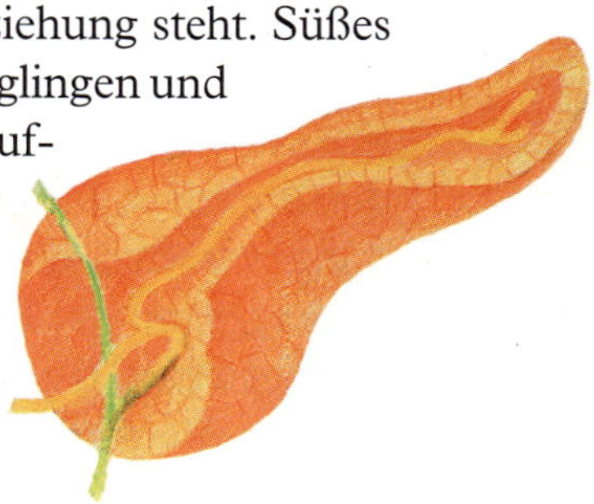

Für die Verdauungsvorgänge ist die Bauchspeicheldrüse, auch Pankreas genannt, die wichtigste Drüse.

In der Traditionellen Chinesischen Medizin gehört der Milz-Pankreas-Meridian ebenfalls zum Erdelement, das sie gemeinsam harmonisieren und damit den Menschen stabilisieren und eine gute Basis in dieser Welt vermitteln. Sein optimaler Energiefluss liegt zwischen 9.00 und 11.00 Uhr vormittags.

Die Leber und die Galle

Schon die Ähnlichkeit der Worte Leber und Leben deutet auf die große Bedeutung der Leber im körperlichen wie im seelischen Sinne hin. »Gift und Galle spucken« oder sich »grün ärgern« sprechen für heftige Emotionen, die »über die Leber laufende Laus« hingegen dürfte nur für eine kleinere Verstimmung sorgen. Der »Choleriker« hat vom gelbgrünen Galle-Farbstoff seinen Namen. Er ist bekannt dafür, dass er sich unmäßig aufregt, wenn Probleme sich nicht so lösen lassen, wie er/sie es möchte.

In der Traditionellen Chinesischen Medizin werden der Leber- und Galle-Meridian dem Element Holz zugeordnet, die dazugehörigen Emotionen sind Wut und Ärger, die das Organ schwächen oder auf ein geschwächtes Organ hinweisen. Entscheidungskraft hat in einem gut funktionierenden Leber/Galle-System ebenfalls ihren Sitz. Der optimale Energiefluss der Galle liegt zwischen 23.00 und 1.00 Uhr nachts; die Leber wird zwischen 1.00 und 3.00 Uhr morgens besonders mit Energie durchflutet.

Der Dünndarm

Er leistet die Hauptarbeit bei der Aufspaltung der Nahrung in die einzelnen Bestandteile, hier wird die wichtige Entscheidung getroffen, was verwertbar ist bzw. was zur Ausscheidung weitergeleitet werden kann.

In gewisser Weise hat der Darm auf stofflicher Ebene eine ähnliche Funktion wie das Gehirn, das diese Unterscheidung

! Schwerstarbeit

Im Bauch finden die wichtigen Verdauungs- und Stoffwechselprozesse statt. Paracelsus bezeichnete den Bauch als den »inneren Alchimisten«, das heißt, Körperfremdes wird in Körpereigenes umgewandelt.

ständig auf geistiger Ebene treffen muss. Sogar die vielen Windungen von Darm und Gehirn haben eine gewisse Ähnlichkeit.

Man spricht deshalb auch von einem »Bauchgehirn«, einem Zentrum, in dem oft noch vor der Entscheidung des Großhirns eine instinktive Wahl getroffen wird. Wenn wir »auf den Bauch hören« oder etwas »aus dem Bauch heraus tun«, ist das meist nicht das Schlechteste. Zumindest sollten Sie aber bei jeder Entscheidung Gehirn und Bauch befragen, selbst wenn Sie dann »aus dem Kopf heraus« entscheiden.

In der Traditionellen Chinesischen Medizin wird der Dünndarm-Meridian gemeinsam mit dem Herzen dem Element Feuer zugeordnet. Freude und Lust sind Emotionen, die mit diesem Organ verbunden sind, es aber – wenn sie zu heftig oder im Übermaß auftreten – auch schwächen. Seine maximale Energiezeit liegt zwischen 13.00 und 15.00 Uhr, also in der optimalen Verdauungszeit nach dem Mittagessen.

Der Dickdarm

Der Dickdarm steht oft für die Schattenseite unserer Psyche: »Hosenscheißer« oder »Schiss haben« zeigen Angst, genauso wie der Durchfall vor der Prüfung, bei der man ja tatsächlich Angst hat »durchzufallen«. Das Festhalten, das »Auf-dem-Geld-Sitzen« wird ebenfalls mit dem Dickdarm verbunden. Tatsächlich hat der Dickdarm mit Fäulnis, Gärung und Ausscheidung des »toten«, unverdaulichen Materials und damit auch mit dem Totenreich zu tun, mit dem Loslassen vom Stofflichen.

Heilende Affirmation

»Ich bin in meiner Mitte.«

»Mein Zentrum ist kraftvoll und leuchtend wie die Sonne.«

»Ich liebe meinen Magen und schicke ihm nur das Beste.«

In der Traditionellen Chinesischen Medizin wird er zusammen mit der Lunge dem Element Metall zugeordnet. Die damit verbundenen Emotionen sind Trauer und Kummer, die zum einen auftauchen, wenn das Organ geschwächt ist, aber selbst auch sehr schwächend wirken. Seine optimale Energiezeit ist 3.00 bis 5.00 Uhr morgens.

Häufige Störungen und Erkrankungen

Akute und chronische Magenschleimhautreizung und -entzündung

Eine mangelnde oder überschießende Magensaftsekretion kann zu akuten oder chronischen Beschwerden führen, genauso wie Entzündungen, die durch Bakterien oder Viren ausgelöst wurden. Die Schmerzen zeigen sich als Nüchternschmerz oder treten nach dem Essen auf. Schwere und belastende Speisen sowie säurehaltige Nahrung, Alkohol und Kaffee lassen die Beschwerden meist schlimmer werden. Magenschmerzen wirken immer stark belastend auf die Lebensenergie.

Achten Sie strikt darauf, neben den Mahlzeiten keine aufregenden und belastenden Gespräche zu führen.

Essen Sie langsam und kauen Sie die Nahrung so lange wie möglich, um dem Magen die Arbeit zu erleichtern. Legen Sie

Visualisierung

- Stellen Sie sich jetzt Ihren Magen genau vor, legen Sie die Hand auf die Magengegend und begeben Sie sich auf eine tiefere Bewusstseinsebene, wie auf Seite 96 beschrieben.
- Nehmen Sie Kontakt mit Ihrem Magen auf. Versuchen Sie Informationen zu bekommen, wie Ihr Magen aussieht. Eher hellrot oder dunkelrot? Ist die Farbe eher blass oder intensiv? Ist der Magen eher überaktiv oder müde und schlapp. Versuchen Sie jetzt, mit Ihrem Magen zu sprechen. Geben Sie ihm eine Stimme und erlauben Sie ihm, Ihnen zu sagen, was ihm fehlt, was er sich wünscht oder was er Ihnen sonst zu sagen hat.
- Spüren Sie, wie sich Ihr Magen fühlt, wenn Sie ihm so viel Aufmerksamkeit widmen.
- Wenden Sie jetzt eine der Heilmethoden aus, die auf den Seiten 67 ff. beschrieben sind, oder kombinieren Sie mehrere miteinander. Wählen Sie entweder die Farbe Gelb und lassen Sie diese Farbe in Ihr Solarplexus-Chakra und von da aus in den Magen fließen. Diese Farbe energetisiert den ganzen oberen Bauchraum.
- Haben Sie bereits eine klare Diagnose, z. B. dass es sich um ein Magengeschwür handelt, wählen Sie eine helle, blaue Farbe, um die Entzündung zu heilen.

Diese Energetisierung des Magens sollte mindestens einmal am Tag über 15 Minuten durchgeführt werden. Günstig ist eine kurze Behandlung vor jeder Mahlzeit sowie zur Organzeit zwischen 7.00 und 9.00 Uhr morgens.

zum Beispiel ab und zu einen Entlastungstag ein, an dem Sie nur Reis oder gedünstetes Gemüse zu sich nehmen.

Empfehlungen aus der Naturheilkunde

Homöopathie: Pulsatilla nach fettem Essen, besonders bei sanftmütigen, empfindsamen Frauen, Chamomilla nach Ärger, Nux vomica nach zu hastigem, zu schwerem Essen, besonders bei gestressten Karrieremenschen.
Schüßler-Salze: Kalium phosphoricum.

Spagyrik: Stomachik I 3 x 7 Tropfen,
Alcangrol jeweils 3 x 7 Tropfen (bei Geschwüren).

Was Sie auf der seelischen Ebene beachten sollten

Nehmen Sie bewusst wahr, was Sie »schlucken«, obwohl Sie eigentlich rebellieren möchten. Werden Sie sich Ihrer Aggressionen ohne Schuldgefühle bewusst. Indem Sie diese Gefühle zulassen und akzeptieren, können Sie sehr viel besser damit umgehen. Je öfter und regelmäßiger Sie die nachfolgend beschriebene Übung machen, umso leichter können Sie Gefühle wie Einsamkeit und Verlassensein zulassen.

Hilfreiche Bach-Blüten

Agrimony, Willow, Cherry Plum, Heather.

Die Bach-Blüte Agrimony (Odermennig)

Beschwerden im Leber-Galle-Bereich

Die Leber selbst alarmiert nicht mit Schmerz über zu große Belastung durch Reizstoffe wie Alkohol, Kaffee oder Zigaretten, Belastungen aus der Umwelt oder durch chemische Zusatzstoffe in Lebensmitteln. Aber dennoch gibt es Anzeichen, dass die Leber überlastet ist. Neben erhöhten Leberwerten zählen aus der Sicht der Naturheilkunde Kopfschmerzen, Venenbeschwerden, Hämorrhoiden, Stoffwechselerkrankungen genauso zu unangenehmen oder schmerzhaften Folgen wie chronische Müdigkeit, leichte Reizbarkeit oder sogar die Neigung zum Schlaganfall, durch »erhöhtes Leber-Chi«, wie die chinesische Medizin sagt.

Auch Gallensteine oder Störungen in der Gallenproduktion und im Gallenfluss gehören zu den Folgen von Leberbelastung. Verkrampfungen im Bereich der Gallengänge können dazu führen, dass die Galle nicht ordnungsgemäß in den oberen Teil des Dünndarms fließt und dort zur Verdauung beiträgt. Bauchschmerzen, Übelkeit, Verstopfung und Durchfall können die Folge sein.

Da die Verdauungstätigkeit für unser Wohlbefinden so wichtig ist, empfiehlt es sich, regelmäßig Visualisierungsübungen durchzuführen, mit denen Sie die Aktivität von Leber und Galle harmonisieren bzw. in Fluss bringen.

Empfehlungen aus der Naturheilkunde

Homöopathie: Chelidonium, Lycopodium, Taraxacum.

Pflanzenheilkunde: morgens 1 Tasse Tausendgüldenkrauttee trinken, viele Bitterstoffe zu sich nehmen, täglich 1 frischen Schwarzen Rettich.

Eine Leberentgiftung ist im Frühjahr zu empfehlen, in dieser Zeit Verzicht auf Kaffee und Alkohol, täglich einen Leberwickel machen, bei dem Sie ein heißes feuchtes Tuch auf die Leber legen und eine halbe Stunde ruhen. Während dieser Zeit können Sie Ihre Leber ideal »programmieren«.

Spagyrik: Hepatik 2 x 10 Tropfen.

Was Sie auf der seelischen Ebene beachten sollten

Nehmen Sie Ärger und innere Anspannung wahr und akzeptieren Sie zunächst diese »negativen« Gefühle. Durch Unterdrücken schwächen Sie nur Ihre Lebenskraft. Wie geht es Ihnen, wenn Sie auf Widerstand stoßen, wenn es nicht so läuft,

Heilende Affirmation

»Ich bin die Meisterin/der Meister meiner Emotionen.«

»Ich bin ruhig und gelassen.«

»Ich bin fähig, mich zu entscheiden, wann immer es notwendig ist.«

Visualisierung

- Betrachten Sie sich Aussehen und Lage der Leber und der mit ihr verbundenen Gallenblase.
- Stellen Sie sich Ihre Leber genau vor, legen Sie die Hand auf den rechten Rippenbogen und begeben Sie sich auf eine tiefere Bewusstseinsebene, wie auf Seite 96 beschrieben.
- Nehmen Sie Kontakt mit Ihrer Leber auf. Wie sieht sie aus? Können Sie die Oberfläche berühren? Möchten Sie ins Innere der Leber gehen, in die vielen Gänge und Abteilungen, in denen gearbeitet wird, gekocht, zerlegt, verdaut? Ein riesiges Heer von Zellarbeitern ist unterwegs, um die vielen anstehenden Arbeiten zu bewältigen. Nehmen Sie sich Zeit, die Leistungen Ihrer Zellen zu würdigen. Sie sind Tag und Nacht zu Ihrem Wohl im Einsatz.
- Gibt es etwas, was Ihre Leber jetzt von Ihnen möchte? Gibt es eine Farbe, die sie braucht, oder einfach nur Wärme und Zuwendung? Sie können sich vorstellen, dass Sie eine extra Putzkolonne in die Leber schicken, die die Reinigungsarbeiten unterstützt. Sie können alle Heilmethoden benutzen, die auf Seite 67 ff. ausführlich beschrieben sind. Bedanken Sie sich bei Ihrer Leber, bevor Sie wieder nach außen gehen.
- Während Sie langsam von 1 bis 10 zählen, kommen Sie aus der tiefen Bewusstseinsstufe heraus. Dehnen und strecken Sie sich und spüren Sie noch einen Moment nach. Sie können natürlich auch ein Bild der Leber malen oder Ihre Erlebnisse in ein Tagebuch schreiben.

Die ideale Zeit für Leberprogrammierung ist 1.00 bis 3.00 Uhr morgens, ersatzweise 13.00 bis 15.00 Uhr nachmittags. Zu dieser Zeit sollten Sie auch den Leberwickel machen und Lebertees trinken.

wie Sie es sich vorgestellt haben? Übungen aus dem Qigong oder Tai-Chi, aber auch Sport sorgen dafür, dass Ihre Energie fließt. Auch Entscheidungen, die aufgeschoben werden, führen übrigens zu solchen Stauungsgefühlen.

Hilfreiche Bach-Blüten

Agrimony, Willow, Cherry Plum.
Menschen, die dazu neigen, Ärger oder innere Spannungen immer hinter einer Maske von Fröhlichkeit zu verbergen, werden mit Hilfe der Blüte Agrimony die Bereitschaft entwickeln, auch zu ihren negativen Gefühlen zu stehen und sie in angemessener Weise ihrer Umwelt auch mitzuteilen.

Die Bach-Blüte Cherry Plum (Kirschblüte)

Reizdarmsyndrom

Hinter diesem Begriff verbirgt sich eine Fülle von Symptomen wie Bauchschmerzen, Verstopfung, wechselnd mit Durchfall, ein ständig geblähter Bauch mit unangenehmen Spannungsgefühlen.

Meist ist das Leben von Menschen, die zu dieser Problematik neigen, von zu viel Hektik und Informationsüberflutung geprägt. Sie leiden unter Stress und Überlastung. Mahlzeiten werden schnell und unregelmäßig eingenommen. Milchkaffee und Obst ersetzen oft die warme Mahlzeit. Ein Pilzbefall kann auch zu solchen Beschwerden führen, ebenso hormonelle Dysbalance wie zum Beispiel beim prämenstruellen Syndrom.

Der Bauch reagiert besonders in den Tagen vor der Periode empfindlich. Er ist angespannt und schmerzt durch starke Wassereinlagerungen. Meistens liegt noch Verstopfung vor. Bauchmassagen mit Johanniskraut- oder Lavendelöl bringen dem Bauch ein Mindestmaß an Zuwendung und beruhigen ihn.

Empfehlungen aus der Naturheilkunde

Homöopathie: Carbo vegetabilis bei Blähungen und aufgetriebenem Bauch, unabhängig vom Essen, China bei Blähun-

Heilende Affirmation

»Ich bin gelöst und entspannt.«

»Ich lasse mich in den Schultern los und im Becken nieder.«

»Ich bin fest und ruhig wie ein Fels.«

gen nach dem Essen, Lycopodium bei Blähungen im Unterbauch mit Kollern und Rumpeln.
Pflanzenheilkunde: morgens eine Tasse schwachen Tausendgüldenkrauttee oder heißes abgekochtes Ingwerwasser.
Spagyrik: Hepatik 2 x 7 Tropfen, Cerebretik 2 x 7 Tropfen, Stomachik I 2 x 7 Tropfen.

Was Sie auf der seelischen Ebene beachten sollten

Nehmen Sie sich Zeit für Ihre Gefühle, die, wenn sie permanent verdrängt werden, unverdaut im Bauch liegen.

Der Darm rebelliert im wahrsten Sinne des Wortes, wenn der Bauch zugunsten des Kopfes ausgeschaltet werden soll und keine Zeit mehr für Muße, Entspannung und friedvolle Hingabe ist, die der Körper unbedingt braucht.

Legen Sie Ruhepausen ein, in denen Sie weder lesen noch Musik hören, sondern Ihrem Atem lauschen. Lassen Sie den Alltag los, machen Sie sich frei von bedrückenden und belastenden Gedanken. Lassen Sie in Konfliktsituationen nicht nur Ihren Kopf, sondern auch Ihren Bauch sprechen. Nicht selten weiß Ihr Bauch besser, was gut für Sie ist und was Ihre Seele braucht. Wenn Sie sehr leistungsorientiert erzogen wurden, wird sich in einer Konfliktsituation trotzdem oft der Kopf durchsetzen, der all die alten antrainierten Verhaltensweisen gespeichert hat.

Die Bach-Blüte Mimulus (Gefleckte Gauklerblume)

Visualisierung

- Betrachten Sie sich Aussehen und Lage des Dünndarms, der in vielen Windungen im oberen Bauchraum liegt. Stellen Sie sich Ihren Darm genau vor, legen Sie die Hand auf den Bauch, begeben Sie sich auf eine tiefere Bewusstseinsebene, wie auf Seite 96 beschrieben.
- Nehmen Sie Kontakt mit Ihrem Dünndarm auf. Berühren Sie ihn in der Vorstellung, umhüllen Sie ihn mit Licht und begeben Sie sich in Ihren Darm hinein. Können Sie irgendetwas wahrnehmen, die Farbe oder die Form, oder gibt es Informationen aus Ihrem Bauch? Gibt es etwas, was Ihr Darm von Ihnen möchte, möchte er Ihnen einen Rat geben? Atmen Sie ruhig und gleichmäßig, bis auch Ihr Darm ruhig und gleichmäßig atmet. Spüren Sie nach, ob es eine Farbe gibt, die Sie nach innen senden möchten. Wie wäre es mit einem hellen Grün oder einem beruhigenden Blau?
- Gibt es ein anderes hilfreiches oder heilendes Bild? Aktivieren Sie die Selbstheilungskräfte Ihres Darms in der Weise, die Ihnen in diesem Augenblick am leichtesten fällt.
- Verabschieden Sie sich nach einer Weile, bedanken Sie sich und verlassen Sie langsam Ihren Bauch. Zählen Sie von 1 bis 10, während Sie wieder aus der tiefen entspannten Bewusstseinsstufe herauskommen.
Der optimale Energiefluss im Dünndarm findet zwischen 13.00 und 15.00 Uhr nachmittags statt.
- Regelmäßige Visualisierungen für die Verdauungsorgane verbessern die Verdauung und sorgen dafür, dass weniger Schlacken im Körper angesammelt werden. Machen Sie die Übungen vor allem dann, wenn Sie wissen, dass es Ihnen, durch äußere Umstände bedingt, nicht möglich ist, sich wirklich gesund zu ernähren.

Hilfreiche Bach-Blüten

Rock Water, Oak, Olive, Hornbeam, Rock Rose, Mimulus. Rock Water, das Quellwasser, hilft Ihnen die leichte Seite des Lebens zu entdecken, nachgiebig und spontan zu sein.

Chronischer Pilzbefall des Dickdarms

Vor allem eine Ernährung, die zu sauer und zu ballaststoffarm ist, begünstigt einen krankhaften Pilzbefall des Darms. Wie beschrieben lebt der Darm mit seinen Symbionten in friedlicher Übereinstimmung, wenn das Milieu stimmt. Sobald das Säure-Basen-Gleichgewicht dauerhaft aus dem Lot gerät, kann der Organismus der Vermehrung dieser schädlichen Parasiten keinen Widerstand mehr entgegensetzen.

Die Folgen eines starken Pilzbefalls sind nicht nur Durchfall, Verstopfung, Blähungen, Bauchschmerzen, sondern vor allem eine chronische Abwehrschwäche und die verstärkte Disposition zu allergischen Hauterkrankungen wie Neurodermitis und Psoriasis.

Basische Ernährung, die möglichst wenig Zucker, dafür aber viel gekochtes Gemüse, bestimmte Obstsorten, hefearmes oder -freies Vollkornbrot, Tees und frische Gemüsesäfte (vor allem Rote-Beete-Saft) enthält, begünstigt ein gesundes Darmmilieu.

Empfehlungen aus der Naturheilkunde

Homöopathie: Tropeulum majus Urtinktur, Fa. Alcea, Echinacea Urtinktur, Fa. Alcea, jeweils 2 x 5 Tropfen Borax D 6.
Spagyrik: Azinat, Splenetik, je 2 x 7 Tropfen.

Heilende Affirmation

»Ich lasse los von allem, was mich belastet.«

»Ich umgebe mich mit einem Schutzmantel aus Licht.«

»Ich entscheide mich.«

Visualisierung

- Stellen Sie sich Ihren Dickdarm vor und legen Sie dabei Ihre Hände auf den Bauch. Nehmen Sie jetzt, wie auf Seite 205 beschrieben, Kontakt mit Ihrem Dickdarm auf. Versuchen Sie Informationen zu bekommen, wie Ihr Darm aussieht. Ist er im Moment gefüllt oder halb leer? Ist er verkrampft oder entspannt?
- Stellen Sie sich das Leben in Ihrem Darm so plastisch wie möglich vor. Viele Millionen von hilfreichen Darmbakterien arbeiten an der Zerlegung der noch vorhandenen Nahrungsreste. Liegt noch viel Unverdautes in Ihrem Darm? Haben Sie das Gefühl, dass eine dumpfe und schwere Atmosphäre dort herrscht, dass es gärt oder gar faulig ist?
- Fragen Sie Ihren Dickdarm, was er Ihnen zu sagen hat. Gibt es Parasiten wie Pilze, die mit ihrem Geflecht den Darm durchziehen und ihn schwächen? Was braucht er, um sich gegen diese Fremdeindringlinge zu wehren? Welche Lebensweise oder welche Nahrung würde ihn unterstützen? Lauschen Sie genau, um wichtige Informationen nicht zu überhören.
- Wenden Sie jetzt eine der möglichen Heilmethoden an oder kombinieren Sie mehrere miteinander.
- Aktivieren Sie Ihre Selbstheilungskräfte, um das Immunsystem zu stärken. Stellen Sie sich vor, wie Ihre Abwehrzellen die Pilze mitsamt ihren unterirdischen Geflechten zerstören, so dass sie von den »Reinigungskräften« des Körpers abtransportiert werden können.
- Konzentrieren Sie sich auf Ihr zweites Chakra und lassen Sie von hier aus eine kräftige leuchtend orange Farbe in den Dickdarm fließen. Sie können auch Gelb oder Rot wählen, um die Energie der unteren drei Chakras anzuregen. Diese kräftigen Farben bringen Licht und Wärme, sie regen die Abwehrkräfte des Darms deutlich an und unterstützen die Verdauungs- und Verbrennungsprozesse, die den Pilzen die Nahrung entziehen.
- Kommen Sie langsam wieder aus der tiefen Entspannung heraus, dehnen und strecken Sie sich.

Was Sie auf der seelischen Ebene beachten sollten

Sorgen Sie für ein gesundes »seelisches Milieu«. Nehmen Sie sich genügend Zeit für sich selbst, erst dann können Sie sich anderen wirklich zuwenden. Lernen Sie, ohne Schuldgefühle nein zu sagen und sich abzugrenzen.

Da der Pilzbefall sehr stark mit übermäßigem Konsum von Süßem zusammenhängt, fragen Sie sich, wofür Sie sich mit Süßigkeiten belohnen oder warum Sie sich die wirkliche Süße des Lebens wie Zeit für spielerische Tätigkeiten, Entspannung oder für Freunde nicht gönnen. Machen Sie nicht die Probleme anderer zu Ihren eigenen, auch wenn Sie dafür scheinbar Liebe und Anerkennung bekommen. Die Psychoneuroimmunologie bestätigt in ihren vielfachen wissenschaftlichen Untersuchungen, dass die Unfähigkeit, sich in gesunder Weise abzugrenzen, zu einer Schwächung des Immunsystems führen kann, was wiederum das Anwachsen von Parasiten in unserem Körper begünstigt.

Hilfreiche Bach-Blüten

Centaury, Larch, Willow, Crab Apple.

Die Blüte Larch, die Lerche, unterstützt den Aufbau eines gesunden Selbstbewusstseins und hilft Ihnen, mit Minderwertigkeitsgefühlen und Abwertung durch andere besser umzugehen. Crab Apple (Holzapfel) lässt Sie Unvollkommenheit ertragen, ohne sich dafür abzulehnen.

Die Bach-Blüte Centaury (Tausendgüldenkraut)

Nieren und Blase

Aufbau und Funktion

Täglich wird das gesamte Blutvolumen des Körpers fast 300-mal durch die Nieren gepumpt, wo Giftstoffe und Abfallprodukte herausgefiltert werden – 1500 Liter täglich bewältigen ein Paar gesunder Nieren.

Die Nieren

Die etwa 12 Zentimeter langen und 150 Gramm schweren Nieren liegen gut gepolstert in Höhe der Taille links und rechts neben der Wirbelsäule. Die nach innen weisende Seite der Niere ist etwas ausgehöhlt. An dieser Stelle befinden sich der Ausgang des Harnleiters und der Nierenvene sowie die Eintrittsstelle der Nierenarterie.

Die Hauptfilterarbeit leisten die insgesamt rund zwei Millionen Nierenkörperchen, kleine Gefäßknäuel, die sich in der Nierenrinde befinden. Wie ein feinporiges Sieb entziehen sie dem Blut Wasser, Glukose, Salze und andere Mineralien, unentbehrliche Substanzen, die später dem Blutkreislauf wieder zugeführt werden. Substanzen, die für den Körper schädlich sind, fließen durch das Nierenbecken und die Harnleiter in die Blase und verlassen mit dem Urin den Körper.

Die Nieren, die unter anderem auch eine Einwirkung auf die Höhe des Blutdrucks haben, sind damit ganz besonders

»

Wenn die Natur irgendwo im Körper einen Schmerz erzeugt, so will sie dort schädliche Stoffe anhäufen und ausleeren.

Paracelsus

abhängig von einer ausreichenden Trinkmenge (es sollten mindestens zwei Liter, möglichst drei Liter täglich sein), damit sie diese Arbeit leisten können.

Die Harnleiter

Sie sind 25 bis 35 Zentimeter lang, entspringen im Nierenbecken und verlaufen seitlich der Wirbelsäule, entlang der hinteren Bauchwand nach unten in die Blase. Glatte Muskulatur sorgt durch peristaltische Wellenbewegungen für den Urintransport.

Die Blase

Sie ist ein muskulöses Hohlorgan, liegt hinter der Verbindung der beiden Schambeine. Sie ist aus drei Schichten glatter Muskulatur aufgebaut, um sich dem wechselnden Inhalt anpassen zu können. Bei einer Füllung von 400 Kubikzentimeter werden die in der Blasenwand liegenden Nerven gereizt, dadurch kommt es zu einer Kontraktion der Blase. Am Übergang von der Blase zur Harnröhre befindet sich ein Ringmuskel, der das ungewollte Abfließen des Urins verhindert.

Die Harnröhre

Sie ist bei der Frau um zwei bis vier Zentimeter kürzer als beim Mann; sie verläuft nahezu gerade und mündet in den

! Die Nieren als Wurzel des Lebens

In der Traditionellen Chinesischen Medizin (TCM) werden die Nieren als Sitz der vererbten Konstitution und damit als stoffliche Basis und als Wurzel unseres Lebens angesehen. Die Niere zu pflegen durch reichliches Trinken und gute Durchblutung wird in der TCM als besonders wichtige Gesundheitspflege angesehen.

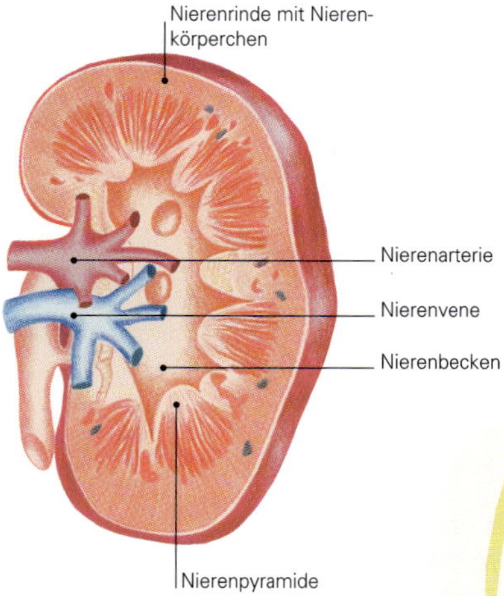

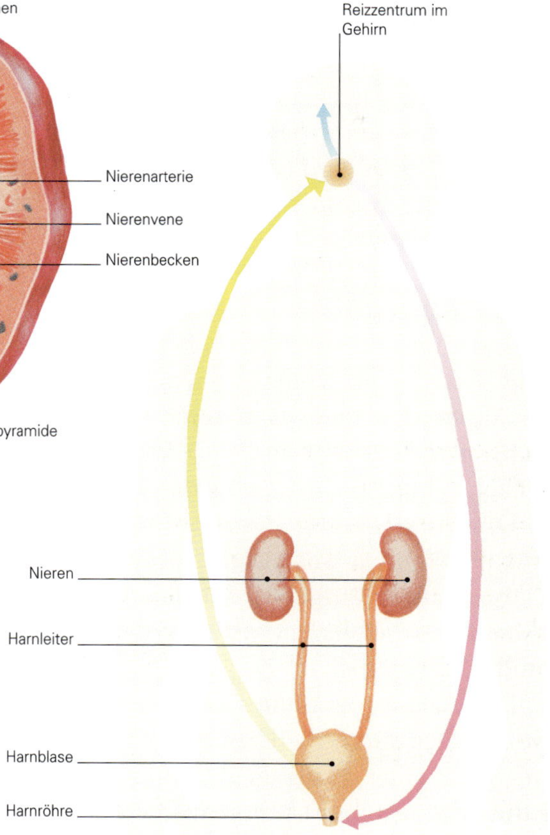

Die Nieren spielen eine entscheidende Rolle im Wasser- und Mineralienhaushalt des Organismus. Nicht verwertbare Stoffe werden mit dem Urin ausgeschieden. Harnleiter und Harnblase haben lediglich ableitende und speichernde Funktion für den Urin. Jede Niere unterteilt sich in das eigentliche Nierengewebe, das eine Mark- und eine Rindenzone erkennen lässt, und in das Nierenbecken (kleine Abbildung).

Scheidenvorhof. Die männliche Harnröhre besitzt zwei Krümmungen und transportiert neben dem Urin auch die Samenzellen. Bei der Frau und beim Mann durchdringt die Harnröhre den Beckenboden, eine dreischichtige Muskelplatte, die den Beckenausgang verschließt.

Der Harn eines gesunden Menschen ist übrigens völlig keimfrei. Daher wird er bis in die heutige Zeit auch zur Wundheilung verwendet.

Organsprache

Die Nieren repräsentieren wie alle paarig angelegten Organe das eigene Ich und die anderen. Sie stehen für Liebesbeziehungen und Partnerschaften. Nierenerkrankungen treten demzufolge häufig in entsprechenden Konfliktsituationen auf.

Die Nieren entscheiden, was für den Körper gefährlich und was nützlich ist, was ausgeschieden und was behalten wird. Diese zentrale Aufgabe zeigt sich in Sprichwörtern wie »Das geht mir an die Nieren«, was so viel bedeutet wie »Das geht mir an die Substanz«.

Die Blase ist der Sammelbehälter für die auszuscheidenden Stoffe. Der durch die Urinmenge entstehende Druck zwingt uns nach einer gewissen Zeit zum Loslassen. Dieser Druck kann auch durchaus bei nicht so voller Blase entstehen, wenn wir seelisch »unter Druck« stehen, vor Prüfungen oder generell in Stresssituationen.

Häufige Störungen und Erkrankungen

Reizblase und Blasenentzündung

Bei der Reizblase handelt es sich um eine vermehrte Sensibilität und gesteigerte Erregbarkeit der Blasenfunktion, häufig

! Übersäuerung – Gefahr für die Nieren

Diese lebenswichtigen Entgiftungsorgane des Menschen können ihre Aufgabe nur optimal erfüllen, wenn der Säure-Basen-Haushalt im Gleichgewicht ist. Achten Sie darauf, genügend basische Frischkost wie Obst, Gemüse und Kartoffeln zu sich zu nehmen und die Aufnahme von Eiweiß einzuschränken, wenn Sie Ihre Nieren entlasten wollen.

verbunden mit Brennen und Schmerzen bei der Blasenentleerung. Ein überreiztes vegetatives Nervensystem gibt zum Beispiel schon beim Gedanken an eine psychisch belastende Konfliksituation einen unterschwelligen Reiz an die Blasenmuskulatur weiter, der auch bei einer nicht gefüllten Blase den Impuls zur Blasenentleerung auslöst, was wiederum zu einer Dauerspannung führen kann.

Die Reizblase begünstigt das Entstehen von Blasenentzündungen, die vorwiegend im Kindesalter und bei Frauen im sexuell aktiven Alter auftreten. Der Grund, warum diese Probleme mehr bei Frauen auftreten, ist wohl ihre kürzere Harnröhre und damit das erhöhte Risiko, dass Erreger aus dem Dickdarm oder durch Geschlechtsverkehr übertragene Keime in die Blase aufsteigen.

Häufig treten Blasenentzündungen infolge von akuten grippalen Infekten, Unterkühlung oder das Immunsystem schwächenden Erkrankungen auf. Blasenentzündungen sind in der Regel sehr schmerzhaft und sollten auf jeden Fall abgeklärt und behandelt werden, um zu vermeiden, dass es durch die aufsteigenden Keime etwa zu einer Nierenbeckenentzündung oder zu chronischen Blasenentzündungen kommt. Eine begleitende Energetisierung durch Lichtvisualisierung, positive Affirmationen, Handauflegen usw. ist nach meiner Erfahrung ausgesprochen wirksam.

Empfehlungen aus der Naturheilkunde

Homöopathie: Belladonna, Cantharis.
Schüßler-Salze: Ferrum phosphoricum (im Anfangsstadium), Kalium chloratum.
Spagyrik: Azinat 2 x 10 Tropfen, Renalin 3 x 7 Tropfen.

Was Sie auf der seelischen Ebene beachten sollten

Die Blase reagiert gereizt auf seelischen Druck, Stress, Angst und Anspannung.

In der Psychosomatik bringt man wiederkehrende Blasenentzündungen vor allem bei jüngeren Frauen mit Abwehr gegen Sexualität, Abneigung gegen den Partner, zu großem Ehrgeiz, verbunden mit der Weigerung, loszulassen und sich hinzugeben, in Verbindung. Auch Ungeduld und übersteigerte Erwartungshaltungen anderen gegenüber können sich auf die Blase auswirken.

Hilfreiche Bach-Blüten

Impatiens, Chicory, Water violet, Walnut.
Impatiens, das Drüsen tragende Springkraut, hilft Ihnen, Geduld mit sich und anderen zu entwickeln und keine übereilten Entschlüsse zu fassen.

Die Bach-Blüte Chicory (Wegewarte)

Heilende Affirmation

»Ich lasse los und entspanne mich bis in die kleinste Zelle hinein.«

»Ich kann mich schützen und abgrenzen, und ich kann loslassen und mich hingeben.«

»Ich habe Geduld mit mir und den anderen.«

Visualisierung

- Bereiten Sie sich wie auf Seite 96 beschrieben auf diese Übung vor und begeben Sie sich an Ihren idealen Entspannungsplatz. Machen Sie es sich bequem, entspannen Sie sich, es gibt nichts zu tun. Beobachten Sie Pflanzen und Tiere in Ihrer Umgebung. Wie sieht der Himmel aus? Gibt es etwas, was Sie jetzt gern tun würden? Lassen Sie sich genügend Zeit für sich, bis Sie sich vollkommen entspannt, warm und ganz gelöst fühlen.
- Konzentrieren Sie sich jetzt auf Ihre Blase. Stellen Sie sich vor, Sie spülen Ihre Blase mit heilendem Licht und reinigendem Wasser. Ermuntern Sie Ihr Immunsystem, alle Erreger unschädlich zu machen, dass sie von Licht und Wasser ausgeschieden werden können. Stellen Sie sich vor, dass Sie auf diese Weise Ihre Blase reinigen. Wenden Sie jetzt die Heilmethode an, die Ihnen besonders liegt, oder kombinieren Sie mehrere miteinander. Fragen Sie Ihre Blase nach einer Botschaft. Vielleicht braucht sie gerade jetzt mehr Flüssigkeit, Wärme oder Ruhe.
- Verabschieden und bedanken Sie sich bei Ihrem Körper und kommen Sie langsam – während Sie von 1 bis 10 und von 1 bis 3 zählen – aus der tiefen Entspannung heraus, strecken und dehnen Sie sich und lassen Sie das Erfahrene einen Moment auf sich wirken.

Nierensteine

Sie entstehen durch Kristallisation bestimmter Stoffe, die im Harn reichlich vorhanden sind (Harnsäure, Calciumphosphat, Calciumoxalat). Unser Ess- und Trinkverhalten trägt wesentlich dazu bei, dass sich solche Steine bilden können. Wenn wir auf Nahrungsmittel achten, die weniger der genannten Stoffe enthalten, und genügend trinken, wird die Konzentration dieser Stoffe im Urin gesenkt. Will sich der Körper eines solchen Abflusshindernisses entledigen, versucht er durch eine Kolik, das heißt durch peristaltische Be-

Heilende Affirmation

»Ich lasse alles los, was mich am Leben hindert.«

»Ich bin fähig, meine Blockaden aufzulösen.«

»Ich aktiviere meine schöpferischen Kräfte.«

wegungen des Harnleiters, dieses nach außen zu befördern. Dieser Vorgang ist extrem schmerzhaft. Durch Entspannung, Wärme und Trinken kann er beschleunigt werden.

Empfehlungen aus der Naturheilkunde

Homöopathie: Berberis, Lycopodium.
Schüßler-Salze: Magnesium phosphoricum im akuten Zustand, Kalium chloratum und Natrium sulfuricum.
Spagyrik: Renalin 3 x 7 Tropfen, Splenetik 3 x 7 Tropfen.

Was Sie auf der seelischen Ebene beachten sollten

Der Stein besteht aus Stoffen, die eigentlich ausgeschieden werden sollten. Verdrängte Konflike, alte Glaubenssätze im seelischen Bereich erzeugen zum Beispiel ähnliche Verhärtungen und Blockaden, die den Fluss der Gefühle und des Austauschs mit den anderen stören. In der Naturheilkunde geht man davon aus, dass bereits lange Zeit, bevor sich ein Stein bildet, auf seelischer und körperlicher Ebene Verhärtungen und Stoffwechselblockaden vorliegen müssen. Achten Sie bei sich selbst darauf, wo Sie festhalten, nicht aussprechen, was Sie bewegt, oder wo Sie sich nicht öffnen können. Üben Sie täglich das Loslassen.

Hilfreiche Bach-Blüten

Willow, Walnut, Chicory, Crab Apple, Honeysuckle, Agrimony.

Visualisierung

- Stimmen Sie sich auf diese Übung wie auf Seite 96 beschrieben ein.

Stellen Sie sich jetzt Ihre Blase vor. Gehen Sie in die Blase hinein, nehmen Sie den Raum im Inneren, den wässrigen Inhalt der Blase wahr. Stellen Sie sich jetzt vor, Sie lösen alles das auf, was sich verfestigt und abgelagert hat. Finden Sie Bilder, wie Sie alle kristallinen Substanzen in so kleine Bestandteile auflösen können, dass sie bequem mit der Flüssigkeit nach außen transportiert werden können. Schauen Sie sich den Inhalt der Blase noch einmal genau an, lösen Sie auch kleinste Verklumpungen, kleinste Kristalle so auf, dass die Flüssigkeit völlig klar wird.

- Sie können dabei die Hände auf den Bereich oberhalb des Schambeins legen. Sie können Licht und Farben benutzen, Ihre Helfer rufen oder positive Gedanken an Ihre Blase senden.
- Vergessen Sie nicht zu fragen, was Ihnen Ihre Blase zu sagen hat. Gibt es alte Muster, alte negative Gedanken, die Sie auflösen müssen? Gehen Sie dabei genauso vor wie bei den körperlichen Versteinerungen. Lösen Sie alles auf, was Sie am Fluss des Lebens hindert.
- Bedanken und verabschieden Sie sich dann von Ihrer Blase, zählen Sie langsam von 1 bis 10, dann von 1 bis 3. Strecken und dehnen Sie sich und öffnen Sie wieder die Augen. Lassen Sie das Erfahrene gelassen und entspannt einen Moment auf sich wirken.

Gicht

Ähnlich wie bei Nierensteinen liegt auch bei der Gicht eine Stoffwechselstörung vor, die durch Ablagerung von harnsauren Salzen an verschiedenen Körperstellen, bevorzugt am Großzehengrundgelenk, aber auch an anderen Gelenken charakterisiert ist. Ein akuter Gichtanfall ist sehr schmerzhaft und zeigt deutliche Entzündungszeichen (Röte, Schwellung, Schmerz). Das befallene Gelenk ist heiß und sehr berührungsempfindlich.

! Was Sie vermeiden sollten

Zu den Lebensmitteln, die Sie nicht trinken oder essen sollten, gehören u.a. Alkohol, alle Innereien, Fleischbrühe und Fleisch (außer weißem Fleisch), Garnelen, Muscheln und frisches Hefegebäck.

Ihre Selbstheilungskräfte sollten Sie wie vorher beschrieben einsetzen, um Ablagerungen auszuspülen.

Im akuten Anfall sollten Sie vor allem beruhigend und lindernd auf die Entzündung einwirken.

Empfehlungen aus der Naturheilkunde

Homöopathie: Bryonia, Aconit, Arnika, Lycopodium.
Schüßler-Salze: Natrium sulfuricum, Natrium chloratum.
Spagyrik: Renalin, Splenetik jeweils 2 x 10 Tropfen.

Was Sie auf der seelischen Ebene beachten sollten

Als Stoffwechselerkrankung ist die Gicht stark abhängig von unserem Ess- bzw. Genussverhalten. Essen erlebt der Mensch in der Regel schon sehr früh als lustvolle Befriedigung, im Lauf des Lebens werden damit häufig Frustrationen im alltäglichen Leben kompensiert. Essen und vor allem der Genuss von Alkohol oder Kaffee und Zigaretten werden damit zum Suchtmittel. Das ist sicher ein Grund, warum es schwierig ist, Menschen, die zu Gicht neigen, zu überzeugen, dass sie

Heilende Affirmation

»Ich bin ruhig und gelassen.«

»Alles, was mir schadet, kann ich loslassen.«

»Ich stelle mich meinen Schattenseiten.«

Visualisierung

- Betrachten Sie sich das Innere der Nieren genau, bevor Sie mit dieser Übung beginnen. Bereiten Sie sich vor, wie es auf Seite 96 beschrieben ist.
- Stellen Sie sich vor, Sie würden ins Innere Ihrer Nieren gehen. Überall finden Sie die kleinen Filterstationen. Versuchen Sie herauszufinden, ob diese Stationen überlastet sind, weil sich vielleicht zu viele schädliche Stoffe, zu viel Säure in der zu filternden Lösung befinden. Schicken Sie allen Zellen der Nieren Energie, damit sie ihre Aufgabe richtig erfüllen können.
- Fragen Sie Ihren Körper, ob es etwas gibt, auf das Sie in der nächsten Zeit verzichten sollten. Welche Nahrungsmittel schaden Ihnen? Fragen Sie nach bei der Weisheit des Körpers, Sie werden eine Antwort bekommen, wenn vielleicht auch nicht gleich. Stellen Sie sich jetzt die schmerzhaften Bereiche Ihres Körpers vor, schicken Sie beruhigendes, klärendes Licht oder entsprechende Farben, legen Sie die Hände auf, bitten Sie Ihre inneren Helfer oder schicken Sie positive Gedanken.
- Verabschieden Sie sich langsam von Ihren Nieren, zählen Sie langsam von 1 bis 10 und dann von 1 bis 3.

auf vieles verzichten müssen. Sie werden oft als störrisch und unbeweglich beschrieben.

Da ein Gichtanfall ein heftiges und sehr aggressives Geschehen ist, bringt man die Gicht auch immer wieder mit Aggression in Verbindung, die nicht zugelassen oder nicht verbal ausgedrückt werden kann, zumal sich Menschen, die zu Gicht neigen, nach außen oft als sehr jovial zeigen.

Hilfreiche Bach-Blüten

Vine, Heather, Agrimony.
Heather, das schottische Heidekraut, hilft Ihnen, Bedürfnisse auf der seelischen Ebene zu stillen und nicht durch Nahrung zu kompensieren.

Die Geschlechtsorgane

Aufbau und Funktion

Sie unterscheiden sich bei Frau und Mann sowohl in ihrem Aufbau als auch in ihren Funktionen entsprechend den Aufgaben, die sie zu erfüllen haben.

Die weiblichen Geschlechtsorgane

Sie bestehen aus den inneren Geschlechtsteilen (Eierstöcke, Eileiter, Gebärmutter und Scheide) und den äußeren Geschlechtsteilen (Schamlippen, Klitoris und Schamhügel).

Das untere Ende der Scheide mündet in den Scheidenvorhof. Dieser wird an beiden Seiten von Hautfalten, den kleinen Schamlippen, bedeckt, die sich vorn berühren. Hier befindet sich eine kleine Erhebung, der Kitzler (Klitoris). Dicht darunter liegt der Ausgang der Harnröhre. Seitlich der kleinen Schamlippen liegen die großen Schamlippen.

Die weibliche Brust zählt zu den so genannten sekundären Geschlechtsmerkmalen. Sie besitzt mehr oder weniger ausgeprägte Fettpolster, für ihre Form ist das Bindegewebe verantwortlich. Neben ihrer primären Funktion der Versorgung des Neugeborenen sendet die weibliche Brust starke sexuelle Reize aus. Nach der Geburt schwillt die Brust durch ein spe-

»

Alles, was wir in diesem Universum mit unseren Sinnen wahrnehmen – alle Dinge, leblos oder lebend – sind Ausdruck von organisierender Kraft und von Wissen. Das gilt besonders auch für unseren Körper, wir sehen dieselbe unendliche Intelligenz am Werke.

Deepak Chopra

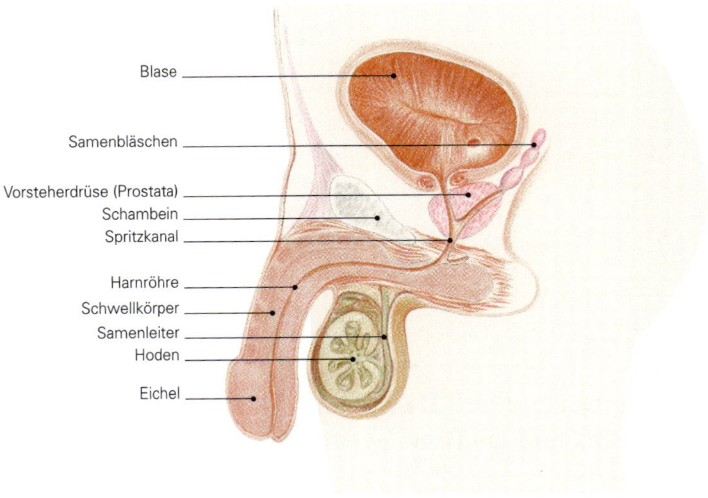

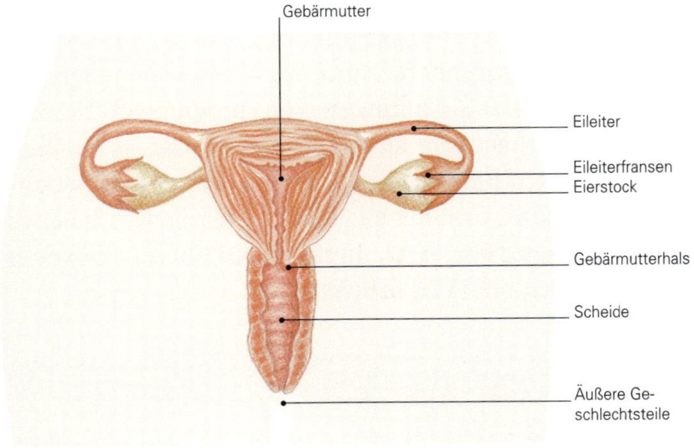

Die männlichen Genitalien (oben) bestehen aus dem Penis, den Hoden und dem Hodensack. Die zentrale Rolle bei den Geschlechtsorganen der Frau haben die Eierstöcke, in der die Eizellen lagern, die durch die Eileiter in die Gebärmutter gelangen.

Zu den sekundären weiblichen Geschlechtsmerkmalen gehört die Brust, deren primäre Funktion es ist, das Neugeborene zu stillen.

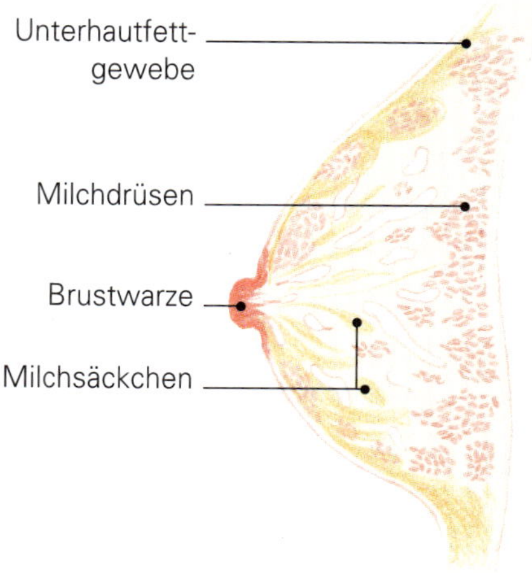

zielles Hormon an. Damit wird Druck auf die Brustdrüsen ausgeübt, und die Brust beginnt sich mit Milch zu füllen.

Der Zyklus – Regelkreis der Hormone

Bereits bei der Geburt sind die Mädchen mit rund 400 000 unreifen Eizellen ausgestattet. Nur etwa 400 werden nach der Pubertät wirklich reif. Sie befinden sich in den zwei Eierstöcken, zwei mandelförmigen kleinen Organen, die an der Seitenwand des kleinen Beckens liegen und an Falten des Bauchfells aufgehängt sind. Von hier aus führen die Eileiter, die etwa 10 bis 20 Zentimeter lang sind, direkt in den oberen, dickeren Teil der birnenförmigen Gebärmutter.

! Die weibliche Brust

Kaum ein Organ findet in den Medien so viel Aufmerksamkeit wie die weibliche Brust. Sie – unsere erste Nahrungsquelle – scheint ihre Faszination nie zu verlieren. In der Psychosomatik steht sie deshalb auch für die Fähigkeit, uns selbst zu nähren und die weiblich-mütterliche Seite im richtigen Maße zu leben.

Der erste Monatszyklus beginnt durchschnittlich mit 12 Jahren. Der Hypothalamus, die Kontrollstation für die Hormonproduktion, veranlasst die Hypophyse, das follikelstimulierende Hormon auszuschütten. Der steigende Östrogenspiegel beeinflusst den Aufbau der Gebärmutterschleimhaut, sie reichert sich mit Blutgefäßen an und wird dicker – alles vorbeugende Maßnahmen, um im Fall einer Schwangerschaft das Ei aufnehmen und den Embryo ernähren zu können. Der Aufbau der Gebärmutterschleimhaut dauert etwa neun bis zehn Tage. Unter dem Einfluss eines anderen Hormons (Luteinisierungshormon) platzt der reifste der Follikel und gibt die Eizelle frei, die sich durch den Eileiter Richtung Gebärmutter bewegt. Der übrig gebliebene Follikel färbt sich gelb. Dieser so genannte Gelbkörper produziert das Hormon Progesteron. Es sorgt nach einer Befruchtung dafür, dass die gefäßreiche Gebärmutterschleimhaut erhalten bleibt und der Embryo ernährt werden kann.

Wurde das Ei nicht befruchtet, stirbt der Gelbkörper innerhalb von etwa 12 Tagen ab, die Schleimhaut wird nicht weiter genährt und abgestoßen.

Die männlichen Geschlechtsorgane

Sie bestehen aus den beiden Hoden, den Samenleitern, der Vorsteherdrüse (Prostata) und dem Glied. In den Hoden, zwei eiförmigen Organen, werden männliche Geschlechtszellen und Geschlechtshormone gebildet. Die Samenkanäle der Hoden vereinigen sich zu Abflusskanälen, den Nebenhoden, die den Hoden anliegen. Hoden und Nebenhoden liegen außerhalb der Bauchhöhle, weil die Temperatur für die Samenproduktion innerhalb des Bauchraums zu hoch ist. Durch kräftige Kontraktion des Nebenhodens gelangt der Samen in die Samenleiter, die in die Rückwand der Harnröhre münden. Am Übergang der Samenleiter in die Harnröhre liegt die Vorsteherdrüse, die ihre Sekrete in das Ejakulat einleitet.

Die kastaniengroße Vorsteherdrüse besteht aus etwa 40 Einzeldrüsen. Sie produzieren ein Sekret, das die Beweglichkeit der Samenzellen fördert.

Das männliche Glied enthält drei schwammartige Gebilde, die Schwellkörper, die reich an Blutgefäßen und Hohlräumen sind. Auf bestimmte Reize werden sie mit Blut gefüllt, so dass eine Versteifung (Erektion) zustande kommt. Der Penis hat eine doppelte Funktion: den Transport des Urins und die Beförderung des Samens.

Organsprache

Geschlechtsorgane und die damit verbundene Sexualität zählen einerseits nach wie vor zu den Tabuthemen. Andererseits gehört die Sexualität zu den am meisten »vermarkteten« und offensichtlich Erfolg versprechenden Themen in Zeitschriften, Film und Fernsehen. Körpersprachlich gibt es viele Botschaften, die dahinter verborgen sind.

Die Geschlechtsorgane stehen in erster Linie für neues Leben, für Schwangerschaft und Geburt und damit für Fruchtbarkeit im ganzheitlichen Sinn. Dabei werden Eierstöcke und Hoden mit unserem kreativen Potenzial und damit auch mit unserer Potenz in Verbindung gebracht, während die Gebärmutter für Geborgenheit steht. Ob wir uns an diesem Ort so sicher »wie in Abrahams Schoß« gefühlt haben, hängt davon ab, ob sich die Eltern über das neu entstehende Leben gefreut haben oder es eigentlich am liebsten wieder loswerden wollten.

Der Penis mit seiner Fähigkeit zur Erektion war bereits in den ältesten menschlichen Kulturen ein Symbol für Potenz, Kraft und Fruchtbarkeit und wurde hoch verehrt. Probleme im Bereich der Geschlechtsorgane haben mit unserer eigenen Potenz und Fruchtbarkeit, unserer Kreativität im Leben zu tun. Schuldgefühle, Hemmungen und Verdrängung, falsche Scham und sexueller Leistungsdruck sind ebenfalls Gründe für gesundheitliche Störungen im Bereich der Geschlechtsorgane. Auch wenn es Ihnen nicht leicht fällt, sollten Sie in einem solchen Fall therapeutische Hilfe suchen.

Häufige Störungen und Erkrankungen

Prämenstruelles Syndrom

So nennt man die Beschwerden, unter denen relativ viele Frauen einige Tage vor ihrer Periode leiden. Durch Wasseransammlungen im Gewebe schwellen die Gelenke, die Brüste spannen und sind äußerst berührungsempfindlich. Oft kommt es zu Verstopfung, der Bauch ist stark aufgebläht.

Darüber hinaus fühlen sich viele Frauen reizbar oder auch depressiv. Mit Einsetzen der Periode lassen diese Spannungsgefühle meist nach und verschwinden in der ersten Zyklushälfte ganz. Hilfreich ist es, in dieser Zeit wenig Kaffee, möglichst keinen Alkohol zu trinken und die Leber mit einem leichten Mittel aus der Naturheilkunde zu unterstützen. Auch eine vorwiegend vegetarische, salzarme Ernährung bringt eine deutliche Verbesserung vor allem bezüglich der Wassereinlagerungen.

Empfehlungen aus der Naturheilkunde

Homöopathie: Cimicifuga, Pulsatilla, Sepia.

Schüßler-Salze: Magnesium phosphoricum, Natrium chloratum, Natrium sulfuricum.

Spagyrik: Hepatik 3 x 7 Tropfen, Renalin 2 x 10 Tropfen.

Heilende Affirmation

»Ich lasse los und gebe mich dem Fluss des Lebens hin.«

»Ich vertraue dem Rhythmus des Lebens.«

»Ich bin Licht und Liebe.«

Was Sie auf der seelischen Ebene beachten sollten

Die starke Zunahme dieser Beschwerden bei Frauen, die unter starkem Leistungsdruck sowohl durch die Familie als auch durch den Beruf stehen, lässt darauf schließen, dass innere Anspannung und Stress das Auftreten des prämenstruellen Syndroms verstärken.

Nicht selten wird die weibliche Rolle als lästig empfunden, die Menstruation als Störung im täglichen Ablauf. Gerade bei Frauen, die unter einer Essstörung leiden, wird körperliche Veränderung, die etwas mehr rundliche Formen mit sich bringt, als sehr negativ empfunden. Diese Ablehnung und die damit verbundenen negativen Gedanken verstärken die Beschwerden.

Erlauben Sie Ihrem Körper diese Veränderung und gestatten Sie ihm auch entsprechende Ruhephasen. Beschäftigen Sie sich mit Ihrer Weiblichkeit, indem Sie zum Beispiel den Mondzyklus über mehrere Monate beobachten und spüren, wie die Veränderung auf Sie wirkt. Versuchen Sie vor allem in den Tagen vor Ihrer Periode mehr Entspannungspausen als sonst einzulegen.

Hilfreiche Bach-Blüten

Mustard, Elm, Agrimony, Heather, Oak, Olive.

Die Bach-Blüte Agrimony (Odermennig)

Visualisierung

▶ Bereiten Sie sich auf die Übung vor wie auf Seite 96 beschrieben. Wenn Sie an Ihrem idealen Entspannungsplatz angelangt sind, nehmen Sie sich Zeit, sich Ihren eigenen Körper vorzustellen. Betrachten Sie die weiblichen Geschlechtsorgane und nehmen Sie wahr, wie Sie sich dabei fühlen. Konzentrieren Sie sich jetzt einige Minuten vor allem auf Ihr Ausatmen. Stellen Sie sich vor, wie Sie mit dem Ausatmen Druck und Anspannung loslassen. Finden Sie Bilder, die diesen Prozess unterstützen: Luft, die langsam aus einem Luftballon entweicht, oder gestautes Wasser, das abfließen kann. Beginnen Sie am Scheitel und lassen Sie, indem Sie langsam mit Ihrem Bewusstsein bis hinunter zu den Füßen gehen, immer mehr Druck los, den Sie dann durch die Fußsohlen nach außen fließen lassen.

▶ Wiederholen Sie diesen Vorgang mehrfach, bis Sie das Gefühl haben, ein paar Kilo leichter geworden zu sein. Spüren Sie diese Leichtigkeit in Ihrem Körper. Stellen Sie sich eine Feder vor, die durch die Luft schwebt, einen Vogel, der elegant seine Kreise zieht, oder stellen Sie sich vor, Sie stehen auf dem Gipfel eines Berges und fühlen sich vollkommen leicht und frei. Finden Sie die Farben und Bilder, die das Gefühl der Leichtigkeit in Ihnen verstärken, und setzen Sie die Heilmethode ein, die Ihnen am meisten liegt, oder kombinieren Sie mehrere Heilmethoden miteinander. Stellen Sie sich einen Engel oder eine Fee vor, mit der Sie schweben oder tanzen, oder lassen Sie sich von einer Wolke tragen. Fragen Sie Ihren Körper, ob er noch einen Vorschlag hat, was Sie tun könnten, damit er sich wohler fühlt.

▶ Bedanken Sie sich zum Abschluss bei Ihrem Körper und kommen Sie langsam aus der tiefen Entspannung heraus, während Sie von 1 bis 10 und von 1 bis 3 zählen. Strecken und dehnen Sie sich und tönen Sie zum Abschluss mehrmals ein lang gezogenes AAAAAAA.

Mustard, der wilde Ackersenf, vertreibt depressive Stimmungen und dunkle Wolken, die sich über die Seele legen. Sie können die Wirkung dieser Blüte intensivieren, wenn Sie sich ihre intensive gelbe Farbe zusätzlich vorstellen.

Eierstockzysten und Myome

Eierstockzysten entstehen, wenn der Follikel, in dem sich das Ei entwickelt, das Ei nicht ausstößt und es nach dem Eisprung dort weiterwächst. Manche Eierstockzysten machen sich nie bemerkbar, andere verursachen, vor allem wenn sie größer sind, Schmerzen. Normalerweise verschwinden sie aber von selbst. Gelegentlich sind sie sehr hartnäckig und müssen sogar operiert werden.

Myome sind gutartige Tumoren der Gebärmutter und wachsen an den Außen- und Innenwänden sowie in der Gebärmutterhöhle.

Abhängig von ihrer Größe sind sie symptomfrei, können aber auch Beschwerden oder starke Blutungen verursachen. Sie können sich zurückbilden, gelegentlich auch völlig verschwinden. Häufig bleiben sie aber in einer bestimmten Wachstumsphase stehen.

Empfehlungen aus der Naturheilkunde für Zysten

Homöopathie: Thuja, Acidum formicicum, Apis.

Heilende Affirmation

»Ich stehe voll und ganz zu meiner Weiblichkeit.«

»Ich liebe meinen Körper und nehme ihn an, wie er ist.«

»Meine weibliche und meine männliche Seite sind in Harmonie.«

Empfehlungen aus der Naturheilkunde für Myome

Homoöpathie: Agnus castus, Hydrastis und Platinum, vor allem bei Myomblutungen.
Schüßler-Salze: Silicea.
Spagyrik: Styptik N bei Myomblutungen 3 x 7 Tropfen, Matrigen II 3 x 7 Tropfen.

Was Sie auf der seelischen Ebene beachten sollten

Die Eierstöcke selbst werden in der Psychosomatik mit Kreativität verbunden. Die linke Körperseite repräsentiert dabei mehr die künstlerische, reflektierende weibliche Seite, die rechte die analytisch männliche, aktiv gestaltende. Nehmen Sie diese Zuordnung als Denkanstoß, um herauszufinden, ob eine links- oder rechtsseitige Zyste damit zu tun haben könnte, dass Sie eine Seite überlasten oder zu wenig leben.

Myome werden häufig mit einem unterdrückten Kinderwunsch in Verbindung gebracht, aber auch mit Wut und Ärger, der sich im Inneren zusammenballt. Welche Botschaft ein Myom für Sie hat, sollten Sie selbst herausfinden. Wie in der nachfolgenden Visualisierungsübung beschrieben, können Sie es dazu befragen. In jedem Fall ist es hilfreich, die eigene Energie fließen zu lassen, indem Sie zum Beispiel Tagebuch schreiben und sich über Ihre Empfindungen Klarheit verschaffen.

Hilfreiche Bach-Blüten

Bei Zystenbildung: Scleranthus, Crab Apple, Hornbeam, White Chestnut, Water violet.
Bei Myomen: Crab Apple, Agrimony, Willow, Red Chestnut, Honeysuckle.

Edward Bach schreibt: »Krankheit an sich ist hilfreich, sie zeigt uns, dass wir vom Weg der Seele abgekommen sind.« Bach-Blüten geben Ihrem Körper wichtige Informationen.

Die Bach-Blüte Water violet (Sumpfwasserfeder)

Visualisierung

- Bereiten sie sich auf die Übung vor wie auf Seite 96 beschrieben. Wenn Sie an Ihrem idealen Entspannungsplatz angelangt sind, nehmen Sie sich Zeit, sich Ihren eigenen Körper vorzustellen.
- Nehmen Sie wahr, dass es ein weiblicher Körper ist. Betrachten Sie die weiblichen Geschlechtsorgane. Wie fühlen Sie sich dabei? Schenken Sie Ihrem Körper genügend Zeit und Aufmerksamkeit? Nehmen Sie sich genügend Zeit für Ruhe und Besinnung? Vertrauen Sie sich Ihrem eigenen Zyklus und Rhythmus an? Vertrauen Sie Ihrem Körper, oder haben Sie das Gefühl, Sie müssen ihn immer kontrollieren und reglementieren?
- Stellen Sie sich jetzt die Zyste vor, so wie Sie sie vielleicht im Ultraschallbild gesehen haben. Sprechen Sie mit ihr und fragen Sie sie, ob es eine Botschaft für Sie gibt. Die Botschaft kann in Form eines Bildes zu Ihnen kommen oder in Form eines Symbols oder auch eines Wortes.
- Spüren Sie der Botschaft nach und setzen Sie dann die von Ihnen gewählte Heilmethode ein. Stellen Sie sich vor, wie die Zyste langsam kleiner wird und schließlich ganz unsichtbar ist. Bleiben Sie eine Weile bei dieser Vorstellung und senden Sie weiter Heilenergie in diesen Bereich Ihres Körpers.
- Bedanken und verabschieden Sie sich und kommen Sie dann langsam aus der tiefen Entspannung heraus, indem Sie langsam von 1 bis 10 und von 1 bis 3 zählen.
- Öffnen Sie die Augen, strecken und dehnen Sie sich und spüren Sie den Erfahrungen einige Augenblicke nach.

Jede Blüte hat dabei eine andere Botschaft, die sie an uns weitergibt und mit deren Hilfe Energieblockaden behoben werden können. Auf diese Weise unterstützen sie jeden Heilungsprozess.

Vergrößerung der Prostata

Die steigende Lebenserwartung konfrontiert uns immer mehr mit Altersbeschwerden wie Erschlaffungen und Funktionsverminderung von Organen. Zu den häufigen Beschwerdebildern gehört die Prostatavergrößerung bei Männern. Dieses so genannte Prostataadenom ist eine gutartige knotige Veränderung der Prostata, die ringförmig um die Harnröhre liegt und sie dadurch verengt.

Der normale Abfluss des Harns aus der Blase wird behindert. Es kann zu häufigem Harndrang kommen. Die Blase kann nicht ausreichend geleert werden. Sie gibt ständig in kleinen Mengen Urin ab, weil der Blasenschließmuskel, der wie alle Gewebe im Laufe des Lebens erschlafft, diesem Druck nicht mehr standhalten kann.

Sie sollten auf jeden Fall ausreichend trinken und auf harntreibende Getränke wie Kaffee möglichst verzichten. Empfehlenswert sind Beckenbodenübungen, bei denen die Beckenbodenmuskeln abwechselnd angespannt und entspannt und damit gekräftigt werden.

Empfehlungen aus der Naturheilkunde

Homöopathie: Sabal serrulatum, Thuja.
Schüßler-Salze: Natrium chloratum, Silicea.
Spagyrik: Alcangrol, Renalin, jeweils 2 x 10 Tropfen.

Heilende Affirmation

»Mit jedem Ausatmen lasse ich verbrauchte Energie auf allen Ebenen meines Seins los.«

»Ich stelle mich den Problemen des Lebens voller Kraft und Mut.«

»Ich bin entspannt und gelöst.«

Was Sie auf der seelischen Ebene beachten sollten

Prostataprobleme und die damit verbundenen Beschwerden, die bis zu Harnträufeln und Inkontinenz führen, werden oft lange verdrängt. Dazu kommt die häufig ebenfalls verdrängte Angst vor Impotenz und damit vor Selbstwertverlust.

Der Druck auf die Blase wird durch den seelischen Druck, der dadurch entsteht, noch verstärkt. Auf der seelischen Ebene sind Prostataprobleme meist mit hoher Stressbelastung und einer Neigung zum Grübeln verbunden. Die eher depressive Stimmungslage beeinflusst die Libido und führt zu einem Kreislauf, der neben den körperlichen Symptomen den Verlust der Lebensfreude zur Folge hat. Auch Potenzstörungen können mit Prostataproblemen zu tun haben und sollten immer medizinisch abgeklärt werden.

Suchen Sie frühzeitig professionelle Hilfe, wenn Sie unter solchen Beschwerden leiden, und setzen Sie sich mit Ihrer Gefühlslage auseinander. Hilfreich kann ein Gespräch mit Freunden sein, die in einer ähnlichen Lebenssituation sind.

Ein gesundes Maß an Sport kräftigt die Beckenbodenmuskeln und erhöht Ihr Selbstwertgefühl.

Hilfreiche Bach-Blüten

Agrimony, Larch, Wild Rose, Crab Apple.
Wild Rose, die Heckenrose, hilft Ihnen, Ziele zu finden, für die einzusetzen es sich lohnt, und Verantwortung zu übernehmen.

Die Bach-Blüte Wild Rose (Heckenrose)

Visualisierung

- Bereiten Sie sich auf die Übung vor wie auf Seite 96 beschrieben. Wenn Sie an Ihrem idealen Entspannungsplatz angelangt sind, nehmen Sie sich Zeit, sich Ihren eigenen Körper vorzustellen. Betrachten Sie die männlichen Geschlechtsmerkmale und nehmen Sie wahr, wie Sie sich dabei fühlen. Schenken Sie Ihrem Körper genügend Zeit und Aufmerksamkeit? Nehmen Sie sich jetzt Zeit, Ihren Körper intensiv zu spüren.
- Stellen Sie sich Ihre Geschlechtsorgane so genau wie möglich vor. Lenken Sie Ihre Aufmerksamkeit auf die Prostata und versuchen Sie, dieses kleine Organ auch in Ihrem Körper zu spüren. Versuchen Sie sich vorzustellen, dass Sie den Druck, den die Prostata auf die Harnröhre ausübt, vermindern. Finden Sie ein Bild dafür, wie die Prostata etwas kleiner wird und die Harnröhre mehr Raum als vorher hat. Stellen Sie sich vor, wie sich die Harnröhre ausdehnt, ganz frei und weit wird. Ihr ganzer Körper entspannt sich, die Blase, die Prostata und die Harnröhre entspannen sich.
- Wenden Sie Ihre Heilmethode an (siehe Seite 67 ff.), und schicken Sie Ihrer Prostata heilende Energien. Alle Zellen werden dadurch aufgefordert, ihre Aufgabe so wahrzunehmen, dass die Prostata gesund und in der richtigen Größe bleibt oder wieder zur richtigen Größe zurückkehrt. Vergessen Sie nicht, Ihre Prostata nach einer Botschaft zu fragen. Auch wenn es Ihnen eigenartig vorkommt, sich vorzustellen, dass dieses kleine Organ Ihnen antworten könnte. Denken Sie daran, jede Zelle hat Bewusstsein, jede Zelle ist hochintelligent und kann mit Ihnen in Kontakt treten.
- Bedanken Sie sich, bevor Sie sich verabschieden und langsam, während Sie von 1 bis 10 und von 1 bis 3 zählen, wieder »nach oben« kommen. Strecken und dehnen Sie sich und lassen Sie sich einen Moment Zeit, die Reise noch nachwirken zu lassen.

Begleitung Sterbender

Der Tod ist für die meisten Menschen der große Unbekannte. Er bedeutet den absoluten Verlust der Kontrolle, das endgültige Loslassen, die endgültige Veränderung. Kein Wunder also, dass gerade in unserer Gesellschaft, die geprägt ist vom Machbaren, Kontrollierbaren, die Beschäftigung mit dem Tod so wenig Raum hat. Aber auch damit sollte man sich auseinander setzen, wenn man sich mit Heilung und Selbstheilung beschäftigt. Für jeden von uns gibt es einen Moment, wo alle Heilkräfte scheinbar versagen, weil wir nicht mehr gesund werden. Meine Erfahrungen haben mir jedoch gezeigt, dass man heil sein und dennoch nicht mehr gesund werden kann. Genauso wie ich viele Menschen kenne, die zwar gesund, aber im ganzheitlichen Sinne weit vom Heilsein entfernt sind. Dabei ist mir natürlich bewusst, dass es ein völliges »Heilsein« auf dieser Welt nicht geben wird.

Wie wir helfen können

Menschen begleiten zu dürfen, die diese Erde verlassen, ist ein Geschenk, auch wenn es anfangs nicht danach aussieht, weil es uns mit unserer eigenen Angst, den eigenen Widerständen und Abneigungen gegen Verfall und Tod in Kontakt bringt.

»

Aus der Begegnung mit dem eigenen Tod als der absoluten Grenze entspringt die eigentliche Bedeutsamkeit und Dringlichkeit des Daseins. Verfügten wir über eine unendliche, lange Zeit, so wäre nichts dringlich, nichts wichtig, nicht wirklich ...

Martin Heidegger

!

Die Stärkung unserer eigenen Selbstheilungs- und Heilkräfte kann es uns wesentlich erleichtern, mit Sterbenden umzugehen. Zum einen fällt es uns selbst dadurch leichter, in unserer eigenen Mitte und unserer eigenen Kraft zu bleiben. Zum anderen können wir dem sterbenden Menschen helfen, seine Schmerzen und vor allem seine Angst zu lindern sowie mit seinen Emotionen ins Reine zu kommen.

Denken wir daran, dass jeder und jedem von uns dieser unausweichliche Weg bevorsteht, können wir in der Begleitung Schwerkranker und Sterbender sehr viel lernen, was uns auch selbst helfen wird.

Wir können viele Ängste verlieren, die – wie immer sie sich auch maskieren – doch oft nur die Angst vor dem Tod spiegeln. »Die Besinnung auf unsere Sterblichkeit«, so sagt der Philosoph Martin Heidegger, »offenbart uns die Unwiderruflichkeit unserer Entscheidungen und ruft uns auf zum eigentlichen und eigenen Leben in Freiheit und Selbstverantwortung.«

Darüber hinaus geht von Sterbenden, die diesen Weg bewusst gehen, nicht selten ein Licht aus, das bereits auf etwas Dahinterliegendes hinweist.

Die auf Seite 236 stehende Übung können Sie durchführen, während Sie allein zu Hause sind oder auch während Sie zum Beispiel in der Klinik am Bett eines sterbenden Menschen sitzen. Konzentrieren Sie sich auf Ihren Atem, vertiefen

»

Allein die äußere Hülle, die dem Wechsel von Geburt und Tod angehört, ist vergänglich. Der Geist hingegen ist unvergänglich, unsterblich, ewig.

S. Yesudian

Visualisierung

Visualisierung zur eigenen Stabilisierung

▶ Legen Sie sich entspannt hin, schließen Sie die Augen und atmen Sie tief und regelmäßig. Mit jedem Ausatmen lassen Sie sich tiefer in die Unterlage einsinken. Mit jedem Ausatmen lassen Sie alles los, was Sie belastet, alle Spannungen im Körper, alle belastenden Gedanken und Gefühle. Sie fühlen sich leichter und leichter dabei. Stellen Sie sich die Zahlen 3, 2 und 1 vor und zählen Sie dann von 10 bis 1, entspannen Sie sich dabei tiefer und tiefer, gehen Sie zu Ihrem idealen Entspannungsplatz und rufen Sie Ihre Krafttiere oder inneren Helfer. Stellen Sie sich jetzt vor, dass Sie den schwer kranken Menschen, den Sie betreuen, in die Obhut seiner eigenen Schutzengel oder in die Obhut Gottes abgeben, und konzentrieren Sie sich ganz auf sich selbst. Nehmen Sie Ihre eigene Lebendigkeit wahr. Spüren Sie das Blut durch den Körper pulsieren, spüren Sie Ihren Atem und finden Sie ein Bild oder ein Symbol für Ihre eigene Lebenskraft. Es kann eine Fontäne sein, die aus einem Brunnen aufsteigt, oder ein brennendes Kaminfeuer, ein Wasserfall oder ein Tier, das für Sie Lebenskraft symbolisiert. Sie können dieser Lebenskraft und -freude in sich auch eine Farbe geben. Spüren Sie die Liebe zum Leben, gerade weil Sie wissen, dass es begrenzt ist. Lassen Sie Bilder auftauchen für das, was Sie gerne tun würden und sich immer wieder versagen. Sie können diese Visualisierung mit einer Affirmation abschließen, z. B.: »Ich bin dankbar für mein Leben« oder »Ich nehme das Geschenk des Lebens an«.

Sie ihn nach und nach, und lassen Sie mit dem Ausatmen immer mehr eigene Anspannung, Ängste und Sorgen los. Wiederholen Sie ein paarmal nachfolgende Sätze:

»Ich bin mehr als mein Körper.«
»Ich bin mehr als meine Gefühle.«
»Ich bin mehr als meine Gedanken.«
»Ich bin reines, unsterbliches Bewusstsein.«

Übung

- Setzen Sie sich aufrecht hin, und begeben Sie sich wie oben beschrieben auf eine tiefere Bewusstseinsebene, während Sie sich tief entspannen.
- Verwurzeln Sie Ihre Füße fest im Boden und öffnen Sie Ihre Chakras, wie auf Seite 40f. beschrieben. Stellen sie sich vor, wie die violette Flamme der Umwandlung Ihren physischen und feinstofflichen Körper durchfließt. Dieses Licht wandelt alles in Vollkommenheit. Alles ist gut, wie es ist.
- Verbinden Sie sich über das Scheitelchakra mit der kosmischen göttlichen Heilungsenergie und lassen Sie diese Energie durch Ihr Herz in die Hände fließen. Drehen Sie Ihre Handflächen nach außen, so dass sie dem Patienten zugewendet sind. Über die Handchakras senden Sie jetzt die Energie zu dem schwer kranken Menschen.
- Visualisieren Sie hinter ihm eine Lichtgestalt, seinen inneren Führer oder seine innere Führerin oder den Schutzengel des Kranken. Stellen Sie sich vor, dass der Mensch durch die Heilenergie offen wird für den Kontakt mit seinem Schutzengel. Vielleicht kommt es auch zu einer Umarmung der beiden, oder vielleicht strahlt die innere Führerin ihr Licht in die Seele des oder der Sterbenden. Lassen Sie das zu, was geschehen möchte. Sie selbst stellen nur die Heilenergie zur Verfügung, die durch Ihr Herz fließt. Bleiben Sie in dieser heilsamen Verbindung, solange es Ihnen notwendig erscheint.
- Eine besonders gute Hilfe ist es, den Kranken in die Obhut von Christus oder Maria zu geben und um Begleitung für diesen letzten schweren Weg zu bitten. Dazu ist es aber notwendig, dass Sie der Kraft Christi oder Marias vertrauen.
- Finden Sie einen Weg, der in Ihr Glaubenssystem passt, um dem kranken Menschen das Hinübergehen zu erleichtern. Wenn Ihnen dabei eine religiöse Vorstellung eher schwer fällt, stellen Sie sich zum Beispiel vor, Sie übergeben diesen Menschen dem Schoß der Mutter Erde oder der alles durchwirkenden Kraft in diesem Universum. Bleiben Sie während

Übung

der ganzen Visualisierung mit sich in Kontakt, mit Ihren Füßen, Ihrem eigenen Körper und mit der Energie, die durch Sie hindurchfließt.

- Schließen Sie dann die Chakras wie Blütenblätter, spüren Sie wieder Ihren Atem, nehmen Sie wahr, wie Sie auf der Unterlage sitzen. Zählen Sie von 1 bis 10 und von 1 bis 3, strecken und dehnen Sie sich und seien Sie wieder ganz im Hier und Jetzt.

Die alte Volksweisheit besagt, dass in der Regel die Angst vor dem Sterben schlimmer als das Sterben selbst ist. In diesem Sinne soll dieses letzte Kapitel vor allem auch dazu dienen, dass wir die Angst vor diesem letzten unausweichlichen Schritt vermindern können. Denn nur wer sich davor nicht mehr fürchtet, kann sich des Lebens wirklich freuen und kann seine Energie in vollem Maße der Gesundheit und Lebenslust zukommen lassen.

»Lieben Sie das Leben, denn Liebe heißt, die Angst verlieren.

Gerd Jampolsky

»

Machen wir eine tägliche, bewusste Gewohnheit daraus, die folgenden Gedanken regelmäßig beim Erwachen und vor dem Einschlafen entweder laut oder in Gedanken zu wiederholen:

In jeder Hinsicht fühle ich mich besser und besser, von Moment zu Moment.
Ich offenbare Kraft im Körper und in der Seele.
Ich offenbare das Höchste, mit weniger kann ich mich nicht zufrieden geben.
Ich bin die strahlende Sonne meines Lebens.
Ich bin, der (die) ich bin.
Ich bin Geist, der grenzenlose, der starke, der alles belebende, der ewig freie.
Ich offenbare meinen absolut vollkommenen Geist, im Körper als strahlende Gesundheit, in der Seele als Harmonie.
Ich offenbare meinen absolut vollkommenen Geist als mein ewiges Sein.
Ich strahle Reinheit aus.
Ich strahle Frieden aus, wo immer ich bin.
Ich strahle Liebe aus meinen Mitmenschen gegenüber.
Ich arbeite mit der Macht und Allmacht meines Geistes.
Meine Anwesenheit im Körper bedeutet Form und Schönheit, Kraft und Gesundheit.«

S. Yesudian, Yoga-Lehrer

Register

Seitenangaben in *Kursivdruck* verweisen auf grafische Darstellungen.

Glossar

Ayurveda

»Ayur« heißt Leben – oder auch Lebensspanne –, und »Veda« bedeutet Wissenschaft. Ayurveda ist demnach das Wissen vom langen und gesunden Leben. Ihr Ursprung – vor etwa 5000 Jahren – liegt in Indien. Ayurveda ist eine ganzheitliche Gesundheitslehre, die auf der Harmonisierung von Körper, Geist und Seele beruht. Krankheit ist demnach Disharmonie. Die Lebensenergie muss gepflegt und bewahrt werden. Das geschieht durch frische Nahrung, sauberes Wasser, Luft und Sonnenlicht, Bewegung und ausgewogenen Atem. Ayurveda strebt die Heilung durch Selbstheilung an.

Bach-Blüten-Therapie

In Pflanzen ruht kosmisches Wissen. Ihre Schwingungen, ihre Kräfte, ihre Energie beeinflussen sowohl unsere positiven als auch unsere negativen Seiten.

Dr. Edward Bach begann 1930 mit dem Versuch, diese Wirkungen zu systematisieren und für die Medizin nutzbar zu machen. Um Krankheiten mit Bach-Blüten heilen zu können, muss herausgefunden werden, welche negativen seelisch-psychischen Zustände zu der Krankheit geführt haben. Nach Dr. Edward Bach verweisen Krankheiten immer auf innere Konflikte, die es für eine Heilung mit speziellen Blütenmitteln umzustimmen gilt. Seine 38 Blütenessenzen für unterschiedliche Gemütszustände werden gewonnen, indem man die entsprechenden Blüten in Quellwasser legt, den Auszug mit Alkohol konserviert und vor der Einnahme weiter verdünnt. Sie sind rezeptfrei in Apotheken erhältlich.

Dr. Edward Bach

wurde 1886 in einer Kleinstadt nahe Birmingham, England, geboren. Schon in seiner Schulzeit fiel er durch seine Zielstrebigkeit auf wie durch sein Mitgefühl für Menschen, Tiere und Pflanzen und seinen Wunsch, Leiden zu lindern. Sein Medizinstudium schloss er in kürzester Zeit ab. Danach beschäftigte er sich als Bakteriologe besonders mit der Immunologie und in diesem Zusammenhang auch mit der Homöopathie. Seine Erkenntnisse zur Blütentherapie veröffentlichte er in dem Buch »Heile dich selbst«.

Bonny Method oder Guided Imagery

Dr. Helen Bonny spielte bereits mit fünf Jahren Klavier und dann Violine. Erlebnisse während ihrer Konzerte als Erwachsene mit dem Eindruck, sie »werde gespielt« und spiele nicht selbst, brachten sie dazu, sich mit dem Potenzial von Musik, das es ermöglicht, Menschen mit einer überirdischen Kraft zu verbinden, ernsthaft zu beschäftigen. Nach ihrer Ausbildung als Musiktherapeutin und langjähriger Forschungstätigkeit an der Psychiatrischen Universität in Maryland, USA, entwickelte sie eine eigene Therapieform. Sie nannte sie »Guided Imagery and Music«.

Chakra

Das ist die Bezeichnung der altindischen Medizin und des Yoga für besondere »Knotenpunkte« im menschlichen Körper, die auf einer Linie zwischen Wirbelsäulenbasis und Scheitelpunkt des Kopfes liegen. Sie sind Energiekörper und Zentren der Vitalität und gelten als Verbindungsstellen zwischen nichtkörperlichen und körperlichen Seinsebenen. Dem Energiesystem der Chakras sind verschiedene Organe und Organsysteme, Drüsen, Eigenschaften, Elemente und Funktionen zugeordnet.

Engel

Im wörtlichen Sinn »Boten«, Geistwesen in der Umgebung von Gott. Das Alte Testament spricht von Engeln als Boten, aber auch von Söhnen Gottes, von Wächtern und vom »Heer Jahwes«. In den christlichen Anfängen werden Engel männlich und ungeflügelt dargestellt; erst später sind sie geschlechtslos und geflügelt. Sie gelten als Mittler zwischen Gott und den Menschen und entsprechen bestimmten Haltungen, die lebensgestaltende Kräfte sind und im Alltag oft vergessen oder vernachlässigt werden. Schutzengel sind Engel, die einem bestimmten Menschen zugeteilt sind, diesen (be)schützen und auf telepathischem Weg belehren.

Feng Shui

Altchinesisches Regelsystem, das bei der Architektur von Gebäuden, beim Aussuchen geeigneter Bauplätze, der Inneneinrichtung von Privat- und Arbeitsräumen usw. zum Einsatz kommt, mit dem Ziel, den Fluss der Lebensenergie nicht zu blockieren und ein Fließgleichgewicht der beiden polaren Kräfte Yin und Yang zu erreichen – denn nach chinesischer Vorstellung hat ein gestörter Energiefluss krank machende Wirkung. Feng Shui ist der Schlüssel für ein erfülltes und harmonisches Leben

Jung, C.G.

Carl Gustav Jung wurde 1875 geboren. Er studierte Medizin in Basel und arbeitete als Psychiater in Zürich. Zusammen mit Eugen Bleuler führte er die Psychoanalyse Freuds in die Psychiatrie ein. Nach Differenzen mit Freud schuf er seine eigene Analytische Psychologie. Menschen mit psychischen Schwierigkeiten, in Krisen oder belastenden Lebenssituationen bietet sie Hilfe und fördert die Entwicklung der Persönlichkeit.

Mudra

Handstellungen und Übungen der Hände und Finger mit sehr langer Tradition in vielen Kulturen der Welt. Im Yoga ist damit die Haltung oder Geste der Hände und Finger gemeint, die bestimmte Bewusstseinszustände symbolisieren. Durch ihre regelmäßige Ausübung, zum Beispiel im Rahmen einer Meditation, kann man verschiedene Bewusstseinszustände und Gefühle hervorrufen, die ganzheitlich harmonisieren – nicht zuletzt auch durch die tatsächliche Veränderung des Energieflusses in den Händen.

Musik, heilende

Das Bedürfnis, ins eigene Innere hineinzuhören, wird immer größer in einer vernetzten Welt. Musik ist auch eine Möglichkeit, um das Immunsystem zu stärken. Musik kann Gefühle wachrufen und Bilder zutage fördern, die oft sehr schnell und treffend Auskunft geben über das, was im Alltag verschlossen bleibt oder unterdrückt wird. Wer über sich selbst, die eigenen Stärken und Schwächen, die Hindernisse, die sich einem in den Weg stellen, Bescheid weiß, hat es leichter, den optimalen Weg für sich zu finden. Musik kann dabei eine enorme Stütze sein.

Psychoneuroimmunologie (PNI)

Bei dieser relativ jungen Disziplin werden die Psyche (Psychologie), das Gehirn (Neurologie) und das Immunsystem des Körpers miteinander verbunden. Inzwischen ist man der Meinung, dass diese Bereiche sich gegenseitig beeinflussen und dass es Zusammenhänge gibt zwischen Veränderungen des Immunsystems und der Entwicklung psychischer und auch physischer Erkrankungen.

Das Ziel von PNI ist es, die Trennung von Körper und Seele

aufzuheben und den Menschen in seiner Gesamtheit zu therapieren.

Reiki

Behandlungen nach der Lehre des japanischen Mönchs Mikao Usui, durch die die Lebensenergie aktiviert, verstärkt oder übertragen werden soll. Durch Handauflegen auf bestimmte Körperstellen und Chakras werden Blockaden gelöst, was das Wohlbefinden verbessert und Beschwerden wie Verspannungen und Rückenschmerzen lindert.

Schamanen

Menschen, welche die Fähigkeit haben, Kranke zu heilen, zwischen den Welten zu wandern, mit Geistern und Toten zu sprechen und zwischen Menschen und Göttern zu vermitteln. Übersetzt bedeutet das Wort, das aus dem sibirischen Sprachraum stammt, »mit Hitze und Feuer arbeiten«. In ihrem Kulturkreis haben Schamanen große Bedeutung und sind Mediziner, Botaniker, Pharmazeuten, Priester, Historiker, Planer. Westliche Anthropologen und Religionswissenschaftler prägten den Begriff »Schamanismus«. Darin sind Praktiken aus unterschiedlichen Kulturen von Nordasien bis Nordamerika zusammengefasst und werden bei alternativen Heilmethoden angewandt.

Silva-Mind-Methode

José Silva, 1914 als Sohn mexikanischer Eltern geboren, begründete diese kombinierte Psychotherapie. Dabei wird durch Autosuggestion, Biofeedback, Hypnose und Meditation ein Bewusstseinszustand erzeugt, in dem die Alpha-Wellen vorherrschen. Das Potenzial, das duch diese Entspannung frei wird, führt zu verbesserter Lernfähigkeit, erhöht die Kreativität und befähigt Menschen zu außersinnlicher Wahrnehmung. Seit 1966 werden die von José Silva entwickelten Alpha-Techniken zur Lösung mentaler Probleme weltweit gelehrt.

Yoga

Sehr altes Übungssystem aus Indien, das Körperhaltung, Atemtraining, Ernährung, Meditation und geistige Erleuchtung umfasst. Höchstes Ziel ist die Harmonie von Körper, Seele und Geist mit dem Urgrund des Seins; die letzte Stufe ist die Loslösung des menschlichen Geistes von der materiellen Welt. In westlichen Ländern wird Yoga in erster Linie als intensive Entspannungsmethode mit dem Hauptaugenmerk auf Atemübungen und Beweglichkeitstraining angewandt. Viele Yoga-Übungen sind die Basis heutiger krankengymnastischer Übungen, was ihre therapeutische Wirkung beweist.

Literatur

Reinhard Breuer: *Das Rätsel von Leib und Seele.* Heitkamp Edition. Herne 1996

Diana Coope`s Engelkarten. Ansata. München 2001

Walter Hohenester/Michael Helfferich: *Ganzheitlich heilen durch Homöopathie.* Südwest. München 1995

Jean Houston: *Begeisterung für das Mögliche.* Econ TB. München 1999

C.G. Jung: *Erinnerungen, Träume, Gedanken.* Herausgegeben von Franz Alt. Walter. Düsseldorf-Zürich 2003

Rudolf Klußmann: *Psychosomatische Medizin.* Springer. Berlin-Heidelberg 1998

Wunderwerk Mensch. Das Beste. Stuttgart 1996

H. Lechleitner (Hrsg.): *Selbstheilungskräfte.* Natura med/Hampp. Neckarsulm 1997

Anna Röcker: *Bach-Blüten.* Ludwig. München 2002

Anna Röcker: *Die Spiritualität des Körpers.* Integral. München 2002

Anna Röcker: *Yoga-Übungseinheiten.* Südwest. München 2000

Anna Röcker: *Atlas des Ganzheitlichen Heilens.* Ludwig. München 1998

Anna Röcker: *Musik-Reisen als Heilungsweg.* Goldmann. München 2005

Peter Schleicher: *Die sensationelle Kreta-Diät.* Mosaik bei Goldmann. München 1999

Dr. med. Bernie Siegel: *Prognose Hoffnung.* Gondrom. Bindlach 1996

José Silva: *Der Silva-Mind Schlüssel zum inneren Helfer.* Heyne TB. München 2001

Selvarjan Yesudian: *Steh auf und sei frei.* Drei Eichen. Hammelburg 1989

»

Seele gehört zum Dunkelsten und Geheimnisvollsten, was unserer Erfahrung begegnet. Es vergeht beinahe kein Tag in meiner praktischen Tätigkeit, wo ich nicht auf Neues und Unerwartetes stoße.

C.G. Jung

Impressum

Internetadresse für Anfragen zu Seminaren und den hier angeschnittenen Themen:

http://www.annaroecker.de

Die Illustratorin

Diplomdesignerin Anne Strasser, geboren 1968, Studium Kommunikationsdesign und Illustration an der Hochschule für Angewandte Wissenschaften, Hamburg, seit 2000 selbstständig als Buchgestalterin, Fotografin und Illustratorin.

Hinweis

Die Ratschläge in diesem Buch sind von Autorin und Verlag sorgfältig erwogen und geprüft. Sie bieten jedoch keinen Ersatz für kompetenten medizinischen Rat. Grundsätzlich gilt, dass alle beschriebenen körperlichen Probleme und Erkrankungen einer Abklärung bedürfen, vor allem wenn sie länger anhaltend und mit einem echten Krankheitsgefühl verbunden sind. Jede Erkrankung kann aber begleitend mit den empfohlenen Heilmethoden unterstützt werden, auch wenn die Einnahme von stärkeren Arzneimitteln erforderlich ist. Die angegebenen unterstützenden Medikamente aus der Naturheilkunde stellen lediglich Empfehlungen dar, sie müssen fallweise abgestimmt und ausgewählt werden.
Jede Leserin und jeder Leser ist für sein eigenes Handeln selbst verantwortlich. Alle Angaben in diesem Buch erfolgen daher ohne jegliche Gewährleistung oder Garantie seitens des Verlages oder der Autorin. Eine Haftung der Autorin bzw. des Verlages und seiner Beauftragten für Personen-, Sach- und Vermögensschäden ist ausgeschlossen.

Impressum

Die Originalausgabe dieses Werks erschien im Ludwig Verlag, München.

Umwelthinweis

Alle bedruckten Materialien dieses Taschenbuches sind chlorfrei und umweltschonend.

1. Auflage
Vollständige Paperbackausgabe
Oktober 2006
Wilhelm Goldmann Verlag, München
in der Verlagsgruppe
Random House GmbH
© 2004 Ludwig Verlag in der Verlagsgruppe Random House GmbH
Umschlaggestaltung:
Design Team München
Umschlagmotiv: Anne Strasser
Redaktion und Projektleitung:
Gudrun Jänisch/Nina Andres
Illustrationen: Anne Strasser
WL · Herstellung: CZ/JL
Satz: Uhl + Massopust, Aalen
Druck und Bindung: Těšínská tiskárna a.s., Český Těšín
Printed in the Czech Republic
ISBN-10: 3-442-21768-7
ISBN-13: 978-3-442-21768-7

www.goldmann-verlag.de

Gesund leben und essen

Irene Dalichow, 21790
Die Gewürzapotheke

Galina Schatalova, 21745
Heilkräftige Ernährung

Nobuo Shioya, 21743
Die Kraft strahlender Gesundheit

Otfried D. Weise, 14188
Entschlackung

GOLDMANN
ARKANA